Microsoft Access 2010 Basiswissen

Begleitheft für Access-Einsteiger

Verlag:
BILDNER Verlag GmbH
Neuburger Straße 108
94036 Passau

http://www.bildner-verlag.de
info@bildner-verlag.de

Tel.: +49 851-6700
Fax: +49 851-6624

ISBN: 978-3-8328-0040-6

Covergestaltung:
Christian Dadlhuber

Lektorat:
Inge Baumeister, MMTC Multi Media Trainingscenter GmbH

Herausgeber:
Christian Bildner

© 2012 BILDNER Verlag GmbH, Passau

Unsere Bücher werden auf FSC-zertifiziertem Papier gedruckt.

Das FSC-Label auf einem Holz- oder Papierprodukt ist ein eindeutiger Indikator dafür, dass das Produkt aus verantwortungsvoller Waldwirtschaft stammt. Und auf seinem Weg zum Konsumenten über die gesamte Verarbeitungs- und Handelskette nicht mit nicht-zertifiziertem, also nicht kontrolliertem, Holz oder Papier vermischt wurde. Produkte mit FSC-Label sichern die Nutzung der Wälder gemäß den sozialen, ökonomischen und ökologischen Bedürfnissen heutiger und zukünftiger Generationen.

Inhaltsverzeichnis

© BILDNER Verlag GmbH – Passau

Vorbemerkung

Was ist Access?

Datenbanken sind heute aus dem betrieblichen Ablauf und aus dem Internet nicht mehr weg zu denken. Microsoft Access 2010 ist eine Anwendung mit der sich Datenbanken erstellen und verwalten lassen. Access gehört zusammen mit dem Textverarbeitungsprogramm Word und der Tabellenkalkulation Excel, sowie dem Präsentationsprogramm PowerPoint zu den wesentlichen Bestandteilen des Programmpakets Microsoft Office 2010. Datenbanken sammeln und speichern umfangreiche Informationen. Neben diesen Aufgaben enthält Access auch umfangreiche Werkzeuge zur Aufbereitung und Auswertung von Daten, mit denen sich auch anspruchsvolle Datenbanklösungen für den professionellen Einsatz realisieren lassen. Gleichzeitig eignet sich Access aufgrund seiner komfortablen Benutzeroberfläche besonders für Einsteiger.

An wen wendet sich dieses Buch

Dieses Buch ist vorwiegend als begleitende Schulungsunterlage konzipiert und richtet sich nicht an Datenbankprofis, sondern an Benutzer, die mit Access alltägliche Aufgaben im Zusammenhang mit einer Datenbank lösen wollen. Angefangen mit dem einfachen Beispiel einer Adressenverwaltung lernen Sie Schritt für Schritt sowohl die Erstellung einer neuen Datenbank, als auch den Umgang mit bereits gespeicherten Daten.

Welche Kenntnisse sollten Sie mitbringen?

Für den Umgang mit Access sollten Sie grundlegende Kenntnisse des Betriebssystems Windows mitbringen. Sie sollten den Umgang mit Fenstern beherrschen, Dateien speichern und wieder öffnen, sowie in Ordnern verwalten können.
Kenntnisse eines Textverarbeitungsprogramms (z.B. Microsoft Word) oder der Tabellenkalkulation Microsoft Excel sind nützlich, aber nicht zwingend Voraussetzung. Sie sollten aber die wichtigsten Formatierungen beherrschen.

Schreibweise

Befehle, Schaltflächen und die Beschriftung von Dialogfenstern sind zur besseren Unterscheidung in Kapitälchen gesetzt, Beispiel: Register START , Gruppe ANSICHT.

Verwendete Symbole:

i	Dieses Symbol steht für allgemeine und zusammenfassende Informationen
👉	Wichtige Sachverhalte, die Sie beachten sollten sind mit diesem Symbol gekennzeichnet
🔍	Die Lupe vermittelt Ihnen detaillierte Informationen sowie besondere Tipps für fortgeschrittene Benutzer
🔧	Bei diesem Symbol finden Sie kleine Übungsaufgaben
⚠	Dieses Symbol warnt Sie vor möglichen Fehlern

1. Erste Schritte

In dieser Lektion lernen Sie...

- Vorlagen für neue Datenbanken verwenden
- eine neue leere Datenbank erstellen
- die Access-Datenbankobjekte
- mit dem Navigationsbereich von Access arbeiten
- Befehlseingabe

Was Sie für diese Lektion wissen sollten:

- Windows-Grundlagen

Eine Datenbank dient zum Speichern, Aufbereiten und Auswerten von Informationen. Microsoft Access ist eigentlich ein Programm zum Verwalten von Datenbanken und bringt zu diesem Zweck eine ganze Reihe von Werkzeugen mit, einschließlich verschiedener Assistenten die Sie bei den einzelnen Aufgabenstellungen unterstützen.

1.1. Access starten

Zum Starten von Access klicken Sie im Startmenü auf den Eintrag MICROSOFT OFFICE ACCESS 2010. Im Gegensatz zu Anwendungen wie Microsoft Word oder Excel wird beim Start keine neue Datenbank angelegt, sondern es erscheint die so genannte Backstage-Ansicht von Access, in der Sie eine neue Datenbank erstellen oder eine bestehende Datenbank öffnen können. Ist bereits eine Datenbank geöffnet, so erhalten Sie hier zusammenfassende Informationen zur aktuellen Datenbank. Diese Ansicht lässt sich jederzeit aufrufen, indem Sie auf das Register DATEI klicken.

Access starten

Register DATEI

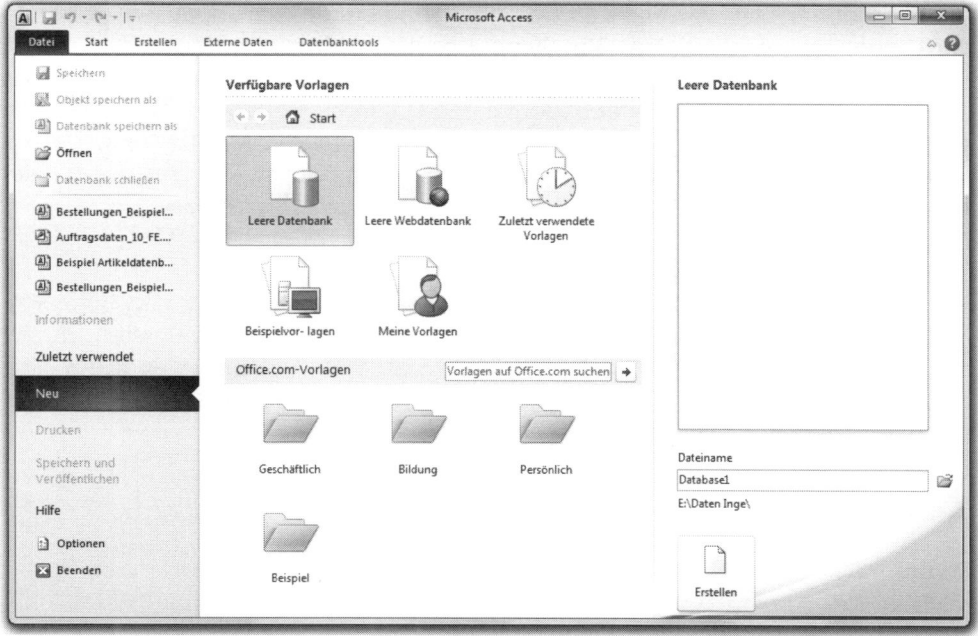

1.2.   Datenbank öffnen

Zuletzt verwendete
Datenbanken

Zum schnellen Öffnen einer Datenbank finden Sie im linken Bereich des Fensters eine Liste für den Schnellzugriff auf die zuletzt verwendeten Datenbanken, allerdings ist deren Zahl standardmäßig auf vier begrenzt. Befindet sich die Datenbank nicht in dieser Liste, so klicken Sie im linken Bereich des Fensters auf ZULETZT VERWENDET. Wurde die gesuchte Datenbank vor längerer Zeit oder noch nie mit Access 2010 geöffnet, dann verwenden Sie den Befehl ÖFFNEN. Mit Access 2010 können Sie auch Datenbanken öffnen und bearbeiten, die mit früheren Versionen von Access erstellt wurden.

Innerhalb eines Access-Fensters kann immer nur eine einzige Datenbank geöffnet sein. Sobald Sie über das Register DATEI eine andere Datenbank öffnen oder neu erstellen, wird die erste Datenbank automatisch geschlossen.

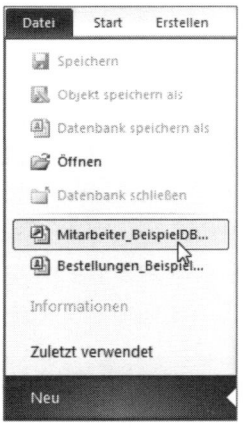

Schnellzugriff   Zuletzt verwendete Datenbanken

Temporäre Datei

Hinweis: Beim Öffnen einer Access-Datenbank wird automatisch eine zweite temporäre Datei mit gleichem Namen, aber der Dateinamenserweiterung .laccdb angelegt. Diese wird beim Schließen der Datenbank automatisch wieder gelöscht und regelt im Netzwerk die Datensatzsperrung bei gleichzeitigen Zugriffen.

Zuletzt verwendete Datenbanken

Datenbank anheften

Die Liste der zuletzt verwendeten Datenbanken können Sie anpassen: neben jeder Datenbank ist ein kleines Pin-Symbol sichtbar. Mit einem Mausklick auf das Symbol wird die Datenbank fest in der Liste angeheftet, ein weiterer Mausklick löst die Datenbank. Fest angeheftet bedeutet, die Datenbank bleibt ein festes Element der Liste, auch wenn sie längere Zeit nicht mehr verwendet wurde. Wenn Sie eine Datenbank aus der Liste entfernen möchten, dann klicken Sie mit der rechten Maustaste auf diese Datenbank und wählen Sie AUS LISTE ENTFERNEN.

Liste für den Schnellzugriff steuern

Sie können die Zahl der angezeigten Datenbanken in der Liste für den Schnellzugriff erweitern, klicken Sie auf ZULETZT VERWENDET und geben im unteren Bereich des Fensters beim Kontrollkästchen SCHNELLZUGRIFF AUF DIESE ANZAHL VON ZULETZT VERWENDETEN DATENBANKEN eine Zahl ein. Über das Kontrollkästchen selbst können Sie die Anzeige aktivieren, bzw. deaktivieren.

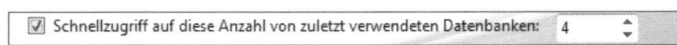

Sicherheit

Beim Öffnen einer Datenbank erscheint in vielen Fällen eine Sicherheitswarnung und Sie werden darauf aufmerksam gemacht, dass einige aktive Inhalte deaktiviert wurden. Wenn die Datenbank aus einer sicheren Quelle, bzw. von einem sicheren Speicherort stammt, dann sollten Sie auf die Schaltfläche INHALT AKTIVIEREN klicken, um den vollen Funktionsumfang der Datenbank zu erhalten. Andernfalls können einige Aktionen nicht ausgeführt werden.

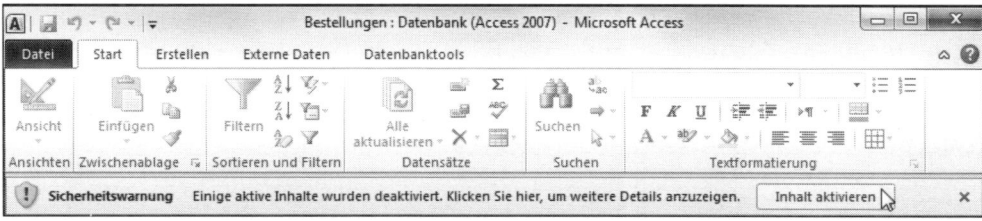

1.3. Eine neue Datenbank erstellen

Zum Erstellen einer neuen Datenbank bietet Access zwei Möglichkeiten an, Sie können...

- eine Datenbank unter Verwendung einer der integrierten Vorlagen erstellen
- oder mit einer leeren Datenbank beginnen.

Klicken Sie im Register DATEI auf NEU. Im mittleren Bereich können Sie zwischen einer leeren Datenbank und verschiedenen Vorlagen wählen. Vorlagen sind fertige Datenbanken, in die Sie nur noch Ihre Daten eingeben brauchen. Unter der Kategorie BEISPIELVORLAGEN finden Sie Vorlagen für verschiedene Einsatzzwecke, weitere Vorlagen stehen unter office.com-Vorlagen zum Download zur Verfügung. Auf die Verwendung von Vorlagen wird in dieser Schulungsunterlage nicht weiter eingegangen.

Mit einer leeren Datenbank beginnen

Wenn Sie ohne Vorlage mit einer neuen Datenbank beginnen wollen, dann klicken Sie im Register DATEI auf die Schaltfläche LEERE DATENBANK, gleichzeitig erscheint eine Vorschau auf die markierte Datenbank im rechten Bereich des Fensters. Bevor die Datenbank erstellt werden kann, müssen Sie sie speichern.

1. Geben Sie unterhalb der Vorschau anstelle von DATABASE1 einen Dateinamen ein, unter dem die Datenbank gespeichert werden soll. Access 2010 Datenbanken werden mit der Dateinamens Erweiterung .accdb versehen.

Dateinamens Erweiterung .accdb

2. Klicken Sie auf das Ordnersymbol neben dem Dateinamen, um den Speicherort, bzw. Ordner auszuwählen, in dem die Datenbank erstellt werden soll.

Speicherort wählen

3. Klicken Sie dann auf die Schaltfläche ERSTELLEN.

Erstellen

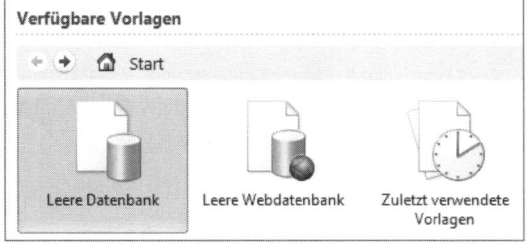
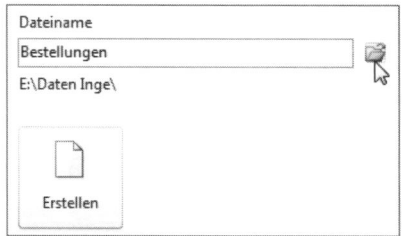

Nach dem Erstellen einer neuen Datenbank erscheint der Navigationsbereich. Gleichzeitig wird im eigentlichen Arbeitsbereich eine neue Tabelle geöffnet und Sie können mit der Dateneingabe beginnen.

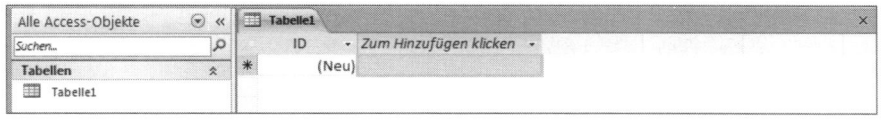

Daten in eine Tabelle eingeben

In einem älteren Datenbanktyp speichern

Beim Speichern verwendet Microsoft Access 2010 das gleiche Dateiformat wie Access 2007. Dieses Dateiformat unterscheidet sich von denjenigen früherer Access-Versionen, beispielsweise Access 2003. Wenn Sie daher eine Datenbank mit Access 2010 erstellen und diese auch mit Access 2003 bearbeiten möchten, dann müssen Sie vor der Erstellung zusätzlich zum Speicherort im Fenster NEUE DATEN-BANKDATEI den entsprechenden Dateityp wählen.

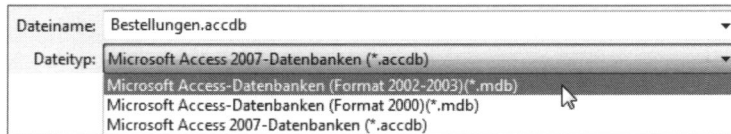

Um eine geöffnete Datenbank nachträglich in einem anderen Dateiformat zu speichern, klicken Sie im Register DATEI auf SPEICHERN UND VERÖFFENTLICHEN. Klicken Sie unter DATENBANK SPEICHERN ALS auf den gewünschten Datenbanktyp, beispielsweise ACCESS 2002-2003-DATENBANK (*.mdb) und dann auf die Schaltfläche SPEICHERN UNTER.

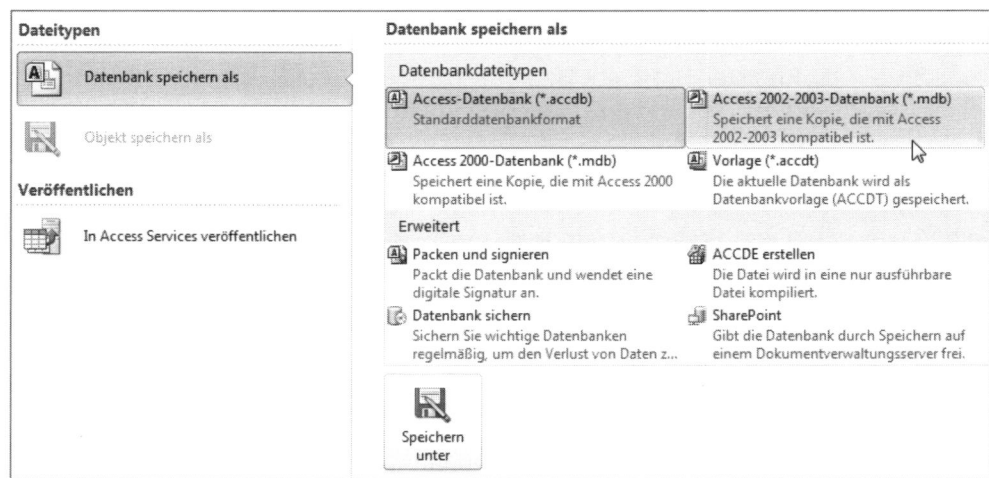

1.4. Bestandteile einer Access Datenbank

Bevor Sie mit der Dateneingabe beginnen, sollten Sie sich mit den wichtigsten Bestandteilen einer Access-Datenbank und der allgemeinen Funktionsweise von Access 2010 vertraut machen. Beginnen wir mit einer Übersicht über die so genannten Datenbankobjekte, die in den folgenden Lektionen näher beschrieben werden:

Datenbankobjekte

Eine Access-Datenbank besteht aus verschiedenen grundlegenden Komponenten, die in der Folge auch als Datenbankobjekte bezeichnet werden. Diese Datenbankobjekte werden im Navigationsbereich des Access-Fensters aufgelistet.

Tabellen

Lektion 3 und 4

Tabellen sind die Grundlage jeder Access-Datenbank, da sie die eigentlichen Daten speichern. Eine Datenbank muss mindestens eine Tabelle enthalten, meist sind es jedoch gleich mehrere Tabellen.

Abfragen

Lektion 6 und 7

Abfragen basieren auf den Daten aus einer oder mehreren Tabellen. Sie werden verwendet, um anhand von Bedingungen Daten zu filtern, zu sortieren oder um Berechnungen durchzuführen. Abfragen speichern keine Daten, sondern ausschließlich Bedingungen oder Formeln. Abfragen sind ein wichtiger Bestandteil zur Auswertung in Datenbanken.

Formulare

Formulare sind Eingabemasken, die vor allem für ungeübte Benutzer die Eingabe und Bearbeitung von Daten am Bildschirm erleichtern. Grundlage eines Formulars kann eine Tabelle oder Abfrage bilden. Formulare bieten noch weitere Vorteile: Sie können Bilder oder Grafiken einbinden, mit Hilfe von Schaltflächen häufige Befehlsabläufe automatisieren oder Benutzereingaben steuern.

Lektion 8 und 10

Berichte

Mit Hilfe von Berichten lassen sich Daten aus Tabellen oder Abfragen für Ausdrucke aufbereiten und auswerten. Auch Berichte speichern keine Daten, sondern liefern beim Öffnen oder Drucken die aktuellen Daten der zugrundeliegenden Tabelle oder Abfrage.

Lektion 9 und 10

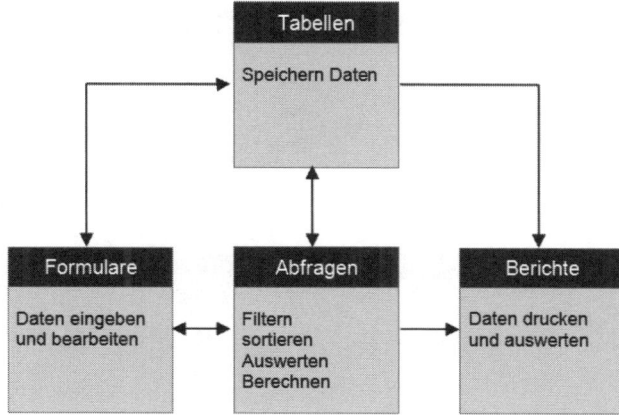

Weitere Datenbankobjekte

Access verfügt noch über zwei weitere Typen von Datenbankobjekten. Diese werden in der vorliegenden Schulungsunterlage nicht beschrieben. Makros sind eine Zusammenstellung einfacher Befehlsabläufe und lassen sich auch ohne Programmierkenntnisse erstellen. Module speichern dagegen komplexe Programme, die Sie mit Visual Basic for Applications (kurz VBA) erstellen können. Beide dienen zu Automatisierung von Abläufen.

Der Navigationsbereich

Nach dem Erstellen einer neuen Datenbank erscheint am linken Rand neben dem eigentlichen Arbeitsbereich der Navigationsbereich. Er dient zur Auswahl und Navigation zwischen den Datenbankobjekten. Nach der Erstellung einer neuen leeren Datenbank finden Sie hier nur ein einziges Objekt, eine Tabelle. Wenn Sie dagegen mit einer Vorlage beginnen, dann enthält der Navigationsbereich bereits eine ganze Reihe verschiedener Objekte.

Anzeige aller Datenbankobjekte

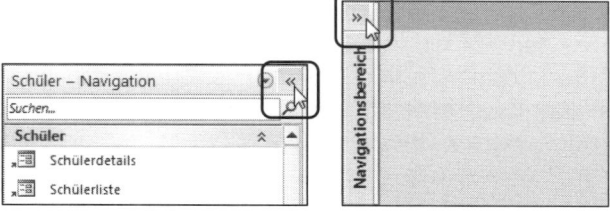
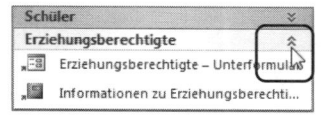

Navigationsbereich schließen   Navigationsbereich öffnen   Objekte ein- und ausblenden

- Sollte der Navigationsbereich nicht sichtbar sein, dann verwenden Sie die Schaltfläche zum Öffnen, bzw. Schließen oder die Funktionstaste F11.

F11 Navigationsbereich einblenden

- Innerhalb des Navigationsbereichs können die Datenbankobjekte gruppenweise über die kleinen Doppelpfeile aus- und eingeblendet werden.

Objekte anordnen

Mit einem Mausklick auf den Dropdown-Pfeil der Navigationsleiste öffnen Sie ein Menü, das die Anzeige und Anordnung der Datenbankobjekte steuert, standardmäßig verwendet Access eine Gruppierung nach OBJEKTTYP. Sollen nur bestimmte Objekte angezeigt werden, so können Sie diese im Abschnitt NACH GRUPPE FILTERN auswählen.

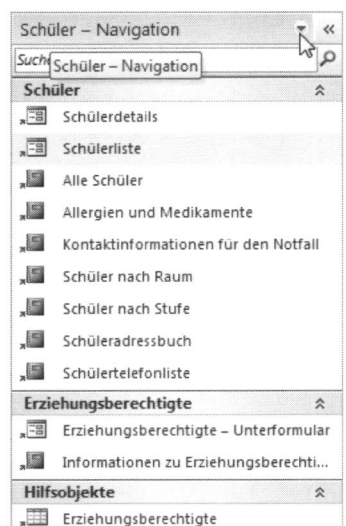 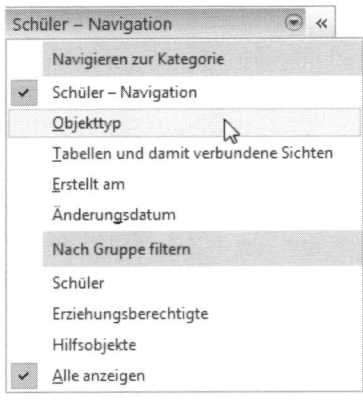

Datenbankobjekte öffnen und schließen

Vom Navigationsbereich aus können Sie auf alle Datenbankobjekte zugreifen und mit einem Doppelklick öffnen. Ist der Arbeitsbereich leer, so können Sie zum Öffnen auch das Objekt mit gedrückter linker Maustaste aus dem Navigationsbereich in den Arbeitsbereich ziehen. Ein Mausklick auf die Schaltfläche SCHLIEßEN schließt das Datenbankobjekt wieder. Sind mehrere Objekte gleichzeitig geöffnet, so können Sie über Register zwischen den Objekten wechseln.

Objektansichten

Jedes Objekt verfügt, anhängig vom Objekttyp über verschiedene Ansichten. Standardmäßig werden beim Öffnen die Daten angezeigt. In einer zweiten Ansicht, der Entwurfsansicht bearbeiten Sie den Aufbau des Datenbankobjekts. Die Daten sind in dieser Ansicht nicht sichtbar. Formulare und Berichte verfügen noch über weitere Ansichten, in denen Sie das Layout bearbeiten können. Zum Wechseln zwischen den Ansichten verwenden Sie entweder die Symbole in der unteren rechten Ecke der Statusleiste oder klicken Sie im Register START auf die Schaltfläche ANSICHT und anschließend auf die gewünschte Ansicht.

1.5. Befehlseingabe

Menüband

Im Gegensatz zu Access 2003 unterscheidet Access 2010 nicht mehr zwischen Menü und Symbolleisten, die gesamte Befehlseingabe erfolgt über Befehlsschaltflächen in einem Menüband (engl. ribbon) unterhalb des Fenstertitels. Die Schaltflächen sind nach Aufgaben in Registern zusammengefasst, wobei sie nochmals innerhalb der Register nach Gruppen geordnet sind. Die verfügbaren Schaltflächen sind außerdem abhängig von Ansicht und Objekttyp. Benötigen Sie Kurzinformationen zu den einzelnen Schaltflächen, so zeigen Sie einfach mit der Maus auf die Schaltfläche, bzw. das Symbol.

Im Register START finden Sie beispielsweise grundlegende, allgemeine Befehle. Weitere Register sind standardmäßig nicht sichtbar, sie erscheinen ausschließlich zusammen mit bestimmten Objekten oder Ansichten.

Die Anzeige der Symbole und Schaltflächen im Menüband richtet sich nach der Größe des Access-Fensters. Daher kann auf Ihrem Bildschirm, abhängig von Bildschirmgröße und der verwendeten Auflösung die Darstellung der Symbole etwas anders aussehen als in den Abbildungen.

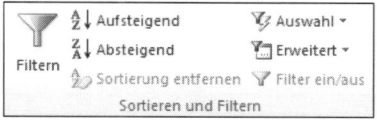

Beispiel: die Schaltflächen der Gruppe SORTIEREN UND FILTERN

Die Anzeige in einem verkleinerten Fenster

Menüband minimieren

Bei Bedarf können Sie das Menüband minimieren, um mehr Platz für den eigentlichen Arbeitsbereich zu schaffen. Die Register sind auch bei minimierter Multifunktionsleiste sichtbar, die dazugehörigen Schaltflächen erscheinen, sobald Sie mit der Maus auf ein Register klicken.

- Klicken Sie dazu in der oberen rechten Ecke des Anwendungsfensters auf die Schaltfläche MENÜBAND MINIMIEREN. Mit der gleichen Schaltfläche können Sie das minimierte Menüband wiederherstellen.

- Ein Doppelklick auf das aktuelle Register minimiert die Multifunktionsleiste ebenfalls, mit einem weiteren Doppelklick auf das Register wird die Leiste wiederhergestellt.

Kontextmenü und Tastenkombinationen

Eine weitere Möglichkeit der Befehlseingabe stellt das Kontextmenü dar. Es erscheint, wenn Sie mit der rechten Maustaste auf ein Element klicken und listet die verfügbaren Befehle auf. Über Funktionstasten und Tastenkombinationen (engl. Short-cuts) können viele Befehle schnell aufgerufen werden. Eine Übersicht über die entsprechenden Tasten erhalten Sie am einfachsten in der Access-Hilfe: klicken Sie unterhalb der SCHLIEßEN-SCHALTFLÄCHE des Access-Fensters auf das Fragezeichen-Symbol und geben Sie den Suchbegriff "Tastenkombination" ein. Bei Bedarf kann der Hilfetext auch gedruckt werden.

Access-Hilfe

Symbolleiste für den Schnellzugriff

Neben dem Menüband steht Ihnen noch die SYMBOLLEISTE FÜR DEN SCHNELLZUGRIFF zur Verfügung. Standardmäßig enthält diese Leiste nur die Symbole SPEI-

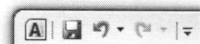

CHERN und RÜCKGÄNGIG, bzw. WIEDERHOLEN, sie kann aber bei Bedarf um weitere Befehle ergänzt werden.

Rückgängig

RÜCKGÄNGIG und WIE-
DERHOLEN

Mit der Schaltfläche RÜCKGÄNGIG können Bearbeitungsschritte anschließend wieder rückgängig gemacht werden. In einigen Fällen können Sie nacheinander auch mehrere Schritte rückgängig machen, indem Sie mehrmals auf die Schaltfläche klicken. Haben Sie versehentlich zu viele Schritte rückgängig gemacht, dann verwenden Sie die Schaltfläche WIEDERHOLEN.

> Nicht alle Aktionen können in Access rückgängig gemacht werden!

Die Symbolleiste anpassen

Die Symbolleiste für Schnellzugriff kann bei Bedarf um Symbole erweitert werden

Sie können die Symbolleiste für den Schnellzugriff anpassen, d.h. um weitere Schaltflächen beliebig ergänzen. Klicken Sie dazu am rechten Ende dieser Symbolleiste auf die Schaltfläche SYMBOLLEISTE FÜR DEN SCHNELLZUGRIFF ANPASSEN und aktivieren Sie durch Anklicken die gewünschten Befehle.

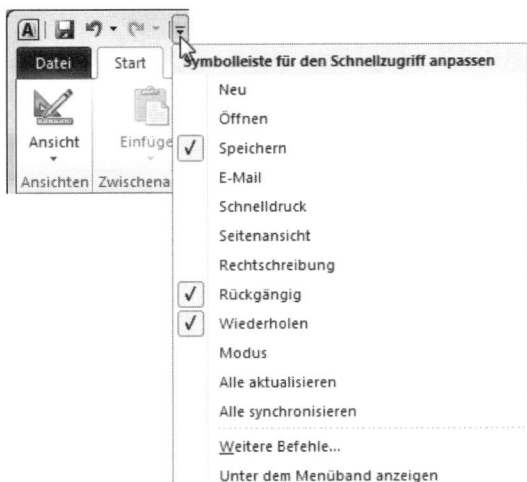

1.6. Zusammenfassung

- Bei der Erstellung einer neuen Access-Datenbank können Sie entweder mit einer leeren Datenbank beginnen oder auf eine Vorlage zurückgreifen. Vorlagen sind vollständige Datenbanken, in die Sie nur noch Daten eingeben müssen.

- Eine Access-Datenbank besteht aus verschiedenen Datenbankobjekten. Tabellen speichern Daten und sind somit die wichtigsten Objekte. Abfragen filtern und werten Daten aus. Formulare dienen zur komfortablen Dateneingabe und Anzeige am Bildschirm. Berichte bereiten die Daten für Ausdrucke in optisch ansprechender Form auf.

- Der Navigationsbereich listet alle Datenbankobjekte auf. Jedes Datenbankobjekt verfügt, abhängig vom Typ über mehrere Ansichten, Sie werden mit Doppelklick geöffnet und können über die Schließen-Schaltfläche wieder geschlossen werden. Mehrere gleichzeitig geöffnete Objekte werden in Registern angeordnet.

2. Datenbankgrundlagen

In dieser Lektion lernen Sie...

- Allgemeiner Aufbau und Funktionsweise einer relationalen Datenbank
- Vorgehensweise beim Datenbankentwurf
- Tabellen normalisieren

Was Sie für diese Lektion wissen sollten:

- Bestandteile einer Access-Datenbank

Bevor Sie mit der Arbeit an einer Datenbank beginnen, sollten Sie sich mit der Funktionsweise und dem Aufbau von Datenbanken näher befassen. Im Gegensatz zu einfachen Listen, die Sie beispielsweise auch mit Microsoft Excel erstellen können, sollten Sie eine Access-Datenbank sorgfältig planen, so lassen sich spätere Probleme vermeiden.

2.1. Datenbankmodelle

Was ist eine Datenbank?

Datenbanken werden heute in fast allen Bereichen eingesetzt, so verwenden Banken und Versicherungen beispielsweise Datenbanken zur Speicherung von Kundendaten, sowie von Kontobewegungen. Auch ERP-Systeme (Enterprise Resource Planning), die zur Unterstützung von Ressourcenplanungen in Unternehmen eingesetzt werden, basieren auf Datenbanken. Weitere Beispiele sind Suchmaschinen im Internet, wie Google. In der Theorie versteht man unter einer Datenbank (engl. database) eine Sammlung von Daten die logisch zusammengehören. Zur Verwaltung einer Datenbank wird ein Datenbankmanagementsystem (DBMS) benötigt, das die interne Speicherung der Daten organisiert. Zu den wichtigsten Aufgaben eines Datenbankmanagementsystems gehört neben der Datenspeicherung auch die Datensicherheit, also Schutz gegen Datenverlust und unerlaubte Zugriffe, sowie Gewährleistung der Datenintegrität.

Datenbankmodelle

Die Art und Weise, wie die Daten gespeichert und intern verwaltet werden, bezeichnet man als Datenbankmodell. Neben den beiden wichtigsten, dem hierarchischen und dem relationalen Datenbankmodell gibt es noch eine Reihe weiterer Formen, die hier nicht näher beschrieben werden.

Das Datenbankmodell steuert die Datenverwaltung

Hierarchisches Datenbankmodell

Das hierarchische Datenbankmodell ist das älteste Datenbankmodell, es bildet die reale Welt in einer starren, hierarchischen Baumstruktur ab. Die Daten werden in Datensätzen gespeichert und stehen in so genannten Eltern-Kind-Beziehungen zueinander.

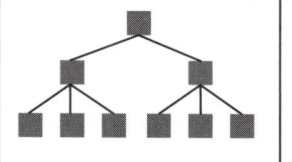

Verknüpfungen über mehrere Ebenen sind bei diesem Modell nicht möglich. Die Auszeichnungssprache XML (Extensible Markup Language) verwendet beispielsweise zur Beschreibung von Daten eine solche hierarchische Struktur.

Beispiel XML

SQL: Abfragesprache
für relationale Daten-
banken

Relationales Datenbankmodell

Das relationale Datenbankmodell ist die bekannteste und häufigste Form einer Datenbank. Für Abfragen in relationalen Datenbanken wird meist die Datenbank-Abfragesprache SQL (Structured Query Language) eingesetzt. Relationale Datenbanken speichern die Daten in verteilten Tabellen die in Beziehung (Relation) zueinander stehen. Im Gegensatz zu hierarchischen Datenbanken sind relationale Datenbanken wesentlich flexibler. Auch Microsoft Access basiert auf dem relationalen Datenbankmodell, weitere bekannte relationale Datenbanksysteme sind MySQL, Oracle Database und Paradox.

2.2. Funktionsweise relationaler Datenbanken

Access ist also eigentlich ein Datenbankmanagementsystem zur Erstellung und Verwaltung relationaler Datenbanken, daher betrachten wir nun das relationale Datenbankmodell etwas genauer.

Tabellen

Daten werden in Tabel-
len gespeichert

Relationale Datenbanken speichern alle Informationen in verteilten Tabellen. Diese Tabellen bilden Objekte (Entitäten) der realen Welt ab, jede Tabelle sollte immer nur gleichartige und nicht redundante, also sich nicht wiederholende Daten enthalten. Dies können beispielsweise Kunden eines Unternehmens, aber auch Pflanzen oder Bücher sein. Eine Tabelle besteht aus mehreren Zeilen und Spalten, wobei jede Zeile der Tabelle eine Einheit darstellt und als Datensatz bezeichnet wird. Eine Tabelle mit 1.000 gespeicherten Kunden umfasst also 1.000 Datensätze. Die Spalten der Tabelle werden als Datenfelder bezeichnet und speichern die verschiedenen Eigenschaften, mit denen jeder Kunde näher beschrieben wird.

Beispiel Kundentabelle

Kunden-Nr.	Nach-name	Vorname	Strasse	PLZ	Ort	Geburts-datum
54233	Schön	Uwe	Feldweg 4	99999	Musterhausen	11.01.1982
54234	Sowitz	Sabine	Kirchenplatz 11	82024	Taufkirchen	09.12.1966
54235	Achter	Sven	Bochumerstr. 9	45879	Gelsenkirchen	21.05.1978

Wichtige Begriffe:

Datensatz	Ein Datensatz entspricht einer Zeile in einer Tabelle und bildet eine Einheit
Datenfeld	Datenfelder bilden die Spalte einer Tabelle, sie enthalten Eigenschaften, die jeden Datensatz näher beschreiben.

Primärschlüssel

Ein Primärschlüssel
stellt ein eindeutiges
Merkmal für Datensätze
dar

In einer relationalen Datenbank sollte jede Zeile einer Tabelle, also jeder Datensatz eindeutig identifizierbar sein. Dies erreicht man mit Hilfe eines so genannten Primärschlüssels, der aus einer oder mehreren Spalten der Tabelle gebildet wird. Jede Tabelle kann immer nur einen Primärschlüssel enthalten. Eindeutig heißt, in einem Primärschlüsselfeld darf innerhalb der Tabelle jeder Wert nur ein einziges Mal vorkommen. Das Vorhandensein eines Primärschlüssels stellt somit sicher, dass bei der Auswahl eines Datensatzes auch wirklich der richtige Datensatz gewählt wurde. So kann es beispielsweise vorkommen, dass in einer Tabelle mit Kundendaten mehrmals der Name "Müller" enthalten ist, eine Suche würde somit mehrere Datensätze liefern. Würde sich der Primärschlüssel aus Vorname und Nachname zusammensetzen, dann könnte auch in diesem Fall eine Suche nach beispielsweise "Otto Müller" mehrere Datensätze als Ergebnis liefern. Wenn Sie nun den Primärschlüssel noch um das Geburtsdatum erweitern, so wäre dies immer noch kein eindeutiges Merkmal und außerdem ziemlich umständlich in der Handhabung. Wesentlich einfacher und eindeutiger ist die Verwendung einer Kundennummer als Primärschlüssel. Eine Kontonummer ist ein weiteres Beispiel für einen Primärschlüssel.

Es gibt keine festen Regeln, nach denen Sie ein Feld als Primärschlüssel definieren, aber die folgenden Punkte sollten Sie bei der Wahl eines Primärschlüssels berücksichtigen:

Primärschlüssel wählen

- ein Primärschlüssel sollte möglichst aus einer einzigen Spalte gebildet werden
- ein Primärschlüssel sollte möglichst einfach sein und sich nur selten oder nie ändern

Beziehungen

In einer relationalen Datenbank werden Tabellen über Beziehungen (Relationen) miteinander verbunden. Grob vereinfacht kann man Beziehungen auch als Beschreibung von gegenseitigen Abhängigkeiten der Objekte bezeichnen. Eine Beziehung zwischen zwei Tabellen wird über zwei Felder, die so genannten Schlüsselfelder hergestellt.

Beziehungen verbinden in relationalen Datenbanken die Tabellen miteinander

Beispiel:

Die Tabelle Kunden speichert in einer Datenbank neben den Namen und Adressen aller Kunden des Unternehmens auch noch die Nummer des zuständigen Außendienstmitarbeiters. Eine zweite Tabelle speichert die Namen und sonstigen Daten der Außendienstmitarbeiter, die Mitarbeiter-ID bildet den Primärschlüssel.

Zwischen den beiden Tabellen Mitarbeiter und Kunden wird nun über das Feld Mitarbeiter-ID eine Beziehung hergestellt. Dadurch kann für jeden Kunden anhand der Mitarbeiter-ID auch der Name des zuständigen Mitarbeiters aus der Tabelle Mitarbeiter ermittelt werden. Da sich in der Tabelle Kunden das Feld Mitarbeiter-ID auf den Primärschlüssel der Tabelle Mitarbeiter bezieht, wird dieses Feld hier auch als Fremdschlüssel bezeichnet.

Tabelle Kunden			
Kunden-Nr.	Nachname	Vorname	Mitarb.-ID
54233	Schön	Uwe	100
54234	Sowitz	Sabine	100
54235	Achter	Sven	102

Tabelle Mitarbeiter	
Mitarb.-ID	Nachname
100	Sauer
101	Lümmelmann
102	Ackerknecht

Diese Art der Beziehung stellt eine so genannte 1:n Beziehung dar. Die Tabelle Mitarbeiter speichert jeden Mitarbeiter, bzw. jede Mitarbeiter-ID genau ein einziges Mal (1). Da jeder Mitarbeiter gleich mehrere Kunden betreut, enthält in der Tabelle Kunden das Feld Mitarbeiter-ID auch jede Mitarbeiternummer mehrfach (n).

1:n Beziehung

Indizes

Für die schnelle Suche und Sortierung in Datenbanken spielt der Index eine wichtige Rolle. Daher sollten Sie für Felder, die Sie als Schlüsselfeld verwenden, immer auch einen Index anlegen. Gleiches gilt für Felder nach denen Sie häufig sortieren oder suchen. Access legt für jeden Index im Hintergrund eine Indextabelle mit entsprechender Sortierung und Verweisen auf die jeweiligen Datensätze an. Für den Primärschlüssel wird automatisch ein Index erstellt. Da bei Änderungen oder Hinzufügen von Datensätzen auch der Index aktualisiert wird, können sehr viele Indizes in umfangreichen Datenbanken auch Verzögerungen bewirken.

Ein Index beschleunigt in umfangreichen Tabellen Suche und Sortiervorgänge

2.3. Normalisierung von Datenbanken

Beim Anlegen einer Datenbank sollten Sie die Regeln der so genannten Normalisierung beachten, um spätere Fehler zu vermeiden.

Fehler in Datenbanken

Fehler in Datenbanken werden als Datenbankanomalien bezeichnet. Zu den Hauptursachen zählen vor allem Datenredundanz und Inkonsistenz der Daten.

Datenredundanz

Datenredundanz = Mehrfachspeicherung von Daten

Unter Redundanz versteht man die Mehrfachspeicherung von Informationen. Datenredundanzen sind häufig für Fehler im Datenbestand und einen höheren Speicherbedarf verantwortlich und sollten daher beim Datenbankentwurf vermieden werden. Datenredundanzen führen meist auch zu Dateninkonsistenz.

Dateninkonsistenz

Unter Inkonsistenz versteht man Widersprüchlichkeit zwischen gespeicherten Daten. Inkonsistenzen entstehen durch Änderungen an mehrfach gespeicherten, also redundanten Daten. Wird beispielsweise in der unten abgebildeten Tabelle Rechnungsposten der Preis der Luftmatratze mit der Artikelnummer 920056 geändert, dann muss dies in der gesamten Tabelle passieren, was zu einem hohen Verwaltungsaufwand und Fehlern führt.

Beispiel Dateninkonsistenz

Tabelle Rechnungsposten			
Posten-Nr.	Artikel-Nr.	Bezeichnung	Einzelpreis
01	920056	Luftmatratze	8,30
02	028712	Schwimmflossen	21,90
03	771234	Taucherbrille	32,20
04	920056	Luftmatratze	9,20

Tabellen normalisieren

Diese Gesichtspunkte sollten Sie beim Datenbankentwurf, bzw. beim Anlegen von Tabellen berücksichtigen. Die Regeln der Normalisierung unterstützen Sie bei der Beantwortung der wichtigsten Fragen beim Datenbankentwurf.

- Welche Tabellen werden benötigt?
- Welche Spalten soll eine Tabelle enthalten?
- Wie sehen die Beziehungen zwischen den Tabellen aus?
- Wie kann Mehrfachspeicherung von Daten vermieden werden?

Als Normalisierung bezeichnet man die sinnvolle Aufteilung der Daten in Tabellen um die Datenbankstruktur zu optimieren und die oben genannten Probleme zu vermeiden. Beim Anlegen von Tabellen sollten die drei nachfolgend beschriebenen Normalformen berücksichtigt werden.

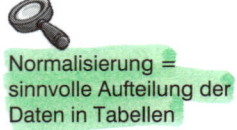

Normalisierung = sinnvolle Aufteilung der Daten in Tabellen

Die erste Normalform

Eine Tabellenspalte darf nicht weiter zerlegbar sein

Die erste Normalform schreibt vor, dass eine Tabellenspalte nicht weiter zerlegbar sein darf. Also benötigen Sie beispielsweise zwei Spalten (Datenfelder), um die Postleitzahl und den Ort zu speichern, eine dritte Spalte ist für das Land erforderlich. Eine Tabelle, die diese Bedingung erfüllt, entspricht der ersten Normalform. Diese Regel ist durchaus sinnvoll, da Sie eine Tabelle nur nach Spalten sortieren, filtern und auswerten können. Stellen Sie sich vor, Ihre Tabelle Rechnungen würde aussehen wie die Tabelle unten, alle verkauften Artikel befinden sich in einer einzigen Spalte.

Rechnungen1

RechnungsNr	KundenNr	Datum	Artikel
1	209	14.03.2010	5 Luftmatratzen, 3 Schwimmflossen, 2 Taucherbrillen
2	367	16.03.2010	2 Taucherbrillen
3	345	17.03.2010	15 Luftmatratzen, 8 Schwimmflossen, 20 Badewannenenten
4	299	17.03.2010	123 Badewannenenten, 20 Taucherbrillen
5	295	18.03.2010	5 Schwimmflügel

Alle Artikel und Mengen sind in einer einzigen Spalte gespeichert

Eine Auswertung über alle verkauften Artikel wäre mit dieser Tabelle sehr schwierig, da die Spalte Artikel sowohl Text als auch Mengenangaben und darüber hinaus auch mehrere Artikel enthält. Als Abhilfe müssen Sie die Spalte Artikel aufteilen. Allerdings bietet auch die zweite Tabelle unten keine zufriedenstellende Lösung. Sie entspricht zwar der ersten Normalform, was aber tun, wenn ein Kunde mehr als einen Artikel gekauft hat? Wie viele Artikel, bzw. Spalten sollen dann maximal berücksichtigt werden, 5, 10 oder 100?

Rechnungen2

Rechnu	KundenN	Datum	Anzah	Artikel1	Anzₐ	Artikel2	Anᵢ	Artikel3
1	209	14.03.2010	5	Luftmatratzen	3	Schwimmflossen	2	Taucherbrillen
2	367	16.03.2010	2	Taucherbrillen				
3	345	17.03.2010	15	Luftmatratzen	8	Schwimmflossen	20	Badewannenenten
4	299	17.03.2010	123	Badewannenenten	20	Taucherbrillen		
5	295	18.03.2010	5	Schwimmflügel				

Menge und Artikelbezeichnung werden in getrennten Spalten gespeichert

Die nächste Tabelle unten entspricht ebenfalls der ersten Normalform und stellt gleichzeitig eine bessere Lösung dar, allerdings wird eine Spalte Position benötigt, die angibt, um welche Position auf der Rechnung es sich handelt. Die Spalten Rechnungsnummer und Position bilden zusammen den Primärschlüssel. Allerdings enthält die Spalte Artikel die Artikelbezeichnung gleich mehrfach.

Rechnungen3

RechnungsNr	Position	KundenNr	Datum	Anzahl	Artikel
1	1	209	14.03.2010	5	Luftmatratzen
1	2	209	14.03.2010	3	Schwimmflossen
1	3	209	14.03.2010	2	Taucherbrillen
2	1	367	16.03.2010	2	Taucherbrillen
3	1	345	17.03.2010	15	Luftmatratzen
3	2	345	17.03.2010	8	Schwimmflossen
3	3	345	17.03.2010	20	Badewannenenten
4	1	299	17.03.2010	123	Badewannenenten
4	2	299	17.03.2010	20	Taucherbrillen
5	1	295	18.03.2010	5	Schwimmflügel

Tabelle entspricht der ersten Normalform

Die Tabelle entspricht der ersten Normalform

Die zweite Normalform
Eine Tabelle ist in der zweiten Normalform, wenn sie der ersten Normalform entspricht und gleichzeitig jede Spalte, die keine Schlüsselspalte ist, vollständig vom gesamten Primärschlüssel abhängig ist.

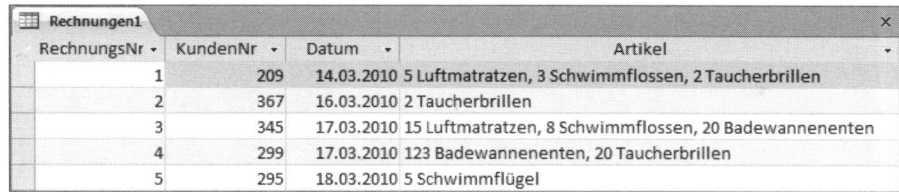

Jede Spalte hängt vom Primärschlüssel ab

Die oben abgebildete Tabelle entspricht nicht der zweiten Normalform. Der Primärschlüssel setzt sich zusammen aus Rechnungsnummer und Position, aber nicht alle Spalten sind ausschließlich von dieser Kombination abhängig. Die Spalten Kundennummer und Datum sind abhängig von der Rechnungsnummer, Artikelanzahl und -bezeichnung dagegen von Rechnungsnummer und Position. Damit die Bedingung der zweiten Normalform erfüllt ist, müssen Sie den Inhalt der Tabelle in zwei Tabellen aufteilen.

Die Tabelle Rechnungen besteht aus den Spalten Kundennummer und Datum, die Rechnungsnummer bildet den Primärschlüssel. Der Primärschlüssel der zweiten Tabelle Rechnungsposten setzt sich wieder zusammen aus Rechnungsnummer und Position. Die beiden unten abgebildeten Tabellen entsprechen der zweiten Normalform.

Die beiden Tabellen entsprechen der zweiten Normalform

Tabelle Rechnungen

RechnungsNr ▾	KundenNr ▾	Datum ▾
1	209	14.03.2010
2	367	16.03.2010
3	345	17.03.2010
4	299	17.03.2010
5	295	18.03.2010

Tabelle Rechnungsposten

RechnungsN ▾	Position ▾	Anzahl ▾	Artikel ▾
1	1	5	Luftmatratzen
1	2	3	Schwimmflossen
1	3	2	Taucherbrillen
2	1	2	Taucherbrillen
3	1	15	Luftmatratzen
3	2	8	Schwimmflossen
3	3	20	Badewannenenten
4	1	123	Badewannenenten
4	2	20	Taucherbrillen
5	1	5	Schwimmflügel

Die dritte Normalform

Keine Abhängigkeit zwischen Nichtschlüsselfeldern

Die dritte Normalform schreibt vor, dass es auch zwischen den einzelnen Nichtschlüsselfeldern keine Abhängigkeit geben darf. Die Tabelle Rechnungsposten entspricht nicht der dritten Normalform, da die Spalte Artikel mit der Bezeichnung nicht vom Primärschlüssel abhängig ist, sondern von der Artikelnummer. Bei der Eingabe könnte also versehentlich eine Artikelnummer zusammen mit dem falschen Beschreibungstext eingegeben werden.

Dies lässt sich vermeiden, wenn Sie eine dritte Tabelle Artikel mit allen Artikeldaten wie Bezeichnung und Preis verwenden. In dieser Tabelle bildet die Artikelnummer den Primärschlüssel, jeder Artikel ist nur einmal gespeichert und Änderungen, z.B. Preisänderungen brauchen nur ein einziges Mal vorgenommen werden. Die beiden Tabellen unten entsprechen der dritten Normalform.

Die Tabellen entsprechen der dritten Normalform

Tabelle Rechnungsposten

RechnungsNr ▾	Position ▾	ArtikelNr ▾	Anzahl ▾
1	1	501	5
1	2	502	3
1	3	503	2
2	1	503	2
3	1	501	15
3	2	502	8
3	3	509	20
4	1	509	123
4	2	503	20
5	1	508	5

Tabelle Artikel

ArtikelNum ▾	Artikelbezeichnung ▾	Einzelpreis ▾
501	Luftmatratze	12,90 €
502	Schwimmflosse	35,10 €
503	Taucherbrille	18,20 €
509	Badewannenente	2,90 €

2.4.   Wie gehen Sie beim Datenbankentwurf vor?

Checkliste

Beginnen Sie nicht sofort mit Access und dem Anlegen von Tabellen. Nehmen Sie erst Papier und Stift zur Hand und planen Sie Ihre Datenbank anhand der folgenden Checkliste.

- Was möchten Sie in Ihrer Datenbank abbilden? Lernen Sie zuerst das System genauer kennen.

- Notieren Sie in einer Liste, welche Vorgänge dargestellt werden sollen.

- Notieren Sie, welche Daten eingegeben und gespeichert werden sollen. Welche Daten benötigen Sie für Auswertungen?

- In welcher Form sollen die Daten später gedruckt werden?
- Überlegen Sie, welche Tabellen Sie benötigen und stellen Sie für jede Tabelle eine Liste aller erforderlichen Spalten zusammen.
- Legen Sie für jede Tabelle einen Primärschlüssel fest.
- In welcher Abhängigkeit stehen die Tabellen zueinander? Definieren Sie die Beziehungen zwischen den Tabellen und fügen Sie Fremdschlüssel in die Tabellen ein.
- Überprüfen Sie, ob Ihre Tabellen der ersten, zweiten und dritten Normalform entsprechen oder ob Sie noch weitere Tabellen benötigen.
- Erstellen Sie die Tabellen in Access und definieren Sie die Beziehungen.

Namensregeln

Bei der Entwicklung von Programmen und auch von Datenbanken wurden bestimmte Standards definiert. Dadurch lassen sich Datenbanken auch zu einem späteren Zeitpunkt oder von anderen Entwicklern leichter verstehen und nachvollziehen. Zur besseren Unterscheidung sollten daher den Namen aller Datenbankobjekte Kürzel aus drei Buchstaben vorangestellt werden.

Datenbankobjekt	Kürzel	engl. Bezeichnung
Tabellen	tbl	tables
Abfragen	qry	queries
Formulare	frm	forms
Berichte	rpt	reports
Makros	mcr	macros

Die Tabelle Rechnungen würde also beispielsweise den Namen tblRechnungen oder tbl_Rechnungen erhalten. In manchen Unternehmen werden dem Namen eines Datenbankobjekts auch noch die Initialen des Entwicklers hinzugefügt.

2.5.   Die Beispieldatenbank Bestellungen

Vorüberlegungen

In dieser Schulungsunterlage wird in Form von Übungsaufgaben eine Datenbank zur Erfassung und Speicherung von Kundenadressen erstellt, außerdem soll auch die Nachverfolgung der Kundenkontakte möglich sein. Eine weitere Funktion der Datenbank soll es sein, Kundenbestellungen zu erfassen und zu verwalten.

Bevor Sie mit der Datenspeicherung beginnen, müssen die Tabellen angelegt werden und dazu sind einige Vorüberlegungen erforderlich:

- Welche Tabellen und welche Spalten, bzw. Datenfelder benötigen Sie?
- Welche Felder verwenden Sie als Primärschlüssel?
- Wie sollen die Tabellen aufgeteilt und verknüpft werden?
- Über welche Felder sollen die Beziehungen hergestellt werden?

Unter Berücksichtigung der ersten bis dritten Normalform werden in diesem Beispiel die folgenden Tabellen benötigt:

Zweck	Tabelle	Primärschlüssel
Kundenadressen	tblKunden	Kundennummer
Kundenkontakte nachverfolgen	tblNachverfolgung	Kontaktnummer, fortlaufende Nummer
Artikel, Bezeichnung und Preis	tblArtikel	Artikelnummer
Warengruppen	tblWarengruppen	Warengruppenschlüssel
Bestellungen, Bestelldaten	tblBestellung	Bestellnummer
Einzelne Bestellposten	tblBestelldetails	Fortlaufende Nummer

Hinweis: Um das Beispiel möglichst übersichtlich zu halten, wurden einige Merkmale wie beispielsweise unterschiedliche Steuersätze nicht berücksichtigt. In der Praxis dürfte also eine solche Datenbank erheblich umfangreicher ausfallen.

2.6. Zusammenfassung

- Access ist eine Anwendung, mit der Datenbanken nach dem relationalen Datenbankmodell erstellt und verwaltet werden. Relationale Datenbanken speichern die Daten in verteilten Tabellen, die über Beziehungen (Relationen) miteinander verknüpft sind.

- Eine Zeile einer Tabelle beschreibt eine Einheit und wird als Datensatz bezeichnet. Die Spalten einer Tabelle werden auch als Datenfelder bezeichnet und speichern Eigenschaften, die jede Einheit näher beschreiben. Als Primärschlüssel bezeichnet man dasjenige Feld einer Tabelle, das für jeden Datensatz ein eindeutiges Merkmal enthält, beispielsweise die Kundennummer.

- Beziehungen werden über das Primärschlüsselfeld der Tabelle zum Fremdschlüssel der zweiten Tabelle hergestellt. In den meisten Fällen handelt es sich dabei um eine 1:n Beziehung, das bedeutet, dass jeder Datensatz der einen Tabelle mit mehreren Datensätzen der zweiten Tabelle verknüpft ist.

- Die Normalisierung gibt Regeln vor, nach denen die Daten in mehrere Tabellen aufgeteilt werden sollten. Durch die Normalisierung vermeiden Sie Fehlerquellen in Datenbanken, wie Datenredundanz oder Dateninkonsistenz.

Bemerkungen:

_____

_____

_____

_____

_____

_____

3. Tabellen erstellen

In dieser Lektion lernen Sie...

- Tabellen anlegen
- Im Tabellenentwurf arbeiten
- Primärschlüssel und Indizes festlegen
- Typen und Eigenschaften von Feldern
- Nachschlagefelder erstellen

Was Sie für diese Lektion wissen sollten:

- Erste Schritte mit Access
- Datenbankgrundlagen

Tabellen speichern Daten und bilden die Grundlage jeder Access-Datenbank. Standardmäßig erstellt Access mit dem Anlegen einer neuen Datenbank eine neue Tabelle und Sie könnten eigentlich mit der Dateneingabe beginnen. Ihnen steht aber mit der Entwurfsansicht auch noch eine zweite Möglichkeit zum Anlegen von Tabellen zur Verfügung. Auf eine weitere Möglichkeit, die Verwendung von SharePoint-Listen wird hier nicht näher eingegangen. Sie dienen zur Erstellung von Webdatenbanken die auf einem Server bereitgestellt und mit einem Webbrowser (z.B. Microsoft Internet Explorer) verwendet werden.

3.1. Eine Tabelle in der Datenblattansicht erstellen

Spalten hinzufügen und Daten eingeben

Nach dem Erstellen und Speichern einer neuen, leeren Datenbank erstellt Access eine leere Tabelle mit dem Namen Tabelle1 und öffnet diese Tabelle im Anzeigebereich in der so genannten Datenblattansicht. Die Datenblattansicht ist diejenige Ansicht, in der Sie Daten eingeben und bearbeiten. Sollte keine Tabelle geöffnet werden oder haben Sie die Tabelle versehentlich geschlossen, so klicken Sie auf das Register ERSTELLEN und anschließend in der Gruppe TABELLEN auf TABELLE.

Tabelle erstellen

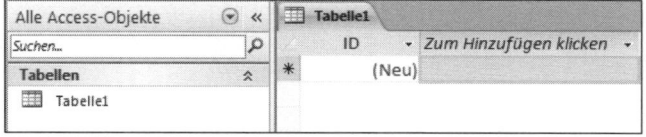

Eine neue Tabelle in der Datenblattansicht

Neue Tabelle erstellen

Die Eingabe von Daten in der Datenblattansicht gleicht der Eingabe in einem Excel-Tabellenblatt.

- Die erste Spalte ist bereits mit der Überschrift ID versehen, sie bildet gleichzeitig den Primärschlüssel der Tabelle. In dieser Spalte ist keine Eingabe möglich, während der Eingabe werden die Datensätze automatisch fortlaufend nummeriert.

- Ab der zweiten Spalte können Sie sofort mit der Eingabe beginnen. Möchten Sie beispielsweise Adressen in der Tabelle speichern, so geben Sie einfach den ersten Nachnamen ein. Durch Drücken der Eingabe-Taste oder der Tab-Taste wird automatisch eine weitere Spalte hinzugefügt und der Cursor wandert in diese Spalte. Geben Sie hier nun den dazugehörigen Vornamen ein und fahren Sie mit den übrigen benötigten Spalten fort.

Zeile anfügen

- Wenn Sie eine neu hinzugefügte Spalte ignorieren und ein weiteres Mal die Eingabe- oder Tab-Taste drücken, so wird eine neue Zeile an die Tabelle angefügt.

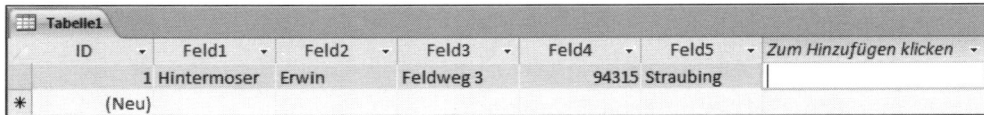

Feldeigenschaften festlegen

In der Datenblattansicht steht Ihnen im Menüband das Register FELDER (TABELLEN-TOOLS) zur Verfügung. Über Schaltflächen können Sie für jedes Feld Eigenschaften wie Datentyp oder Feldname festlegen.

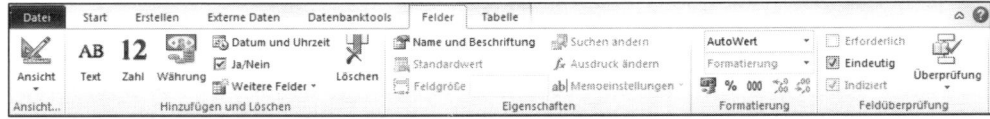

Siehe Lektion 3.2

Eine genauere Beschreibung der jeweiligen Eigenschaften finden Sie im nächsten Abschnitt 3.2 in Zusammenhang mit dem Tabellenentwurf.

Feldnamen

Spaltenüberschriften ändern

Mit Ausnahme der ersten Spalte erhalten alle Spalten automatisch FELD1, FELD2, usw. als Überschriften. Zum Ändern einer Spaltenüberschrift klicken Sie Tabellenspalte und anschließend im Register FELDER auf die Schaltfläche NAME UND BESCHRIFTUNG. Optional können Sie zusätzlich zur Spaltenüberschrift (Feldname) auch eine Beschriftung angeben, diese erscheint später anstelle des eigentlichen Namens in der Tabelle und in Formularen. Die Beschreibung ist ebenfalls optional, sie erscheint während der Eingabe in der Statusleiste. Als Alternative doppelklicken Sie einfach in die jeweilige Überschrift, der Inhalt wird markiert und kann überschrieben werden.

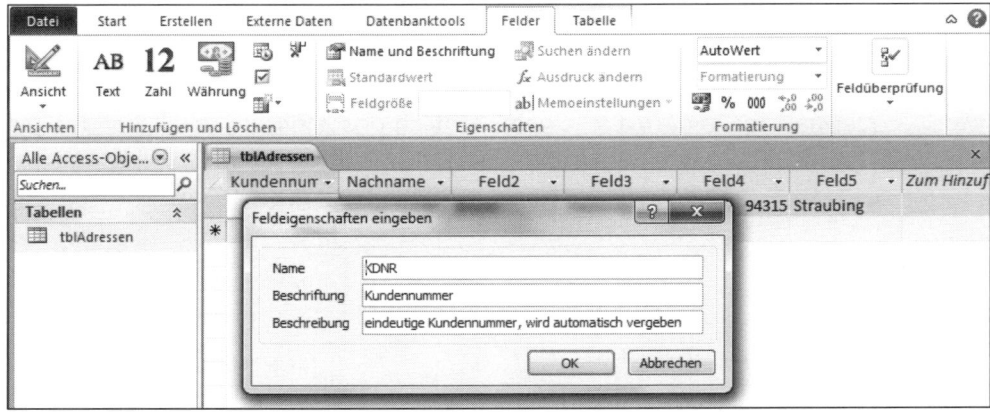

Feldname, Beschriftung und Beschreibung eingeben

Datentyp wählen

Felddatentypen, siehe Lektion 3.2

Access unterscheidet zwischen verschiedenen Datentypen. Der Datentyp, z.B. Text, Zahl oder Datum wird automatisch während der Eingabe anhand der eingegebenen Daten festgelegt. Wenn Sie bereits beim Hinzufügen eines neuen Feldes den Datentyp festlegen möchten, dann klicken Sie auf den Dropdown-Pfeil der Schaltfläche ZUM HINFÜGEN KLICKEN und wählen einen Datentyp aus. Eine genaue Beschreibung der Datentypen finden Sie im nächsten Abschnitt.

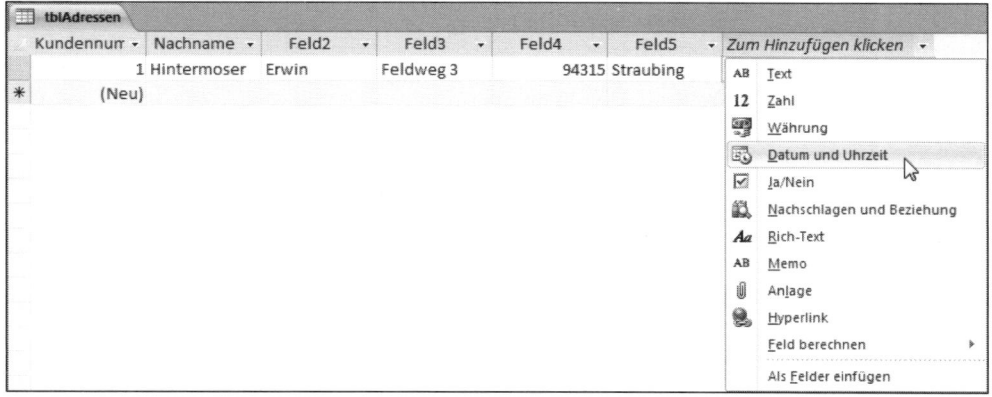

Als Alternative können Sie ein neues Feld auch hinzufügen, indem Sie im Register FELDER, Gruppe HINZUFÜGEN UND LÖSCHEN auf einen Felddatentyp klicken.

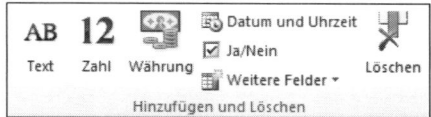

Zum nachträglichen Ändern des Datentyps klicken Sie in die entsprechende Spalte und verwenden im Register FELDER, Gruppe FORMATIERUNG den Dropdown-Pfeil DATENTYP.

Datentyp nachträglich ändern

Zahlenformat

Felder der Datentypen Währung und Zahl können mit einem Zahlenformat, z.B. Euro versehen werden. Klicken Sie dazu im Register FELDER, Gruppe FORMATIERUNG auf eine der Schaltflächen oder wählen ein Format über den Dropdown-Pfeil FORMAT.

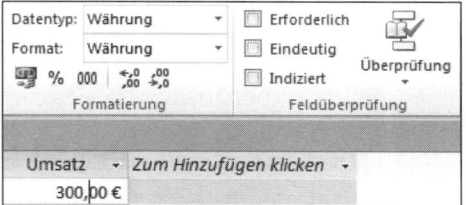

Spalte löschen

Versehentlich hinzugefügte und nicht benötigte Spalten löschen Sie mit einem Mausklick auf die Schaltfläche LÖSCHEN in der Gruppe HINZUFÜGEN UND LÖSCHEN, Register FELDER.

Tabelle schließen und Entwurf speichern

Zum Schließen der Tabelle klicken Sie rechts im Arbeitsbereich auf das SCHLIEßEN-Symbol. Access fordert Sie auf, Änderungen an der Tabelle zu speichern, klicken Sie auf JA und geben Sie an, unter welchem Namen die Tabelle gespeichert werden soll. Wenn Sie die Tabelle speichern möchten, ohne sie zu schließen, dann klicken Sie im Register DATEI oder in der SYMBOLLEISTE FÜR DEN SCHNELLZUGRIFF auf SPEICHERN.

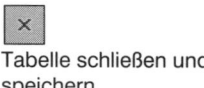

Tabelle schließen und speichern

3.2. Der Tabellenentwurf

Keine Dateneingabe

Die Entwurfsansicht einer Tabelle stellt Ihnen weitere Gestaltungsmöglichkeiten für Tabellen zur Verfügung. Diese Ansicht dient nicht zur Dateneingabe sondern ausschließlich dazu, die Struktur einer Tabelle festzulegen. Wenn Sie eine neue Tabelle in der Entwurfsansicht erstellen möchten, dann klicken Sie im Register ERSTELLEN, Gruppe TABELLEN auf die Schaltfläche TABELLENENTWURF.

Feldname und Felddatentyp

Die Beschreibung erscheint in der Statusleiste

In der Entwurfsansicht einer Tabelle geben Sie für jede Spalte, bzw. jedes Feld einen Feldnamen ein und legen den Datentyp fest. Die Beschreibung der Felder ist optional, dieser Text erscheint später während der Eingabe in der Statusleiste und dient gleichzeitig als Hilfe bei späteren Änderungen.

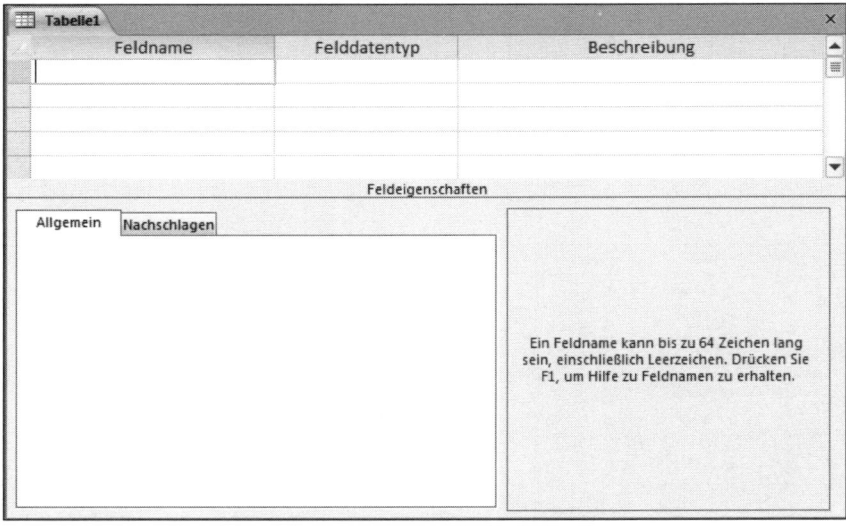

Wählen Sie einen Felddatentyp aus

Geben Sie in der ersten Zeile in der Spalte FELDNAME einen Namen für das erste Feld ein. Nach dem Drücken der Eingabe-Taste oder der Tab-Taste gelangen Sie zur nächsten Spalte FELDDATENTYP in der Sie festlegen, welche Daten dieses Feld speichern soll. Standardmäßig ist jedes Feld vom Datentyp Text, das bedeutet, bei der Eingabe können beliebige Zeichen eingegeben werden. Eine Liste weiterer Felddatentypen erscheint, wenn Sie auf den Dropdown-Pfeil klicken. Mit einem weiteren Mausklick wählen Sie einen Felddatentyp aus.

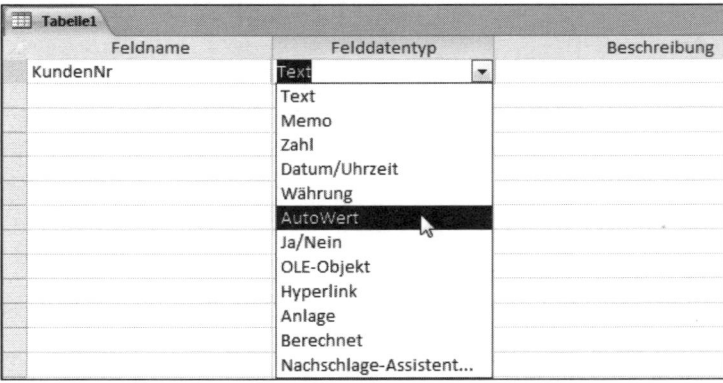

Was ist bei Feldnamen zu beachten?

- Wählen Sie einen möglichst aussagekräftigen Feldnamen. Ein Feldname kann bis 64 Zeichen lang sein, einschließlich Leerzeichen.
- Verwenden Sie möglichst kurze Feldnamen

- Die folgenden Zeichen sind reserviert und dürfen in Feldnamen nicht verwendet werden: Punkt (.), Doppelpunkt (:), Semikolon (;), Ausrufezeichen (!), sowie eckige Klammern [ ].

- Leerzeichen und Bindestrich sind in Feldnamen zwar erlaubt, sollten aber trotzdem nicht verwendet werden, da sonst Formeln in späteren Auswertungen sehr unübersichtlich werden können.

- Bezeichnungen für Funktionen und Eigenschaften gelten als reservierte Namen und dürfen nicht als Feldnamen verwendet werden, dazu gehören beispielsweise "Name", "Anzahl" und "Wert".

Tipp: Vermeiden Sie Leerzeichen und Bindestriche in Feldnamen

Felddatentypen

Der Felddatentyp legt fest, welche Art von Informationen im Feld gespeichert werden sollen, Access unterscheidet die folgenden Felddatentypen:

Felddatentyp	Beschreibung
Text	Beliebige Zeichen, also Buchstaben und Sonderzeichen, aber auch Zahlen mit denen keine Berechnungen durchgeführt werden sollen, Länge max. 255 Zeichen.
Memo	Erlaubt die Eingabe längerer Texte, max. 63.999 Zeichen.
Zahl	Zahlen, die zu Berechnungen verwendet werden, standardmäßig ganze Zahlen. Die Eigenschaft FELDGRÖSSE unterscheidet weiter zwischen ganzen Zahlen und Dezimalzahlen. Für Geldwerte verwenden Sie besser den Typ Währung.
Datum/Uhrzeit	Datumswerte, Uhrzeitangaben
Währung	Geldwerte oder Dezimalzahlen für Berechnungen
AutoWert	Eine eindeutige fortlaufende Nummer die von Access automatisch vergeben wird.
Ja/Nein	Kann nur zwei Werte (Ja/Nein, Wahr/Falsch) annehmen, sog. Boolesche Werte.
OLE-Objekt	Object linking and embedding, Objekte aus anderen Anwendungen, die in eine Tabelle eingebettet werden .
Hyperlink	Verknüpfungen zu Dateien oder Webseiten
Anlage	Dateianlagen, vergleichbar mit Anhängen an E-Mails. Damit lassen sich Bilder und andere Dateien einbinden.
Berechnet	Eine Spalte aus vorhandenen Feldern berechnen.
Nachschlage-Assistent	Dies ist eigentlich kein Felddatentyp. Sie starten damit einen Assistenten zur Erstellung von Nachschlagefeldern. Der Assistent legt auch den Datentyp fest.

Text oder Zahl?

Soll ein Feld später für Berechnungen verwendet werden, dann muss auf jeden Fall entweder der Felddatentyp Zahl oder Währung verwendet werden. Im Gegensatz zum Felddatentyp Zahl berücksichtigt der Felddatentyp Währung automatisch auch Dezimalstellen und Berechnungen mit Dezimalstellen werden schneller durchgeführt. Beim Typ Zahl dagegen verwendet Access als Standardeinstellung

Berechnungen sind nur mit dem Typ Zahl möglich

Integerzahl, d.h. in diesem Feld können nur ganze Zahlen gespeichert werden, Sie können dies jedoch über die Eigenschaft FELDGRÖßE ändern.

Siehe Feldeigenschaften

Wird ein Feld nicht für Berechnungen benötigt, dann können Sie auch den Felddatentyp Text verwenden, beispielsweise für Telefonnummern oder Postleitzahlen. Mit Hilfe von Eingabeformaten können Sie trotzdem die zulässigen Eingaben exakt vorschreiben.

Autowert

Automatische Vergabe von Werten

Der Felddatentyp AutoWert versieht während der Dateneingabe alle Datensätze automatisch mit einer fortlaufenden Nummerierung und kann beispielsweise für die Vergabe von Rechnungsnummern verwendet werden. Beim Löschen eines Datensatzes wird die gelöschte Nummer nicht wieder verwendet, sondern die Nummerierung einfach fortgesetzt. Jede Tabelle kann immer nur ein Feld vom Typ AutoWert enthalten.

In den Feldeigenschaften können Sie zwischen einer fortlaufenden Nummerierung (INKREMENT) oder zufällig generierten Werten (ZUFALL) wählen.

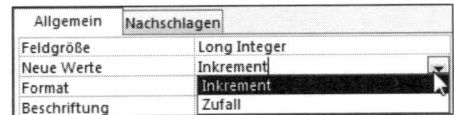

Grafiken und Bilder speichern

Vorsicht beim Speichern von Bildern in einer Datenbank

Grafiken und Bilder, z.B. Abbildungen von Produkten lassen sich zwar über den Felddatentyp OLE-Objekt in eine Tabelle einbinden. In der Praxis ist dies jedoch nicht zu empfehlen, da die Bilder zusammen mit der Datenbank in einer einzigen Datei gespeichert werden. Da Bilder in der Regel relativ viel Speicherplatz benötigen, wird dadurch die gesamte Datenbank sehr umfangreich und somit langsam. Besser ist es, wenn Sie die Bilder in einem eigenen Ordner speichern und den Felddatentyp Hyperlink oder Anlage verwenden, um eine Verknüpfung zu der jeweiligen Bilddatei einzufügen.

Primärschlüssel festlegen

Primärschlüssel

Wenn Sie später Beziehungen zwischen Tabellen erstellen möchten, dann müssen Sie festlegen, welches Feld als Primärschlüssel verwendet werden soll. In der Entwurfsansicht einer Tabelle steht im Menüband ein Register TABELLENTOOLS-ENTWURF mit der Schaltfläche PRIMÄRSCHLÜSSEL zur Verfügung.

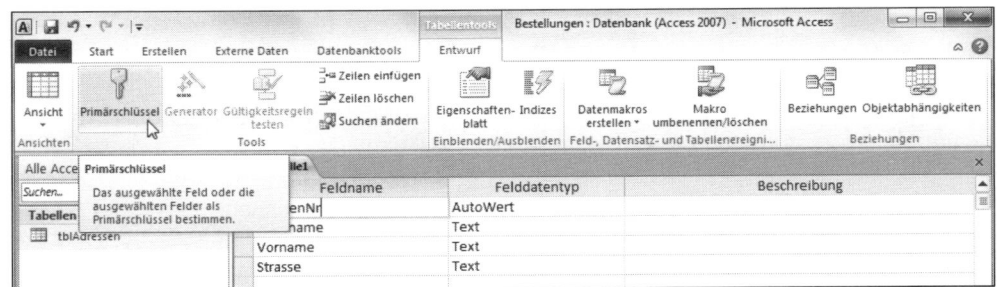

Das Register TABELLENTOOLS-ENTWURF

Klicken Sie auf den Namen des Feldes, das Sie als Primärschlüssel definieren möchten und klicken Sie dann auf die Schaltfläche PRIMÄRSCHLÜSSEL. In der so genannten Markierungsspalte links vom Feldnamen erscheint ein kleiner Schlüssel.

Primärschlüssel aus zwei Feldern

Soll ein Primärschlüssel aus zwei Feldern gebildet werden, dann müssen Sie zuvor beide Zeilen markieren. Zeigen Sie dazu mit der Maus in die Markierungsspalte, der Mauszeiger wird als schwarzer waagrechter Pfeil dargestellt. Ziehen Sie

nun mit gedrückter linker Maustaste über die Zeilen, die Sie markieren möchten.
Klicken Sie dann auf die Schaltfläche PRIMÄRSCHLÜSSEL.

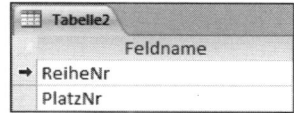

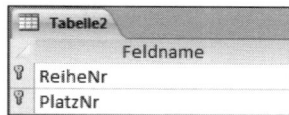

Markieren Sie die Felder   Ergebnis

Sollten Sie beim Anlegen einer neuen Tabelle vergessen haben, einen Primärschlüssel zu definieren, dann werden Sie beim Speichern mit einer Meldung darauf aufmerksam gemacht. Enthält die Tabelle ein Feld vom Typ AutoWert, so wird dieses mit einem Mausklick auf die Schaltfläche JA automatisch als Primärschlüssel festgelegt, andernfalls erstellt Access ein weiteres Feld vom Typ AutoWert und mit dem Feldnamen ID als Primärschlüssel. Wenn Sie ein anderes Feld als Primärschlüssel verwenden möchten, dann klicken Sie besser auf die Schaltfläche ABBRECHEN und legen das Primärschlüsselfeld selbst fest.

Primärschlüssel automatisch hinzufügen

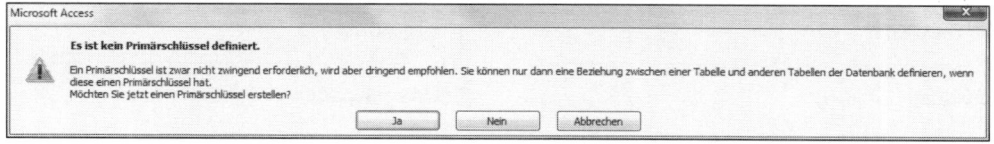

Wenn Sie einen von Access erstellten Primärschlüssel beibehalten möchten, dann sollten Sie in jedem Fall den Feldnamen ID ändern! Kennzeichnen Sie eindeutig, zu welcher Tabelle das Feld gehört, indem Sie etwa den Namen der Tabelle voranstellen, also beispielsweise KundenID. So behalten Sie auch in einer umfangreichen Datenbank mit mehreren Tabellen den Überblick.

Tabelle speichern
Auch bei der Bearbeitung in der Entwurfsansicht müssen Sie anschließend die Tabelle speichern, dies gilt auch für spätere Änderungen am Tabellenentwurf. Klicken Sie dazu im Register DATEI oder in der SYMBOLLEISTE FÜR DEN SCHNELLZUGRIFF auf SPEICHERN und geben Sie einen Namen für die Tabelle ein.

3.3. Die Feldeigenschaften im Tabellenentwurf

Zusätzlich zu den Pflichtangaben Feldname und Felddatentyp können über die Eigenschaften eines Feldes das Aussehen und Verhalten bei der Eingabe gesteuert werden. Die Eigenschaften sind abhängig vom Felddatentyp und können im unteren Bereich des Tabellenentwurfs bearbeitet werden. Beachten Sie, dass immer nur die Eigenschaften des markierten Feldes angezeigt werden.

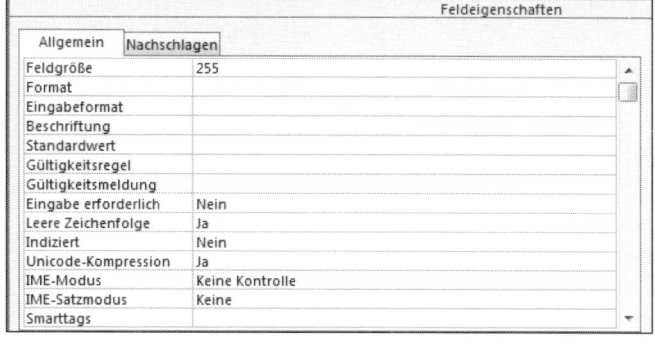

Beispiel: Feldeigenschaften für den Felddatentyp Text

Feldgröße

Maximale Anzahl der Zeichen

Die Einstellungen für die Feldgröße sind abhängig vom Felddatentyp. Beim Felddatentyp Text legt die Feldgröße die maximale Anzahl von Zeichen, Leerzeichen eingerechnet, fest, die in diesem Feld eingegeben werden können. Die Standardgröße ist 255, dies ist gleichzeitig die maximale Größe, Sie können jederzeit einen kleineren Wert angeben. Enthält das Feld bereits Daten, dann werden Sie bei Änderungen darauf aufmerksam gemacht, dass Daten verloren gehen können, nämlich einfach "abgeschnitten" werden. Für Feldinhalte die länger als 255 Zeichen sind, wählen Sie besser den Felddatentyp Memo.

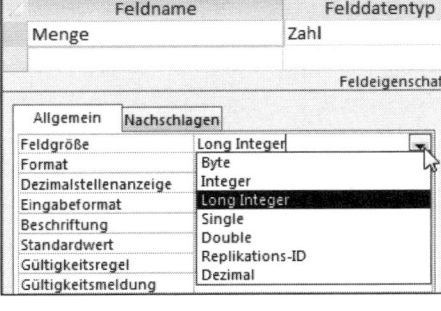

Felddatentyp Text

Felddatentyp Zahl

Felddatentyp Zahl

Ganze Zahlen oder Dezimalzahlen?

Beim Felddatentyp Zahl geben Sie mit der Feldgröße an, ob ganze Zahlen (Integer) oder Dezimalzahlen gespeichert werden sollen. Standardmäßig verwendet Access die Feldgröße Long Integer, d.h. es können ausschließlich ganzzahlige Werte gespeichert werden. Folgende Feldgrößen stehen zur Auswahl, die gebräuchlichsten sind Long Integer für ganze Zahlen und Double für Dezimalzahlen.

Feldgröße	Zahlenbereich	Dezimalstellen
Byte	0 bis 255	Keine
Integer	-32.768 bis 32.767	Keine
Long Integer	-2.147.483.648 bis 2.147.483.647	Keine
Single	$-3,4*10^{38}$ bis $3,4*10^{38}$	7
Double	$-1,797*10^{308}$ bis $-1,797*10^{308}$	15
Dezimal	$-9,999... * 10^{27}$ bis $9,999... * 10^{27}$	

Format

Wie sollen Zahlen angezeigt werden?

Die Eigenschaft FORMAT steuert das Aussehen eines Feldes beim Anzeigen und Drucken. Auch hier unterscheidet Access wieder nach Felddatentyp, mit einem Mausklick auf den Dropdown-Pfeil stehen für die Felddatentypen Zahl, Währung oder Datum/Uhrzeit verschiedene Formate zur Auswahl.

Felddatentyp Zahl

Felddatentyp Datum/Uhrzeit

Bei Dezimalzahlen können Sie über die Eigenschaft DEZIMALSTELLENANZEIGE noch die Anzahl der angezeigten Dezimalstellen festlegen. Berechnungen erfolgen allerdings immer mit der gesamten Anzahl Nachkommastellen.

Eingabeformat

Die Eigenschaft EINGABEFORMAT steuert im Gegensatz zum Format nicht die Anzeige, sondern die Eingabe von Daten. Sie gibt ein Muster vor und legt für jedes einzelne Zeichen die zulässigen Eingaben fest. Auf diese Weise können Sie beispielsweise für ein Feld vom Felddatentyp TEXT die Eingabe von Ziffern vorschreiben, nützlich etwa bei der Eingabe von Postleitzahlen oder Bankleitzahlen. Sie können auch Kleinbuchstaben automatisch in Großbuchstaben umwandeln oder eine bestimmte Anzahl von Zeichen erzwingen. Auch die Vorgabe bestimmter Zeichen ist möglich.

Der EINGABEFORMAT-ASSISTENT unterstützt Sie bei der Erstellung von Eingabeformaten für gängige Felder, etwa Telefonnummern oder Postleitzahlen. Klicken Sie auf die Schaltfläche der Zeile EINGABEFORMAT.

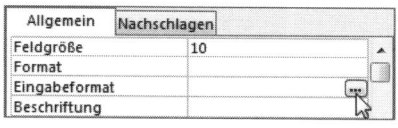

Eingabeformat-Assistent öffnen

Markieren Sie ein Eingabeformat und testen Sie die Eingabe in der Testzeile, entspricht das Format Ihren Vorstellungen, dann klicken Sie auf WEITER.

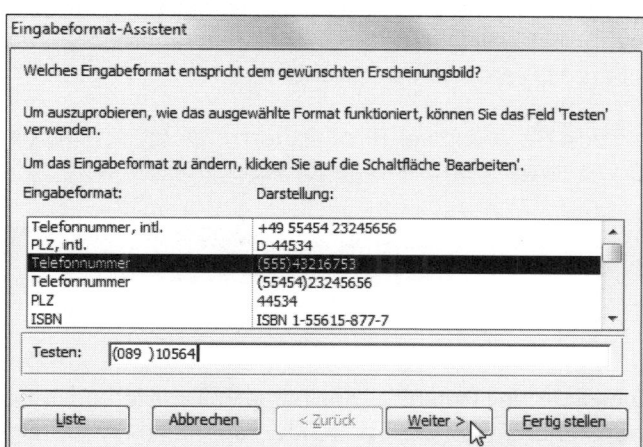

Im nächsten Schritt können Sie ggf. das Eingabeformat ändern oder Platzhalterzeichen auswählen, die vor der Eingabe im Feld angezeigt werden. Klicken Sie anschließend auf WEITER.

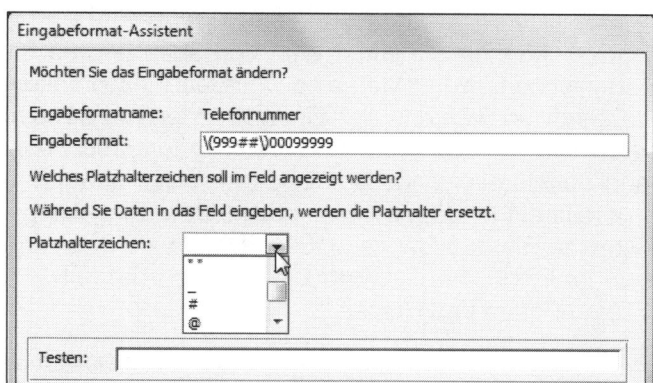

Zuletzt müssen Sie noch angeben, ob die eingegebenen Daten zusammen mit den vorgegebenen Zeichen und Symbolen des Eingabeformats gespeichert werden sollen. Haben Sie beispielsweise ein Eingabeformat für Telefonnummern gewählt, dann legen Sie damit fest, ob auch die Klammern zusammen mit den Nummern gespeichert werden.

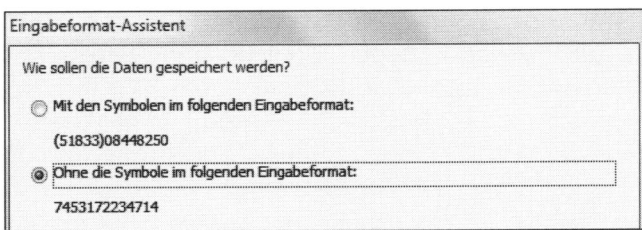

Hilfe zu den Eingabeformaten

F1 = Access-Hilfe zu Eingabeformaten

Sie können auch eigene Eingabeformate definieren, beispielsweise für Artikelnummern. Hilfe zu den Eingabeformaten erhalten Sie, wenn Sie in das Feld EINGABEFORMAT klicken und anschließend die Taste F1 drücken.

Beachten Sie aber, dass die Access-Hilfe in den meisten Fällen Hilfen für Entwickler, also zur Programmierung von Makros oder Modulen bereitstellt und daher auch die entsprechenden Ausdrücke verwendet. Klicken Sie in der Hilfe auf TextBox.InputMask, um zum eigentlichen Hilfstext zu gelangen. Hier finden Sie eine Übersicht und eine Beschreibung der verwendeten Zeichen.

Beispiel: jede Artikelnummer besteht aus zwei Buchstaben, gefolgt von einem Bindestrich und fünf Ziffern. Dann verwenden Sie folgendes Eingabeformat:

>LL\-00000;0

Die Ziffer 0 nach dem Semikolon (;) gibt an, dass auch der Bindestrich als fester Bestandteil zusammen mit der Artikelnummer gespeichert werden soll.

Beschriftung

Standardmäßig verwendet Access in der Datenblattansicht von Tabellen sowie in Formularen und Berichten den Feldnamen als Spaltenüberschrift, bzw. als Beschriftung. Mit der Eigenschaft BESCHRIFTUNG können Sie eine Überschrift definieren, die unabhängig ist vom Feldnamen.

Standardwert

Das aktuelle Datum als Standardwert

Mit der Eigenschaft STANDARDWERT können Sie einen Wert vorgeben und so die Eingabe neuer Datensätze vereinfachen. Wenn Sie keine weiteren Einschränkungen vornehmen kann der Standardwert während der Eingabe jederzeit geändert werden. So kann es beispielsweise sinnvoll sein, dass bei der Eingabe neuer Kundenadressen im Feld Land bereits ein Länderkennzeichen, beispielsweise D vorgegeben ist. Enthält Ihre Tabelle ein Feld, in dem das Datum der Eingabe gespeichert werden soll, dann können Sie das jeweils aktuelle Datum als Standardwert angeben. Geben Sie dazu im Feld STANDARDWERT die Funktion Datum() ein, eine andere Funktion, Jetzt() liefert Datum und Uhrzeit.

Allgemein	Nachschlagen
Format	
Eingabeformat	
Beschriftung	
Standardwert	Datum()
Gültigkeitsregel	
Gültigkeitsmeldung	

Beispiel: aktuelles Datum als Standardwert

Allgemein	Nachschlagen	
Feldgröße	3	▲
Format		
Eingabeformat		
Beschriftung		
Standardwert	"D"	

Beispiel: Standardwert D

Regeln zur Kontrolle der Dateneingabe

Gültigkeitsregel und Gültigkeitsmeldung

Mit Hilfe der Eigenschaft GÜLTIGKEITSREGEL können Sie Regeln für zulässige Eingabewerte definieren. Bei fehlerhafter Eingabe erscheint eine Fehlermeldung, die GÜLTIGKEITSMELDUNG, die Sie in einer weiteren Eigenschaft formulieren können.

Eingabe auf Fehler überprüfen

So erreichen Sie mit dem nebenstehenden Ausdruck beispielsweise, dass in einem Feld ausschließlich die Eingaben A, B oder C zulässig sind.

Allgemein	Nachschlagen	
Feldgröße	5	▲
Format		
Eingabeformat		
Beschriftung		
Standardwert		
Gültigkeitsregel	"A" Oder "B" Oder "C"	
Gültigkeitsmeldung	Geben Sie A, B oder C ein!	

Bereits vorhandene Datensätze können Sie mit einem Mausklick auf die Schaltfläche GÜLTIGKEITSREGELN TESTEN (Register ENTWURF, Gruppe TOOLS) prüfen lassen.

Gültigkeitsregeln testen

Eingabe erforderlich / Leere Zeichenfolge

Um die Funktionalität einer Tabelle zu gewährleisten, ist in manchen Feldern eine Eingabe unbedingt erforderlich. Dazu können Sie die Eigenschaft EINGABE ERFORDERLICH verwenden. In diesem Fall sollten Sie auch überlegen, ob Sie die Eingabe einer leeren Zeichenfolge, also eines Leerzeichens (Eigenschaft: LEERE ZEICHENFOLGE = Ja bzw. Nein) zulassen wollen.

Formatierter Text in Memofeldern

Memofelder können auch formatierten, so genannten Rich-Text speichern, dies können Sie unter TEXTFORMAT festlegen. Allerdings werden Textformate nicht von den Access-Versionen 2003 oder älter unterstützt.

Inhalte von Memofeldern formatieren

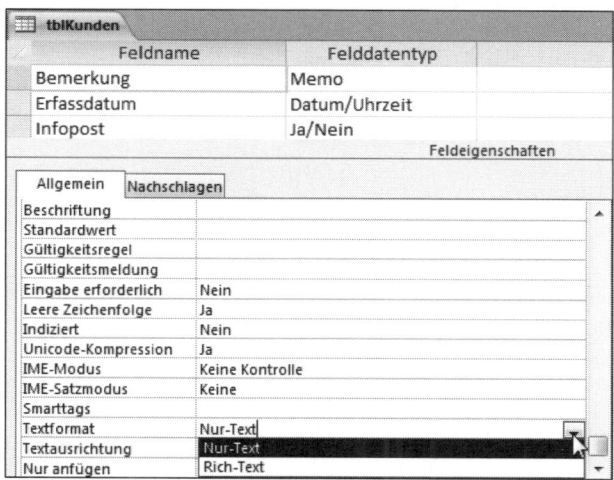

Weitere Eigenschaften

Unicode-Kompression

Unicode-Kompression bedeutet, der verwendete Speicherplatz dieses Feldes wird durch Komprimierung verringert, dies ist vor allem bei der Speicherung von größeren Textmengen sinnvoll, daher ist der Standardwert dieser Eigenschaft Ja.

Die beiden Eigenschaften IMEModus und IMESatzmodus steuern die Zeichenkonvertierung in einer asiatischen Version von Windows und sind hier nicht Bon bedeutung.

Werte auswählen

Nachschlagefelder erstellen

Der Nachschlage-Assistent

Zur Vereinfachung der Dateneingabe können Sie mit Hilfe des Nachschlage-Assistenten Nachschlagefelder erstellen. Bei der Erfassung neuer Datensätze kann dann ein Wert aus einer Liste ausgewählt und übernommen werden. Gleichzeitig können auf diese Weise die zulässigen Standardeingaben festgelegt werden.

Beispiel: Ein Nachschlagefeld zur Auswahl der Anrede erstellen. Legen Sie ein neues Feld Anrede an und klicken Sie in der Spalte FELDDATENTYP auf NACHSCHLA-GE-ASSISTENT....

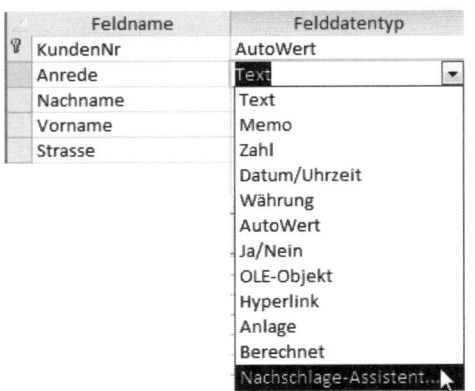
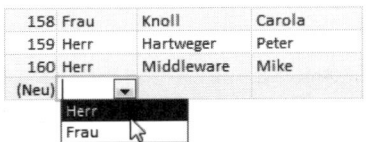

1. Wählen Sie im ersten Schritt, woher das Nachschlagefeld die Werte beziehen soll: aus einer vorhandenen Tabelle/ Abfrage oder möchten Sie die Werte selbst in die Liste eingeben. In diesem Beispiel wählen Sie die zweite Option und klicken auf WEITER.

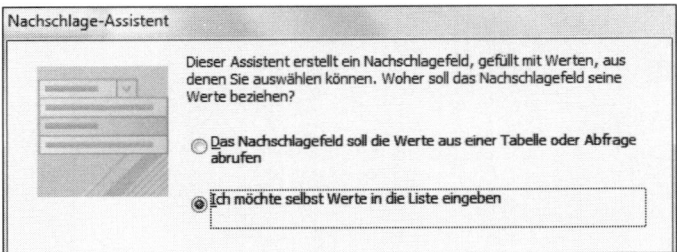

2. Im nächsten Schritt geben Sie untereinander die Werte ein, in diesem Beispiel Herr, Frau und ggf. auch noch Firma. Um die Breite des Nachschlagefeldes zu ändern, zeigen Sie auf die rechte Spaltenbegrenzung und ziehen die Spalte in die gewünschte Breite. Klicken Sie auf WEITER.

3. Im letzten Schritt können Sie über ein Kontrollkästchen festlegen, ob Sie bei der Eingabe ausschließlich Listeneinträge zulassen möchten, oder ob auch andere Werte eingegeben werden können. Bei Bedarf geben Sie noch die Beschriftung des Nachschlagefeldes an und klicken auf FERTIGSTELLEN.

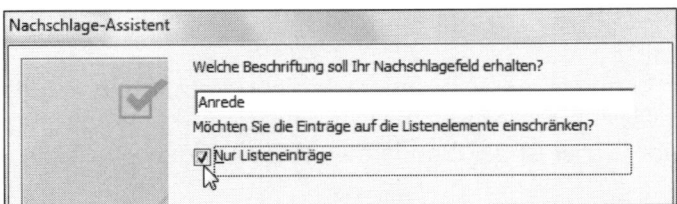

Nachschlagefeld nachträglich bearbeiten

Die Liste der Werte eines Nachschlagefeldes können Sie jederzeit ergänzen, bzw. ändern. Markieren Sie dazu im oberen Bereich des Entwurfsfensters das entsprechende Feld und klicken Sie im Bereich FELDEIGENSCHAFTEN auf das Register NACHSCHLAGEN.

Ändern Sie nun einfach die Werte in der Zeile DATENSATZHERKUNFT oder fügen Sie weitere mit Semikolon (;) als Trennzeichen hinzu. Auch andere Eigenschaften, z.B. NUR LISTENEINTRÄ-GE oder die Anzahl der Zeilen in der Liste können hier nachträglich geändert werden.

Allgemein	Nachschlagen
Steuerelement anzeigen	Kombinationsfeld
Herkunftstyp	Wertliste
Datensatzherkunft	"Herr";"Frau";"Firma"
Gebundene Spalte	1
Spaltenanzahl	1
Spaltenüberschriften	Nein
Spaltenbreiten	2,54cm
Zeilenanzahl	16
Listenbreite	2,54cm
Nur Listeneinträge	Ja
Mehrere Werte zulassen	Nein

Semikolon als Trennzeichen

Indizes

Für Primärschlüsselfelder wird automatisch ein Index erstellt. Zur Erstellung weiterer Indizes markieren Sie in der Entwurfsansicht der Tabelle das entsprechende Feld und klicken im Bereich FELDEIGENSCHAFTEN in die Zeile INDIZIERT.

Klicken Sie auf den Dropdown-Pfeil und wählen Sie einen Index.

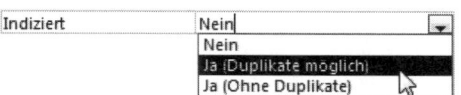

Indiziert	Nein
	Nein
	Ja (Duplikate möglich)
	Ja (Ohne Duplikate)

Ein Index ohne Duplikate bedeutet, in dem betreffenden Feld darf jeder Wert nur einmal vorkommen, ein solcher Index wird automatisch für Primärschlüsselfelder verwendet. Für das Feld Postleitzahl beispielsweise würde ein Index ohne Duplikate allerdings bedeuten, dass jede Postleitzahl genau ein einziges Mal vorkommen darf. In diesem Fall verwenden Sie besser einen Index der Duplikate erlaubt. Das Gleiche gilt für Orte, Namen und Ähnliches.

Duplikate = mehrfach vorkommende Werte

Indizes anzeigen

Mit der Schaltfläche INDIZES, Register ENTWURF auf die Schaltfläche INDIZES öffnet Access ein Fenster mit einer Liste aller Indizes der Tabelle. Die Indizes sind mit Indexname und Feldname, einschließlich des Primärschlüssels (Indexname: PrimaryKey) aufgeführt. Unter INDEXEIGENSCHAFTEN sind weitere Eigenschaften des markierten Index sichtbar.

Indizes anzeigen und bearbeiten

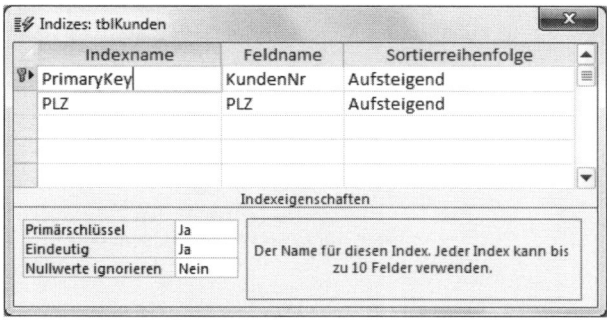

Sie können auch hier weitere Indizes hinzufügen. Klicken Sie dazu in der Spalte INDEXNAME in eine freie Zeile und geben Sie einen Namen für den anzulegenden Index ein. In der Spalte FELDNAME wählen Sie das Feld, auf das sich der Index beziehen soll und ändern ggf. die Sortierreihenfolge.

Index aus zwei Feldern

Ein Index kann auch mehrere Felder einbeziehen, beispielsweise Nachname und Vorname. Um einen solchen zusammengesetzten Index zu erstellen geben Sie einen Indexnamen ein und wählen das Feld NACHNAME als Hauptindex. In der Zeile darunter wählen Sie das zweite Feld, in diesem Beispiel VORNAME. Insgesamt können für einen zusammengesetzten Index bis zu 10 Felder verwendet werden.

Index aus zwei Feldern

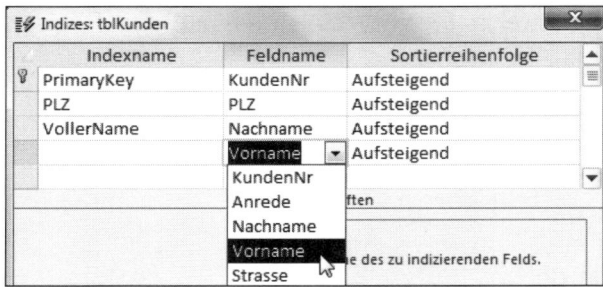

Zusammengesetzter Index

3.4. Nachträgliche Änderungen am Tabellenentwurf

Ansicht

Entwurfsansicht

Nachträgliche Änderungen am Tabellenentwurf sind grundsätzlich jederzeit möglich. In der Datenblattansicht können Sie dazu die Schaltflächen des Registers FELDER verwenden. In der Entwurfsansicht gehen Sie vor, wie oben beschrieben. Nach dem Ändern werden Sie beim Schließen der Tabelle, bzw. beim Wechseln aus der Entwurfsansicht in die Datenblattansicht aufgefordert, Ihre Änderungen am Tabellenentwurf zu speichern.

Felder hinzufügen

Weitere Felder können in jedem Fall problemlos hinzugefügt werden. In der Datenblattansicht werden Felder rechts von der aktuellen Spalte eingefügt. In der Entwurfsansicht können Sie ein Feld entweder am Ende oder über die Schaltfläche ZEILEN EINFÜGEN unterhalb des markierten Feldes hinzufügen.

Feld in der Datenblattansicht hinzufügen

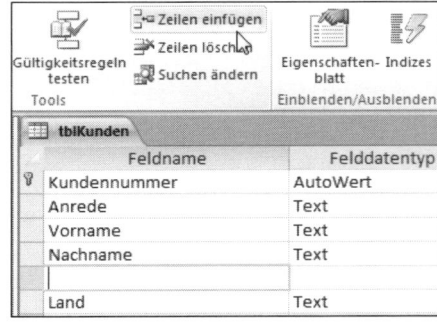

Zeilen in der Entwurfsansicht einfügen

Enthält die Tabelle bereits Daten, dann sollten Sie bei nachträglichen Änderungen die folgenden Punkte beachten:

Datenverlust ist nicht auszuschließen!

Vorsicht: Solange eine Tabelle noch keine Datensätze enthält sind auch weitergehende Änderungen am Tabellenentwurf problemlos möglich. Haben Sie bereits Daten eingegeben, dann sollten Sie zuvor eine Sicherungskopie der Tabelle erstellen, da Datenverlust nicht auszuschließen ist.

Feld löschen

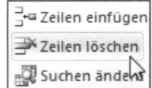

Zum Löschen eines Feldes klicken Sie in der Entwurfsansicht in die betreffende Zeile und klicken im Register ENTWURF auf die Schaltfläche ZEILEN LÖSCHEN. Die Daten in diesem Feld werden damit natürlich ebenfalls gelöscht.

Ändern der Feldgröße

In Feldern vom Typ Text kann es bei der Eingabe vorkommen, dass Inhalte abgeschnitten werden. In diesem Fall müssen mit der Eigenschaft FELDGRÖßE die Anzahl der maximal zulässigen Zeichen ändern. Benötigen Sie mehr als 255 Zeichen, dann müssen Sie den Felddatentyp ändern und den Typ Memo verwenden. Dies ist problemlos möglich, sofern dieses Feld kein Primärschlüsselfeld ist.

Ändern des Felddatentyps

Zahlen- und Datumsfelder lassen sich ohne Datenverlust in Felder vom Typ Text umwandeln, allerdings gehen dabei Formatierungen verloren und Berechnungen sind dann nicht mehr möglich. Wandeln Sie dagegen den Felddatentyp Text in Zahl oder Datum/Uhrzeit um, so kann es zu folgenden Problemen kommen:

Vorsicht bei Änderungen des Felddatentyps

- Enthält das Feld Buchstaben oder Sonderzeichen, so werden diese in jedem Fall gelöscht.

- Enthält das Feld Zahlen, dann müssen Sie beim Umwandeln auch die benötigte Feldgröße, Long Integer oder Double angeben, da sonst eventuell ebenfalls Zahlen gelöscht werden.

Achten Sie auf die Feldgröße!

- Die Umwandlung in den Typ Datum/Uhrzeit ist nur dann problemlos, wenn das Feld Datumswerte in der korrekten Schreibweise enthält.

- Der Felddatentyp AutoWert kann zwar ohne Schwierigkeiten in den Typ Text oder Zahl geändert werden, eine nachträgliche Umwandlung von Text- oder Zahlenfeldern in den Typ AutoWert ist aber nur dann möglich, wenn die Tabelle noch keine Datensätze enthält.

3.5. Zusammenfassung

- Das Anlegen einer Tabelle kann zusammen mit der Dateneingabe erfolgen, in diesem Fall legt Access den Felddatentyp anhand der eingegebenen Daten automatisch fest. Weitergehende Möglichkeiten bietet die Erstellung und Bearbeitung in der Entwurfsansicht, diese Ansicht dient ausschließlich zur Definition der Tabellenstruktur.

- Sie können auch selbst für jedes Feld, bzw. jede Spalte Feldname und Felddatentyps festlegen. Weitere Feldeigenschaften stehen in der Entwurfsansicht oder im Register FELDER (Datenblattansicht) zur Verfügung. Sie sind optional und erlauben eine Steuerung und Kontrolle der Dateneingabe.

- Bei der Tabellenerstellung legen Sie auch fest, welches Feld als Primärschlüssel verwendet werden soll und erstellen weitere Indizes. Für das Primärschlüsselfeld wird automatisch ein Index ohne Duplikate erstellt, bei allen weiteren Indizes ist zu unterscheiden, ob in diesem Feld auch mehrfach vorkommende Inhalte zulässig sein sollen (Duplikate).

- Nachschlage- oder Kombinationsfelder erlauben bei der Dateneingabe eine Auswahl aus einer Liste. Die Werte dieser Liste können entweder aus einer Tabelle oder Abfrage stammen oder direkt eingegeben werden. Bei der Erstellung von Nachschlagefeldern unterstützt Sie der Nachschlage-Assistent.

- Enthält eine Tabelle bereits Daten, dann sollten Sie bei nachträglichen Änderungen am Tabellenentwurf vorsichtig sein. Während zusätzliche Felder problemlos hinzugefügt werden können, sollten Sie vor Änderungen des Felddatentyps eine Sicherungskopie der Tabelle erstellen.

3.6. Übungsaufgabe

Erstellen Sie eine neue, leere Datenbank mit dem Namen Bestellungen-Übung und erstellen Sie die folgenden Tabellen in der Entwurfsansicht. Speichern Sie die Tabellen unter dem jeweils angegebenen Namen.

tblKunden

Feldname	Felddatentyp	Sonstiges/ Eigenschaften
KdNr	Autowert	Primärschlüssel
Anrede	Text	Nachschlagen (Herr;Frau) Feldgröße 10
Vorname	Text	Feldgröße 50
Nachname	Text	Eingabe erforderlich, Indiziert Ja
Land	Text	Feldgröße 3 Standardwert "D" Nur Großbuchstaben als Eingabe
Strasse	Text	Feldgröße 100
PLZ	Text	Eingabeformat 00009, Indiziert Ja Feldgröße 10
Ort	Text	Feldgröße 100
Telefon	Text	Feldgröße 100
Bemerkung	Memo	Rich-Text
Erfassdatum	Datum/Uhrzeit	Standardwert Datum der Eingabe
Infopost	Ja/Nein	
Umsatz	Währung	Standardwert 0

tblNachverfolgung

Feldname	Felddatentyp	Sonstiges/ Eigenschaften
lfdNr	Autowert	Primärschlüssel
KdNr	Zahl	Long integer
KontaktDatum	Datum/Uhrzeit	Standardwert Datum der Eingabe
KontaktArt	Text	Feldgröße 255
Bemerkung	Memo	Rich-Text

tblWarengruppen

Feldname	Felddatentyp	Sonstiges/ Eigenschaften
WSchlüssel	Zahl	Primärschlüssel, Feldgröße Long Integer
WBezeichnung	Text	Feldgröße 255

tblArtikel

Feldname	Felddatentyp	Sonstiges/ Eigenschaften
ArtNr	Text	Primärschlüssel Eingabeformat >LL\-0000;0
ArtBezeichnung	Text	Feldgröße 255
PreisNetto	Währung	Standardwert 0
Lagerbestand	Zahl	Long Integer
Minbestand	Zahl	Long Integer
Auslaufware	Ja/Nein	

Bemerkungen:

_____

_____

_____

_____

4. Dateneingabe und Arbeiten mit Tabellen

In dieser Lektion lernen Sie...

- Daten in eine Tabelle eingeben und bearbeiten
- Besonderheiten der Dateneingabe
- Daten filtern und sortieren

Was Sie für diese Lektion wissen sollten:

- Datenbankobjekte öffnen und schließen
- Tabellen erstellen

Nachdem Sie eine neue Tabelle erstellt haben, können Sie in der Datenblattansicht Daten eingeben. Dazu öffnen Sie die Tabelle im Navigationsbereich mit Doppelklick auf den Namen oder ziehen die Tabelle einfach aus dem Navigationsbereich in den Arbeitsbereich. Ist die Tabelle bereits in der Entwurfsansicht geöffnet, so verwenden Sie die Schaltfläche ANSICHT, um zur Datenblattansicht zu wechseln. Das Register START stellt verschiedene Werkzeuge zum Arbeiten in der Datenblattansicht zur Verfügung.

Datenblattansicht

4.1. Dateneingabe

Neue Datensätze eingeben

In einer leeren Tabelle beginnen Sie einfach in der ersten Zeile mit der Eingabe. Sind bereits Datensätze vorhanden, dann müssen Sie zur Eingabe weiterer Datensätze in die freie Zeile am Ende der Tabelle klicken, diese ist mit einem Stern (*) gekennzeichnet.

* Neuer Datensatz

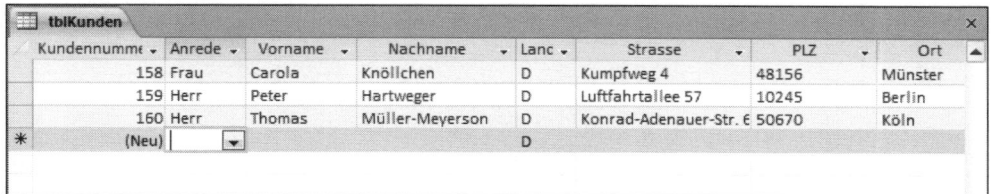

	Kundennumme ▾	Anrede ▾	Vorname ▾	Nachname ▾	Lanc ▾	Strasse ▾	PLZ ▾	Ort ▾
	158	Frau	Carola	Knöllchen	D	Kumpfweg 4	48156	Münster
	159	Herr	Peter	Hartweger	D	Luftfahrtallee 57	10245	Berlin
	160	Herr	Thomas	Müller-Meyerson	D	Konrad-Adenauer-Str. 6	50670	Köln
*	(Neu)				D			

Sie können auch die Schaltfläche NEU in der Gruppe DATENSÄTZE, Register START verwenden, um schnell einen neuen Datensatz am Ende der Tabelle anzufügen.

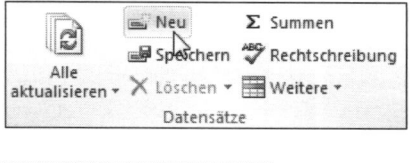

Oder klicken Sie im Navigationsbereich unterhalb der Tabelle auf die Schaltfläche NEUER DATENSATZ.

Während der Eingabe verwenden Sie die Eingabe-Taste, die Tab-Taste oder die Pfeiltaste nach rechts, um in das nächste Feld zu gelangen, natürlich können Sie auch einfach mit der Maus in das gewünschte Feld klicken und dann die Eingabe vornehmen oder einen vorhandenen Eintrag ändern. Nachdem Sie die Eingabe eines Datensatzes in der letzten Spalte beendet haben, gelangen Sie durch Drücken der Eingabe-Taste oder der Tab-Taste in die nächste Zeile und können mit der Eingabe des nächsten Datensatzes fortfahren.

Datensatz eingeben oder bearbeiten

In der Markierungsspalte links von der ersten Spalte erscheint ein Stift vor den bearbeiteten Datensatz.

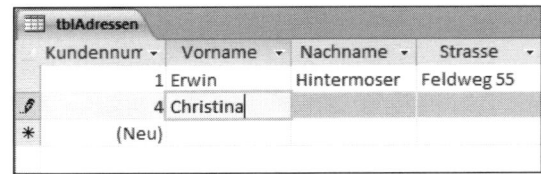

Die Dateneingabe und -bearbeitung unterscheidet sich nicht von der Eingabe in eine Excel- oder Word-Tabelle, Sie können also alle bekannten Funktionen verwenden. Tippfehler während der Eingabe können Sie mit der Rückschritt (Backspace) -Taste oder der Entf (Del) -Taste korrigieren.

Vorsicht bei Rückgängig machen!

Beachten Sie aber, dass mit der Schaltfläche RÜCKGÄNGIG in der Symbolleiste für den Schnellzugriff der soeben eingegebene Datensatz gelöscht wird, Access macht Sie mit einer entsprechenden Meldung darauf aufmerksam.

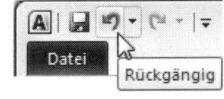

Datensätze nachträglich ändern
Die Inhalte bereits gespeicherter Datensätze können jederzeit geändert werden. Klicken Sie in die entsprechende Zelle und nehmen Sie Ihre Änderungen vor.

Datensätze speichern

Datensätze werden automatisch gespeichert!

Während der Eingabe brauchen Sie sich nicht um das Speichern der Datensätze kümmern. Jeder Datensatz wird nach dem Abschließen der Eingabe automatisch gespeichert, bei einem eventuellen Absturz kann daher im schlimmsten Fall der soeben eingegebene Datensatz als einziger verlorengehen.

> Sobald Sie die Eingabe eines Datensatzes beendet haben und in die nächste Zeile wechseln, wird der Datensatz automatisch gespeichert!

Bei der Eingabe umfangreicherer Datensätze klicken Sie im Register START in der Gruppe DATENSÄTZE auf die Schaltfläche SPEICHERN.

In der Tabelle bewegen

Gehe zu

Um einen Datensatz auszuwählen, klicken Sie einfach in die entsprechende Zeile oder verwenden die Pfeiltasten der Tastatur. In umfangreichen Tabellen leistet der Navigationsbereich unterhalb des Datenblattes gute Dienste. Er zeigt an, wie viele Datensätze die Tabelle enthält und welcher Datensatz gerade markiert ist. Darüber hinaus können Sie die Schaltflächen ERSTER und VORHERIGER DATENSATZ, bzw. NÄCHSTER und LETZTER DATENSATZ zum schnellen Bewegen in der Tabelle verwenden. Als Alternative können Sie im Register START, Gruppe SUCHEN auch die Befehle der Schaltfläche GEHE ZU benutzen.

Navigationsbereich

Tipp: Sie können im Navigationsbereich auch die Nummer des gewünschten Datensatzes direkt in das Feld eingeben, das normalerweise die Anzahl der Datensätze anzeigt und anschließend die Eingabe-Taste drücken.

Spaltenbreiten ändern

Stellen Sie während der Dateneingabe in der Datenblattansicht fest, dass eine Spalte zu schmal ist, so zeigen Sie mit der Maus auf die rechte Trennlinie der Spaltenüberschrift. Als Mauszeiger erscheint ein waagrechter Doppelpfeil und Sie können mit gedrückter linker Maustaste die Spalte in die gewünschte Breite ziehen. Ein Doppelklick auf die Trennlinie stellt die optimale Spaltenbreite her, die Breite der Spalte orientiert sich am Inhalt der gesamten Spalte.

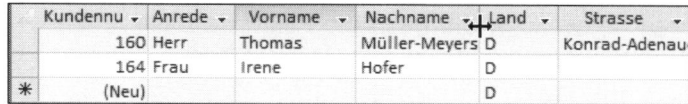

Nach Änderung der Spaltenbreiten erscheint beim Schließen der Tabelle eine Meldung, ob Änderungen am Layout gespeichert werden sollen. Bestätigen Sie mit JA, wenn die Tabelle künftig mit den geänderten Spaltenbreiten geöffnet werden soll, NEIN bedeutet, die Standardspaltenbreite wird beibehalten.

Änderungen am Layout speichern?

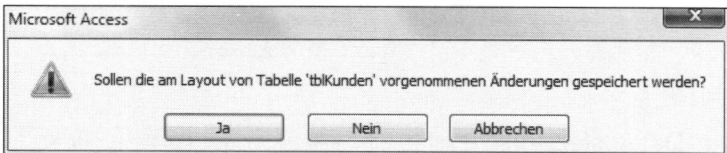

Wenn allerdings in Feldern vom Typ Text der Inhalt bei der Eingabe nach einer bestimmten Anzahl Zeichen automatisch abgeschnitten wird, dann liegt dies daran, dass die Feldgröße nicht ausreicht. Wechseln Sie in den Tabellenentwurf und ändern Sie die Eigenschaft FELDGRÖßE.

Siehe Lektion 3.3 Feldeigenschaften, Feldgröße

Besonderheiten bei der Eingabe

AutoWert
In einem Feld vom Typ AutoWert ist keine Eingabe oder Änderung möglich. Hier wird automatisch eine fortlaufende Nummer vergeben, sobald Sie in einem neuen Datensatz mit der Dateneingabe beginnen.

Primärschlüsselfeld
Eine der häufigsten Fehlermeldungen bei der Eingabe erscheint, wenn Sie im Primärschlüsselfeld einen Wert eingegeben haben, der in dieser Spalte bereits vorhanden ist, also beispielsweise eine Kundennummer doppelt vergeben. Es erscheint eine Meldung mit dem Wortlaut: "DIE VON IHNEN VORGENOMMENEN ÄNDERUNGEN AN DER TABELLE KONNTEN NICHT VORGENOMMEN WERDEN, DA DER INDEX, PRI-

Jeder Wert darf in einem Primärschlüsselfeld nur ein einziges Mal enthalten sein

MÄRSCHLÜSSEL ODER DIE BEZIEHUNG MEHRFACH VORKOMMENDE WERTE ENTHALTEN WÜRDE. ÄNDERN SIE DIE DATEN…"

Ursache: Ein Primärschlüssel fordert eindeutige Werte, daher wird jeder Datensatz beim Speichern auf diese Bedingung automatisch überprüft, die Fehlermeldung erscheint also erst, wenn Sie zum nächsten Datensatz wechseln oder die Tabelle schließen wollen. Eine ähnliche Meldung erscheint auch, wenn Sie bei einem neuen Datensatz die Eingabe im Primärschlüsselfeld vergessen haben, Nullwerte, (=leer) sind in einem Primärschlüsselfeld ebenfalls nicht zulässig.

Abhilfe: Ändern Sie den Wert im Primärschlüsselfeld. Falls Sie versehentlich einen neuen Datensatz begonnen haben, diesen aber nicht speichern möchten, dann machen Sie Ihre Eingabe entweder rückgängig oder schließen einfach die Tabelle. Access blendet beim Schließen erneut die Fehlermeldung ein, bestätigen Sie diese mit einem Klick auf die Schaltfläche OK. Die nachfolgende Meldung macht Sie darauf aufmerksam, dass dieser Datensatz nicht gespeichert wird, wenn Sie die Tabelle trotzdem schließen.

Nachschlagefeld

Nachschlagefeld öffnen mit Alt+Pfeil nach unten

In einem Nachschlagefeld erscheint ein Dropdown-Pfeil sobald sich der Cursor im Feld befindet. Klicken Sie entweder mit der Maus auf den Pfeil um die Auswahl anzuzeigen, oder geben Sie über die Tastatur die ersten Buchstaben ein. Geben Sie beispielsweise im Feld Anrede den Buchstaben H ein, so erscheint die vollständige Anrede "Herr" die Sie nun durch Drücken der Eingabe-Taste übernehmen können. Nachschlagefelder können auch mit der Tastenkombination ALT+Pfeil nach unten geöffnet werden. Verwenden Sie dann die Pfeiltaste nach unten, um einen Wert zu markieren und übernehmen Sie diesen Wert durch Drücken der Eingabe-Taste.

Ja/Nein

Leertaste

Der Felddatentyp Ja/Nein erscheint in der Datenblattansicht als Kontrollkästchen. Mit einem Mausklick oder mit der Leertaste auf der Tastatur aktivieren und deaktivieren Sie das Kontrollkästchen.

Erfassdatum ▾	Infopost ▾	Umsatz ▾
27.06.2010	☑	100,00 €
27.06.2010	☑	0,00 €
27.06.2010	☐	0,00 €
07.10.2010	☐	
07.10.2010	☐	

Datumswerte

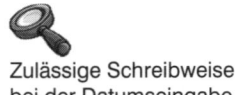

Kalenderblatt öffnen

Bei der Eingabe in ein Datumsfeld erscheint ein kleines Kalenderblatt, ein Mausklick öffnet das Kalenderblatt und Sie können das gewünschte Datum durch Anklicken übernehmen.

Bemerkung ▾	Erfassdatum ▾	Infopost ▾
	27.06.2010	☑
	07.10.2010	☐
	07.10.2010	☐

Oktober 2010

Mo	Di	Mi	Do	Fr	Sa	So
27	28	29	30	1	2	3
4	5	6	7	8	9	10
11	12	13	14	15	16	17
18	19	20	21	22	23	24
25	26	27	28	29	30	31
1	2	3	4	5	6	7

Heute

Zulässige Schreibweise bei der Datumseingabe

Datumswerte werden standardmäßig mit einem Punkt als Trennzeichen angezeigt, beispielsweise 24.12.2010. Bei der Datumseingabe über die Tastatur sind neben dem Punkt (.) auch noch folgende Trennzeichen zulässig: Komma (,), Schrägstrich (/) oder Bindestrich (-). Eine führende Null muss nicht eingegeben werden. Ein Datum kann also auch so eingegeben werden: 1-1-11 oder 15/1/09. Bei Eingabe der Uhrzeit ist der Doppelpunkt (:) erforderlich, Beispiel 10:23.

Achtung: Automatische Korrektur der Eingabe!

Autokorrektur

Genau wie Word verfügt auch Access über eine so genannte Autokorrektur, die während der Eingabe Buchstabendreher oder häufige Rechtschreibfehler automatisch korrigiert. Allerdings ist dies nicht immer, wie z.B. bei der Eingabe von Namen erwünscht. Sie können entweder unmittelbar nach der automatischen Korrektur über einen Mausklick auf den SmartTag diese wieder rückgängig machen oder über den Befehl AUTOKORREKTUR-OPTIONEN STEUERN… die AutoKorrektur bei Bedarf auch ganz deaktivieren.

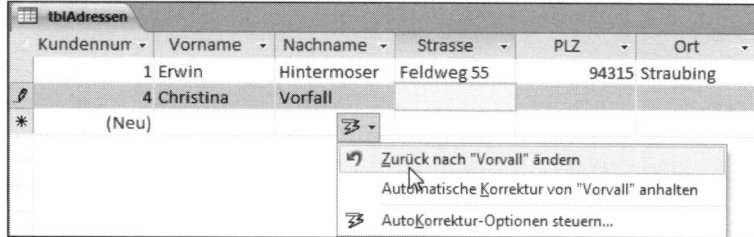

Eine andere Möglichkeit, wie Sie die Automatische Korrektur deaktivieren können, finden Sie in den Access-Optionen, die Sie über die Schaltfläche OPTIONEN im Register DATEI öffnen. Klicken Sie auf die Kategorie DOKUMENTPRÜFUNG und anschließend auf die Schaltfläche AUTOKORREKTUR-OPTIONEN

Nützliche Tastenkombinationen bei der Eingabe

Mit Tastenkombinationen lässt sich die Eingabe einiger Inhalte beschleunigen:

Tasten	Beschreibung
Strg + ; (Semikolon)	fügt das aktuelle Datum ein
Strg + : (Doppelpunkt)	fügt die aktuelle Uhrzeit ein
Strg + Alt + Leer	fügt den Standardwert ein
Strg + ' (Apostroph)	übernimmt in der Spalte den Wert des vorherigen Datensatzes

Datensätze löschen

Wenn Sie einen Datensatz löschen möchten, dann müssen Sie diesen zuerst mit einem Mausklick in die Markierungsspalte markieren. Anschließend verwenden Sie die Schaltfläche LÖSCHEN in der Gruppe DATENSÄTZE (Register START).

Beachten Sie, dass Sie das Löschen von Datensätzen nicht rückgängig machen können! Sie müssen daher das Löschen nochmals bestätigen

Löschen kann nicht rückgängig gemacht werden

4.2. Mit Tabellen arbeiten

In der Datenblattansicht können Sie Tabellen natürlich auch formatieren, drucken, schnell sortieren, nach bestimmten Kriterien filtern oder nach Inhalten durchsuchen. Beachten Sie aber, dass alle in diesem Kapitel beschriebenen Vorgehensweisen nur dann eingesetzt werden sollten, wenn Sie beispielsweise schnell in einer Tabelle bestimmte Datensätze suchen wollen. Diese Methoden eignen sich

Nur für temporären Einsatz geeignet

nicht, wenn Sie Filter- und Sortierkriterien dauerhaft speichern oder Daten mit einer Formatierung ausdrucken wollen. Dann verwenden Sie dazu entweder Abfragen, Formulare oder Berichte.

Tabelle formatieren

Gesamte Tabelle formatieren

Im Register START finden Sie in der Gruppe TEXTFORMATIERUNG die wichtigsten Schaltflächen zur Formatierung einer Tabelle. Im Gegensatz zu Excel-Tabellen wirken sich die Formatierungen wie beispielsweise Änderung der Schriftgröße immer auf die gesamte Tabelle aus.

Alternative Zeilenfarbe

Eine nützliche Neuerung stellt die Schaltfläche ALTERNATIVE ZEILENFARBE dar. Damit können Sie zur besseren Lesbarkeit jede zweite Zeile in einer anderen Zeilenfarbe darstellen lassen.

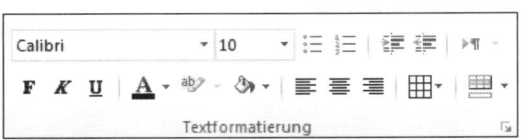

Register START, Gruppe TEXTFORMATIERUNG

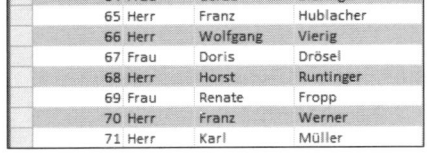

Tabelle mit alternativen Zeilenfarben

Tabelle drucken

Öffnen oder markieren Sie die Tabelle

Um eine geöffnete oder im Navigationsbereich markierte Tabelle zu drucken klicken Sie im Register DATEI auf DRUCKEN und wählen eine der drei Möglichkeiten.

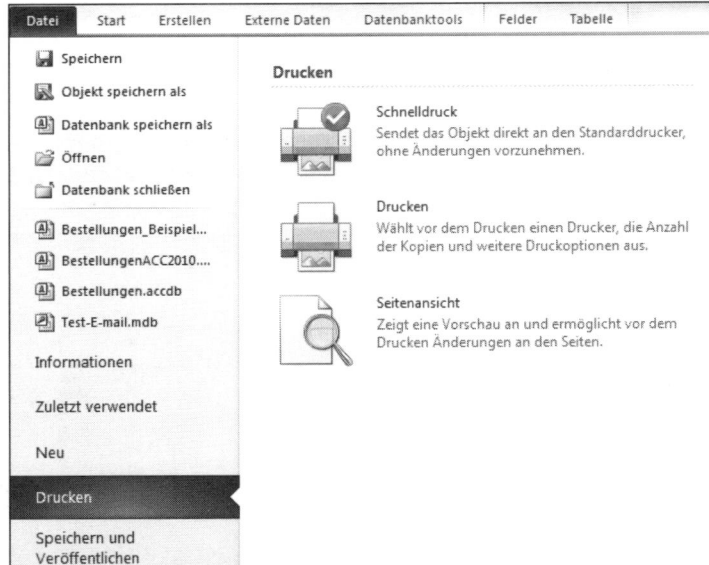

Befehl	Beschreibung
Schnelldruck	Die Tabelle wird an den Standarddrucker gesendet, Sie können vor dem Drucken keine weiteren Einstellungen vornehmen.
Drucken	Access öffnet ein Dialogfenster in dem Sie den Drucker, die Anzahl der Exemplare und den Druckbereich auswählen können.
Seitenansicht	Access öffnet eine Vorschau in der Sie Druckeinstellungen ändern können.

Seite einrichten

Zusammen mit der Seitenansicht, bzw. der Druckvorschau öffnet Access das Register SEITENANSICHT. Hier können Sie über Schaltflächen zwischen Hoch- und Querformat wählen, sowie Papiergröße und Seitenränder festlegen. Verwenden Sie dazu entweder in der Gruppe SEITENGRÖßE die Schaltflächen GRÖßE und SEITENRÄNDER oder öffnen Sie mit einem Mausklick auf die Schaltfläche SEITE EINRICHTEN ein Dialogfenster, das alle Einstellungen zusammenfasst.

Mit einem Mausklick auf die Schaltfläche SEITENANSICHT schließen oder durch Drücken der Esc-Taste gelangen Sie zurück zur vorherigen Ansicht.

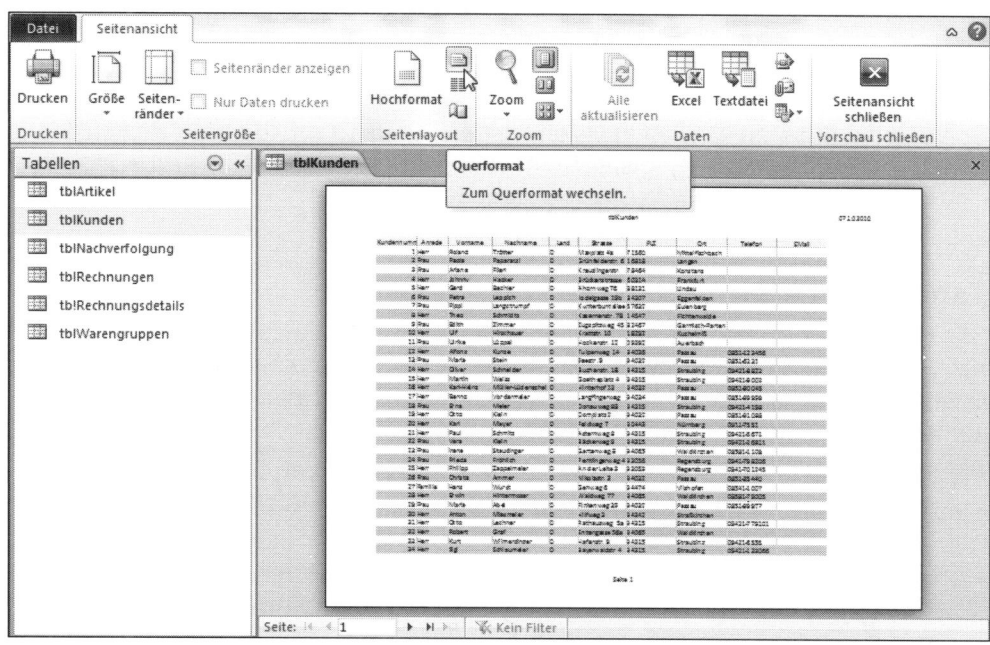

Siehe Lektion 8.2
Berichte erstellen

Für optisch ansprechende Ausdrucke sollten Sie besser Berichte erstellen.

Summen und statistische Auswertungen

Vielleicht kennen Sie von Microsoft Excel her die Möglichkeit, unterhalb einer Spalte schnell eine Summe einzufügen. Mit Access 2010 ist dies ebenfalls in der Datenblattansicht einer Tabelle möglich. Die Ergebnisse werden auch bei nachträglichen Änderungen oder der Eingabe neuer Datensätze automatisch aktualisiert.

Zusammenfassende
Auswertungen

1. Klicken Sie im Register START in der Gruppe DATENSÄTZE auf die Schaltfläche SUMMEN.

2. Unterhalb der letzten Tabellenzeile erscheint eine weitere Zeile SUMME. Standardmäßig wertet Access ausschließlich Spalten vom Datentyp Zahl aus. Benötigen Sie weitere Auswertungen, dann klicken Sie unterhalb der auszuwertenden Spalte in die Summenzeile, öffnen mit einem Mausklick auf den Dropdown-Pfeil die Liste der verfügbaren Funktionen und wählen die gewünschte Funktion. Mit einem weiteren Mausklick auf die Schaltfläche SUMMEN blenden Sie die Summenzeile wieder aus.

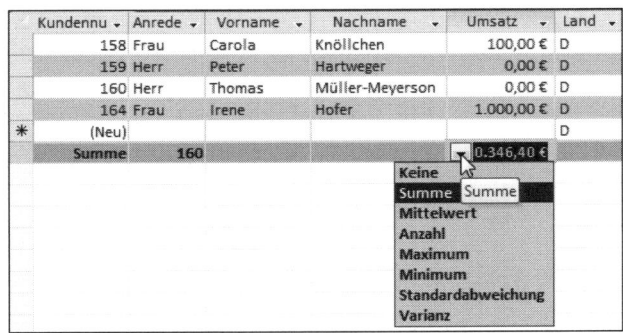

In Spalten vom Datentyp Text steht Ihnen nur die Funktion ANZAHL, also die Anzahl der Datensätze zur Verfügung.

Alle aktualisieren ▾

Sollte keine automatische Aktualisierung der Summen erfolgen, so klicken Sie in der Gruppe DATENSÄTZE (Register START) auf die Schaltfläche ALLE AKTUALISIEREN.

Tabelle sortieren

Tabelle in der Daten-blattansicht sortieren

Standardmäßig verwendet Access in Tabellen das Primärschlüsselfeld als Sortierung. Da Sortieren zu den typischen Aufgabenstellungen einer Datenbank gehört, lässt sich eine Tabelle schnell in der Datenblattansicht nach beliebigen Feldern sortieren. Dazu stehen Ihnen verschiedene Möglichkeiten offen:

- Klicken Sie im Bereich der Spaltenüberschiften auf den Dropdown-Pfeil derjenigen Spalte, nach der Sie sortieren möchten und wählen Sie die gewünschte Sortierreihenfolge.

Aufsteigend/absteigend sortieren

A↓ Aufsteigend
Z↓ Absteigend

- Mit den Schaltflächen der Gruppe SORTIEREN UND FILTERN im Register START, können Sie die Spalte, in der sich der Cursor gerade befindet ebenfalls aufsteigend oder absteigend sortieren.

- Oder klicken Sie mit der rechten Maustaste in die Spalte, nach der Sie sortieren möchten und verwenden den entsprechenden Befehl aus dem Kontextmenü.

Nachname ▾↑

Aktive Sortierung

Nach welcher Spalte die Tabelle gerade sortiert ist, erkennen Sie am Pfeil in der Spaltenüberschrift.

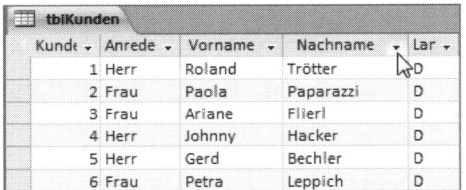
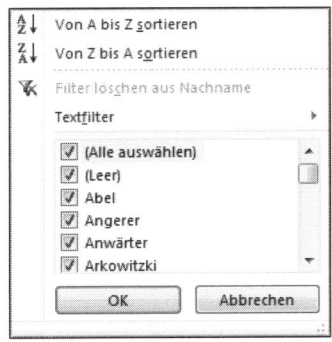

Möchten Sie nach mehreren Feldern sortieren, beispielsweise nach Nachnamen und bei gleichen Nachnamen auch noch nach Vornamen, dann müssen Sie in umgekehrter Reihenfolge vorgehen. Sortieren Sie zuerst nach Vornamen und anschließend nach Nachnamen, das letzte Sortierkriterium ist immer die Hauptsortierung!

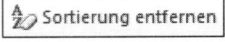
Sortierung entfernen

Zum Entfernen der Sortierung klicken Sie im Register START, Gruppe SORTIEREN UND FILTERN auf die Schaltfläche SORTIERUNG ENTFERNEN. Beim Schließen der Tabelle erscheint eine Meldung, ob Sie Änderungen am Entwurf der Tabelle speichern möchten. Klicken Sie auf NEIN um alle Sortierungen zu entfernen.

Filtern

Filter werden benötigt, um ausschließlich bestimmte Datensätze einer Tabelle schnell und einfach anzuzeigen, beispielsweise Adressen aus einem bestimmten Ort. Im Gegensatz zu einer Abfrage sind Filter aber nur temporär gültig, gehen also verloren, wenn Sie eine Tabelle schließen. Auch zum Filtern einer Tabelle können Sie unter verschiedenen Möglichkeiten wählen.

Für komplexe Filterbedingungen verwenden Sie besser Abfragen

Auswahlbasierte Filter

Auswahlbasierte Filter eignen sich vor allem für Felder, deren Inhalte nur wenige Möglichkeiten zulassen. Möchten Sie beispielsweise alle Kundenadressen aus Deutschland herausfiltern, dann klicken Sie einfach mit der rechten Maustaste innerhalb der Spalte Land auf einen beliebigen Datensatz mit dem gesuchten Inhalt, also D. Dann wählen Sie aus dem Kontextmenü den Filter IST GLEICH "D". Anstelle des Kontextmenüs können Sie auch die Schaltfläche AUSWAHL der Gruppe SORTIEREN UND FILTERN im Register START verwenden.

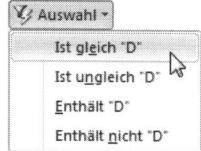

Eine andere Möglichkeit bietet der Dropdown-Pfeil der jeweiligen Spaltenüberschrift oder die Schaltfläche FILTERN in der Gruppe SORTIEREN UND FILTERN, Register START. Deaktivieren Sie nun einfach die Anzeige für nicht benötigte Feldinhalte und bestätigen Sie mit der Schaltfläche OK. Spalten, nach denen aktuell gefiltert wird erkennen Sie am Filtersymbol in der Spaltenüberschrift.

Filtern

Gefilterte Spalte

Filter entfernen

Über den Dropdown-Pfeil der jeweiligen Spaltenüberschrift können Sie Filter auch wieder löschen.

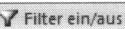

Filter schnell umschalten

Tipp: Mit der Schaltfläche FILTER EIN/AUS in der Gruppe SORTIEREN UND FILTERN, Register START können Sie schnell zwischen ungefilterter und gefilterter Tabelle umschalten, Access verwendet dabei immer den zuletzt verwendeten Filter. Die gleiche Möglichkeit steht Ihnen mit der Schaltfläche GEFILTERT im Navigationsbereich zur Verfügung.

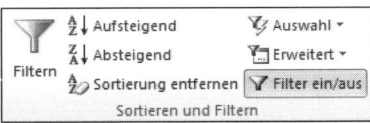

Filter ein und aus

Navigationsbereich einer gefilterten Tabelle

Benutzerdefinierte Filter

Die flexibelste Möglichkeit, vor allem in umfangreichen Tabellen, stellen benutzerdefinierte Filter dar. Der verfügbare Filtertyp ist abhängig vom Felddatentyp des jeweiligen Feldes. Bei Feldern vom Typ Text steht Ihnen der TEXTFILTER zur Verfügung, für Felder vom Typ Zahl oder Währung erscheint der ZAHLENFILTER, für Datumswerte bietet Access den DATUMSFILTER an.

Keine Unterscheidung nach Groß-/Kleinschreibung

Access unterscheidet bei der Eingabe von Filterkriterien nicht nach Groß- und Kleinschreibung.

1. Klicken Sie auf den Dropdown-Pfeil derjenigen Spalte, nach der Sie filtern möchten.

2. Klicken Sie auf den entsprechenden Filtertyp, in diesem Beispiel TEXTFILTER und wählen Sie im Untermenü eine genauere Filtermethode, beispielsweise GLEICH....

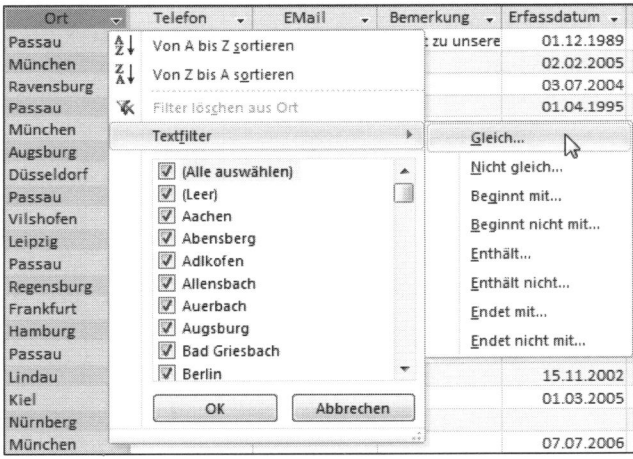

3. Geben Sie ein, nach welchem Wert Sie filtern wollen und bestätigen Sie mit der Schaltfläche OK.

Sie können natürlich mit jeder der beschriebenen Methoden auch mehrere Filter kombinieren und so die Auswahl Schritt für Schritt eingrenzen.

Suchen und Ersetzen

Suchen

Feldinhalte suchen

Im Gegensatz zu Filtern werden mit dem Befehl SUCHEN keine Datensätze ausgeblendet, sondern der gefundene Wert wird in der Tabelle markiert. Möchten Sie beispielsweise nach einem bestimmten Nachnamen suchen, dann klicken Sie einfach in der Tabelle an eine beliebige Stelle innerhalb der Spalte Nachname. Klicken Sie dann im Register START in der Gruppe SUCHEN auf die Schaltfläche SUCHEN. Geben Sie anschließend den gesuchten Namen ein und klicken Sie auf die Schaltfläche WEITERSUCHEN. Damit wird der erste gefundene Name in der Tabelle markiert. Mit einem erneuten Mausklick auf die Schaltfläche setzt Access die Suche fort. Wird kein weiterer Datensatz mit diesem Suchbegriff gefunden, so erhalten Sie eine entsprechende Meldung.

Tipp: Wenn Sie den gesuchten Namen nicht genau wissen, dann klicken Sie bei VERGLEICHEN auf den Dropdown-Pfeil, wählen ANFANG DES FELDINHALTS und geben nur die ersten Buchstaben des Namens ein.

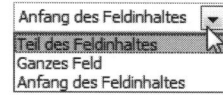

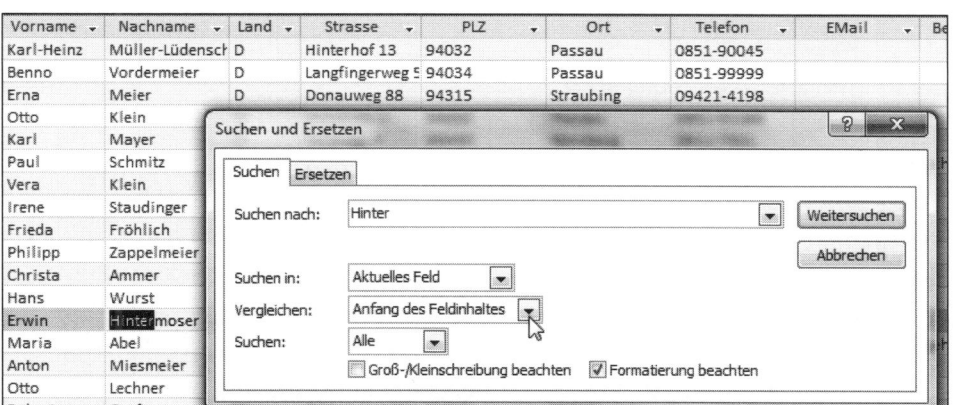

Ersetzen

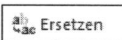

Wenn Sie einen bestimmten Feldinhalt durch einen anderen ersetzen möchten, beispielsweise die Anrede "Herr" durch "Herrn", dann klicken Sie im Register START in der Gruppe SUCHEN auf die Schaltfläche ERSETZEN. Zusätzlich zum Suchbegriff geben Sie hier auch noch den Begriff ein, durch den die gefundene Zeichenfolge ersetzt werden soll.

4.3. Zusammenfassung

- Die Datenblattansicht ist diejenige Ansicht einer Tabelle, in der Sie Daten eingeben, anzeigen und ändern. Neue Datensätze geben Sie am Ende der Tabelle in der Zeile NEUER DATENSATZ ein. Jeder neue Datensatz wird unmittelbar nach der Eingabe automatisch gespeichert.

- Verwenden Sie die Navigationsschaltflächen zum schnellen Bewegen vor allem in umfangreichen Tabellen. In der Datenblattansicht stehen Ihnen Schaltflächen zum Formatieren einer Tabelle zur Verfügung, Änderungen wirken sich aber immer auf die gesamte Tabelle aus. Über die Schaltfläche ALTERNATIVE ZEILEN können Sie zur besseren Lesbarkeit jede zweite Zeile mit einer anderen Hintergrundfarbe versehen.

- Befehle zum Drucken einer Tabelle finden Sie im Register DATEI. Zusammen mit der Seitenansicht stehen Ihnen in einem weitere Register Schaltflächen zur Verfügung, über die Sie eine Druckseite einrichten können.

- In der Datenblattansicht können Sie eine Tabelle schnell sortieren und filtern, allerdings nur mit temporärer Gültigkeit. Mit der Schaltfläche SUMME können Sie unterhalb der Tabelle einfache Auswertungen vornehmen, beispielsweise die Summe einer Spalte oder die Anzahl der Datensätze.

4.4. Übungsaufgabe

Öffnen Sie die Datenbank Bestellungen-Übung und geben Sie in die Tabelle TBL-WARENGRUPPEN die folgenden Datensätze ein:

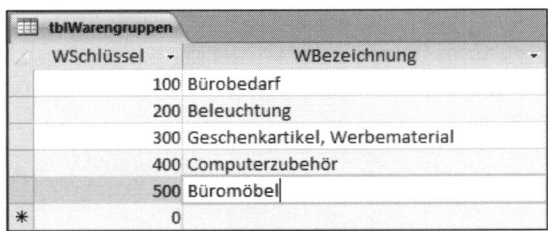

tblWarengruppen	
WSchlüssel	WBezeichnung
100	Bürobedarf
200	Beleuchtung
300	Geschenkartikel, Werbematerial
400	Computerzubehör
500	Büromöbel
0	

- Geben Sie in die Tabellen TBLKUNDEN und TBLARTIKEL ebenfalls jeweils ca. 10 beliebige Datensätze ein.
- Beheben Sie die Ursache, falls Sie während der Eingabe Fehlermeldungen erhalten.
- Sortieren Sie die Tabelle TBLKUNDEN nach Nachname (Hauptsortierkriterium) und Vorname und entfernen Sie die Sortierung anschließend wieder.
- Filtern Sie alle Adressen aus einem beliebigen Ort, z.B. Hamburg und entfernen Sie den Filter wieder. Wie können Sie den vorherigen Filter schnell wiederherstellen?

Bemerkungen:

_____

_____

_____

_____

_____

_____

_____

5. Beziehungen zwischen Tabellen

In dieser Lektion lernen Sie...
- Beziehungen herstellen
- Beziehungstypen
- Beziehungen mit referentieller Integrität

Was Sie für diese Lektion wissen sollten:
- Tabellenentwurf
- Datenbankgrundlagen

Beziehungen werden benötigt, wenn Sie Daten aus verschiedenen Tabellen zusammenführen wollen. Beziehungen zwischen zwei Tabellen werden eigentlich zwischen zwei Feldern der jeweiligen Tabellen erstellt. Diese Felder müssen in beiden Tabellen gleiche Inhalte aufweisen, normalerweise ist dieses Feld auch das Primärschlüsselfeld der einen Tabelle, während das verknüpfte Feld in der anderen Tabelle als Fremdschlüssel bezeichnet wird. In vielen Fällen erstellt Access automatisch eine Beziehung, Sie können aber auch Beziehungen selbst herstellen oder vorhandene Beziehungen bearbeiten.

5.1. Beziehungen mit dem Nachschlage-Assistenten erstellen

Den Nachschlage-Assistent haben Sie bereits in Zusammenhang mit dem Tabellenentwurf kennen gelernt. Er unterstützt Sie bei der Erstellung von Nachschlagefeldern, in denen Sie bei der Dateneingabe Werte aus einer Liste übernehmen können. Bezieht ein Nachschlagefeld die Werte aus einer zweiten Tabelle oder Abfrage, so erstellt der Nachschlage-Assistent automatisch auch eine Beziehung zu dieser Tabelle, genauer gesagt zwischen diesen Feldern der beiden Tabellen.

Der Nachschlage-Assistent erstellt automatisch Beziehungen

Beispiel: eine Beziehung zwischen tblArtikel und tblWarengruppen erstellen.

In der Tabelle TBLARTIKEL soll im Feld WSCHLÜSSEL der Warengruppenschlüssel für jeden Artikel gespeichert werden. Die entsprechenden Warengruppen sind mit Warengruppenschlüssel und Warengruppenbezeichnung in der Tabelle TBLWARENGRUPPEN gespeichert. Damit bei der Eingabe neuer Artikel in der Tabelle TBLARTIKEL der Warengruppenschlüssel aus der Tabelle TBLWARENGRUPPEN übernommen werden kann, erstellen Sie ein Nachschlagefeld. Damit stellen Sie gleichzeitig sicher, dass nur Warengruppen verwendet werden, die in der Tabelle TBLWARENGRUPPEN auch tatsächlich vorhanden sind.

Wert aus einer zweiten Tabelle übernehmen

So gehen Sie vor:

1. Zuerst müssen Sie in der Tabelle TBLARTIKEL ein weiteres Feld zum Speichern des Warengruppenschlüssels hinzufügen. Öffnen Sie die Tabelle TBLARTIKEL im Entwurf und fügen Sie ein Feld mit dem Namen WSCHLÜSSEL hinzu.

2. Wählen Sie in der Spalte FELDDATENTYP den NACHSCHLAGE-ASSISTENT.

Siehe Lektion 3.3

Aus welcher Tabelle stammen die Werte?

3. Wählen Sie dann die Option WERTE AUS EINER TABELLE ODER ABFRAGE ABRUFEN und markieren Sie im nächsten Schritt die Tabelle, aus der das Nachschlagefeld die Werte beziehen soll, in diesem Beispiel die Tabelle TBLWARENGRUPPEN. Klicken Sie auf WEITER.

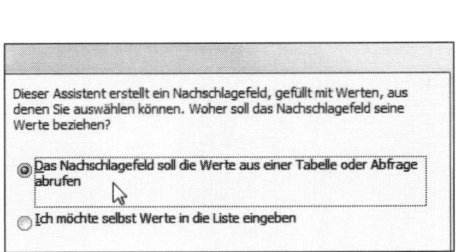
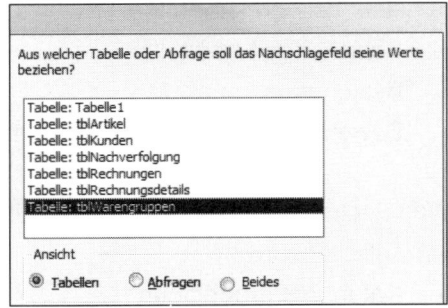

Werte aus einer Tabelle oder Abfrage abrufen   Tabelle tblWarengruppen wählen

4. Wählen Sie aus den Feldern der Tabelle das Feld WSCHLÜSSEL, zusätzlich können Sie auch noch die Warengruppenbezeichnung als Eingabehilfe hinzufügen. Klicken Sie auf WEITER, bei Bedarf legen Sie im nächsten Schritt noch die Sortierung fest.

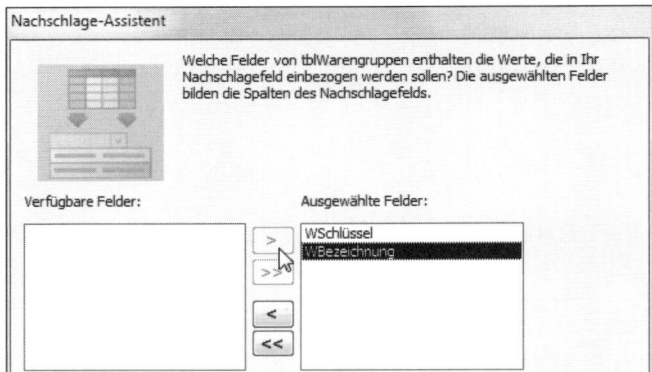

5. Im nachfolgenden Schritt geben Sie die Breite der Spalten an. Ziehen Sie einfach die rechte Spaltenbegrenzung mit gedrückter linker Maustaste um die gewünschte Breite zu erhalten.

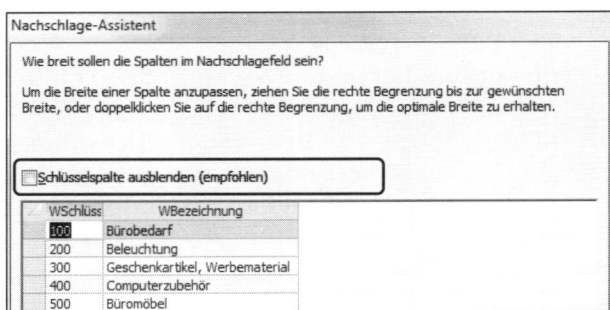

Blenden Sie die Schlüsselspalte nicht aus!

Der Wert der Schlüsselspalte wird gespeichert

Hinweis: Standardmäßig blendet Access bei Verwendung von zwei oder mehr Spalten diejenige Spalte, die den Primärschlüssel enthält aus. Um das Beispiel übersichtlicher zu halten, sollten Sie das Kontrollkästchen SCHLÜSSELSPALTE AUSBLENDEN deaktivieren.

Was passiert, wenn die Schlüsselspalte ausgeblendet ist?
Eine ausgeblendete Spalte erhält die Breite 0. Das Nachschlagefeld zeigt dann bei der Dateneingabe anstelle des Warengruppenschlüssels den Inhalt der zweiten Spalte, die Warengruppenbezeichnung an. Wenn Sie aus dem Nachschlagefeld einen Wert auswählen, so wird trotzdem in jedem Fall der

Inhalt der (ev. nicht sichtbaren) Schlüsselspalte, also der Warengruppen-schlüssel gespeichert.

6. Wenn die Schlüsselspalte nicht ausgeblendet ist, dann müssen Sie im nächsten Schritt angeben, aus welcher der beiden Spalten der ausgewählte Wert in die Tabelle TBLARTIKEL übernommen werden soll. Markieren Sie das Feld WSCHLÜSSEL und klicken Sie auf WEITER.

Welchen Wert wollen Sie übernehmen?

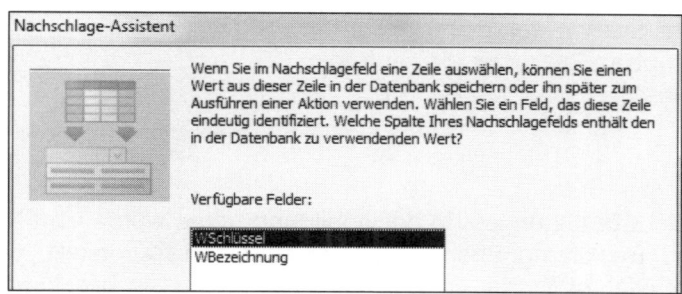

7. Zuletzt geben Sie die Beschriftung für das Feld an, standardmäßig übernimmt Access den Feldnamen aus der Tabelle TBLWARENGRUPPEN. Zusätzlich können Sie auch noch Datenintegrität zwischen den Tabellen aktivieren oder die Auswahl mehrerer Werte zulassen. Klicken Sie dann auf FERTIGSTELLEN.

Datenintegrität, siehe nächster Abschnitt

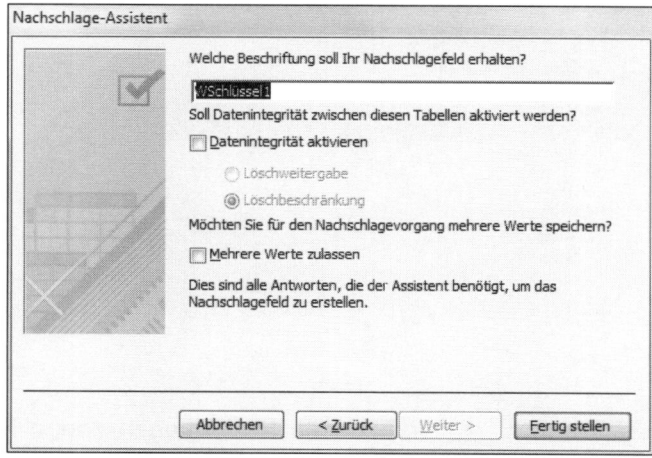

8. Der Assistent fordert Sie auf, Änderungen am Tabellenentwurf zu speichern und erstellt gleichzeitig eine Beziehung zur Tabelle TBLWARENGRUPPEN.

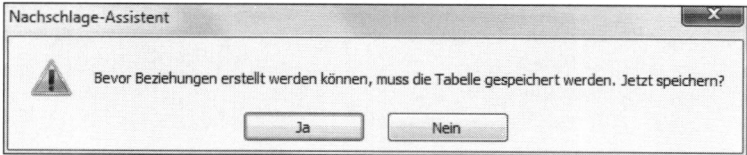

Wechseln Sie anschließend in die Datenblattansicht der Tabelle TBLARTIKEL und tragen Sie für die vorhandenen Datensätze die Warengruppe ein. Das Nach-schlagefeld der Spalte WSCHLÜSSEL sollte nun beide Felder aus der Tabelle TBL-WARENGRUPPEN anzeigen.

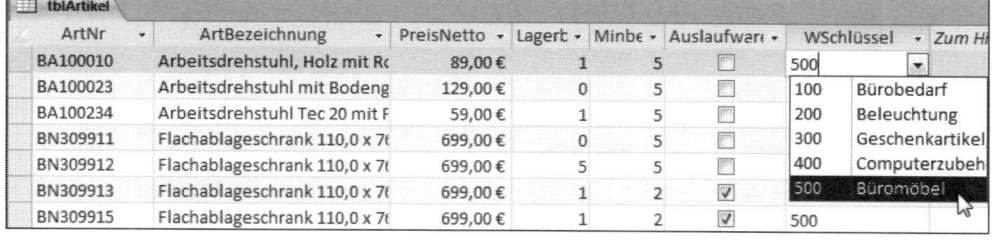

Das fertige Nach-schlagefeld

5.2. Beziehungen bearbeiten

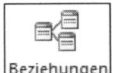

Beziehungen anzeigen
und bearbeiten

Die Ansicht Beziehungen

Alle Beziehungen können Sie in der Ansicht BEZIEHUNGEN anzeigen, bearbeiten und bei Bedarf ausdrucken. Außerdem erstellen und speichern Sie hier weitere Beziehungen.

Zum Anzeigen klicken Sie im Menüband, Register DATENBANKTOOLS, Gruppe BEZIEHUNGEN auf die Schaltfläche BEZIEHUNGEN.

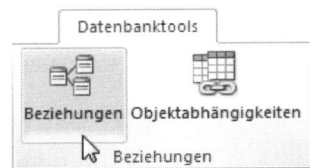

Access öffnet die Ansicht BEZIEHUNGEN. In der Abbildung unten wurde vom Nachschlage-Assistent eine Beziehung über die Felder WSCHLÜSSEL erstellt, wobei dieses Feld in der Tabelle TBLWARENGRUPPEN den Primärschlüssel bildet und in der Tabelle TBLARTIKEL als Fremdschlüssel bezeichnet wird. Die Primärschlüsselfelder sind mit einem Symbol gekennzeichnet, die Beziehung zwischen den beiden Tabellen ist als Linie dargestellt.

Beziehungen anzeigen

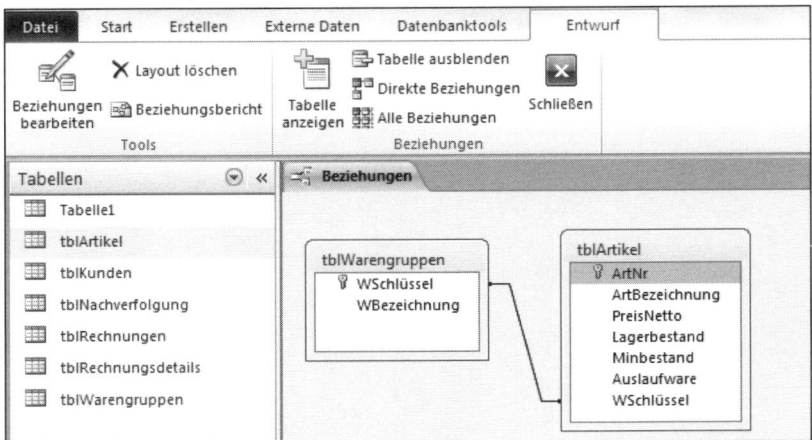

In dieser Ansicht können Sie nicht nur vorhandene Beziehungen kontrollieren, sondern auch weitere Beziehungen erstellen. Hierzu steht Ihnen das Register BEZIEHUNGSTOOLS - ENTWURF zur Verfügung.

Alle Beziehungen
anzeigen

Hinweis: Einige Beziehungen können unter Umständen ausgeblendet sein. Um sicher zu gehen, dass auch wirklich alle Beziehungen sichtbar sind, sollten Sie daher in der Gruppe BEZIEHUNGSTOOLS – ENTWURF, Gruppe BEZIEHUNGEN auf die Schaltfläche ALLE BEZIEHUNGEN klicken.

Mit der Schaltfläche SCHLIESSEN, Register ENTWURF können Sie die Ansicht wieder schließen. Meist erscheint dabei eine Rückfrage, ob Sie Änderungen am Layout, also die Anordnung der Tabellen speichern möchten. Bestätigen Sie mit der Schaltfläche JA.

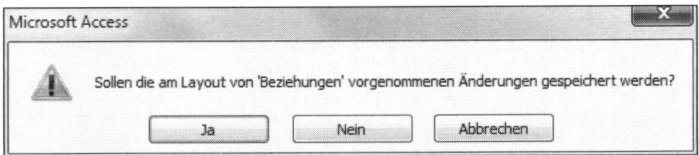

Tipp: Sie können die Anzeige der Beziehungen übersichtlicher gestalten, indem Sie dafür sorgen, dass alle Felder der Tabellen angezeigt werden und die Feldnamen nicht abgeschnitten sind. Zeigen Sie dazu mit der Maus auf den Rahmen einer Tabelle und ziehen Sie mit gedrückter linker Maustaste den Rahmen in die

Tabellen übersichtlich
anordnen

gewünschte Größe. Die Anordnung der Tabellen verändern Sie, indem Sie mit der Maus auf den Namen einer Tabelle zeigen und nun mit gedrückter Maustaste verschieben.

Beziehungen erstellen

In der Datenbank Bestellungen-Übung wird noch eine weitere Beziehung, nämlich zwischen den Tabellen TBLKUNDEN und TBLNACHVERFOLGUNG benötigt.

Tabellen hinzufügen

1. Im ersten Schritt müssen Sie die Tabellen hinzufügen. Öffnen Sie die Ansicht BEZIEHUNGEN und ziehen Sie beiden Tabellen einfach aus dem Navigationsbereich in den Arbeitsbereich. Als Alternative klicken Sie im Register ENTWURF auf die Schaltfläche TABELLE ANZEIGEN und fügen die benötigten Tabellen hinzu.

2. Achten Sie in der Ansicht BEZIEHUNGEN auf eine übersichtliche Anordnung der Tabellen: Zum Verschieben der Tabellen klicken Sie mit der Maus in den jeweiligen Titel und ziehen mit gedrückter linker Maustaste. Zur Größenänderung verwenden Sie die Rahmen der Tabellen.

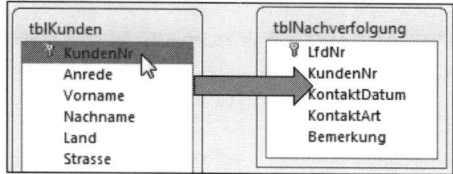

Achten Sie auf eine übersichtliche Anordnung

3. Nun soll eine Beziehung zwischen den beiden Tabellen TBLKUNDEN und TBL-NACHVERFOLGUNG über das Feld KUNDENNR erstellt werden.

    Klicken in einer der beiden Tabellen auf das Feld KundenNr und ziehen Sie es mit gedrückter linker Maustaste auf das dazugehörige Feld KUNDENNR der anderen Tabelle. Die Richtung spielt dabei keine Rolle.

Access öffnet das Fenster BEZIEHUNG BEARBEITEN. Mit einem Mausklick auf die Schaltfläche ERSTELLEN wird die Beziehung hergestellt und gespeichert. Die Felder der beiden Tabellen sind nun über eine Linie miteinander verbunden.

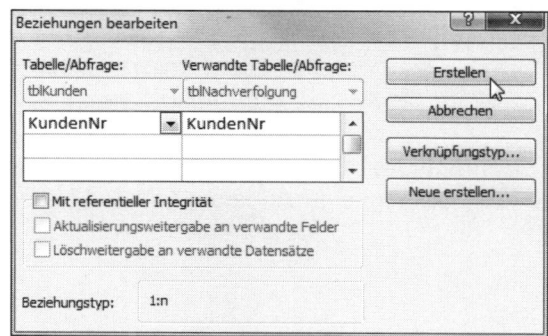

Beziehung bearbeiten

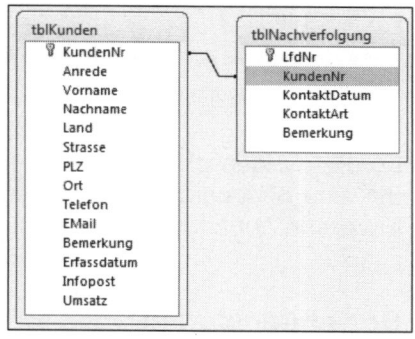

Die Beziehung wurde erstellt

Was ist bei der Erstellung von Beziehungen zu beachten?

Beide Felder müssen vom gleichen Felddatentyp sein. Ist der Primärschlüssel der einen Tabelle vom Typ Autowert, so muss der Fremdschlüssel vom Typ Zahl, Long Integer sein. Gleiche Feldnamen sind nicht zwingend vorgeschrieben, sollten aber aufgrund der besseren Übersichtlichkeit verwendet werden.

Gleicher Datentyp

Beziehung löschen

Zum Löschen einer Beziehung klicken Sie mit der rechten Maustaste auf die Beziehungslinie und verwenden den Befehl LÖSCHEN. Bestätigen Sie die nachfolgende Rückfrage mit JA.

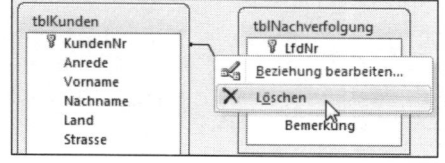

Damit eine Beziehung dauerhaft gelöscht wird müssen Sie zuerst die Beziehung löschen, anschließend können Sie die Tabelle ausblenden. Wenn Sie dagegen einfach nur die Tabelle ausblenden, dann bleibt die Beziehung gespeichert.

Tabelle entfernen/ ausblenden

Haben Sie versehentlich eine Tabelle doppelt hinzugefügt, so klicken Sie mit der rechten Maustaste in die überzählige Tabelle und verwenden den Befehl TABELLE AUSBLENDEN oder markieren Sie diese Tabelle und klicken im Register Entwurf auf die Schaltfläche TABELLE AUSBLENDEN.

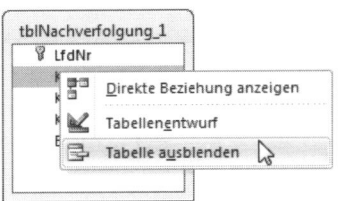

Verknüpfungseigenschaften

Die Verknüpfungseigenschaften legen fest, welche Datensätze mit einbezogen werden, wenn Sie später in einer Abfrage oder einem Bericht Felder aus zwei verknüpften Tabellen verwenden. Standardmäßig zeigt Access nur diejenigen Datensätze an, zu denen Werte in beiden Tabellen vorhanden sind. Nicht immer ist dies auch sinnvoll, so könnten beispielsweise Kundenadressen gespeichert sein, die noch nicht kontaktiert wurden und somit auch nicht in der Tabelle TBLNACHVERFOLGUNG gespeichert sind. Mit einem Doppelklick auf die Beziehungslinie oder über den Befehl BEZIEHUNG BEARBEITEN… aus dem Kontextmenü öffnen Sie erneut das Fenster BEZIEHUNGEN BEARBEITEN. Hier finden Sie die Schaltfläche VERKNÜPFUNGSTYP… über die Sie die Beziehung näher definieren können.

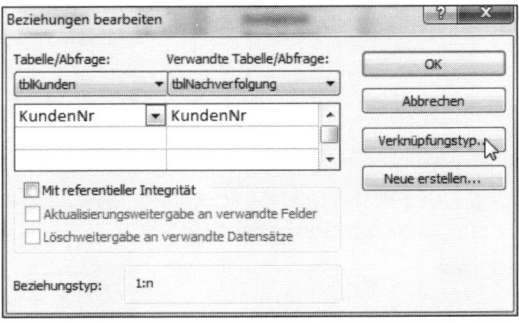

Schaltfläche Verknüpfungstyp…

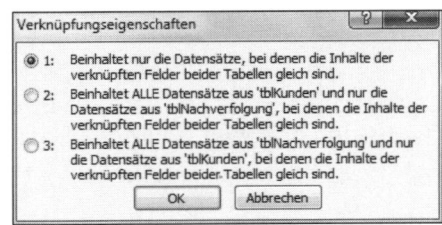

Verknüpfungseigenschaften ändern

Siehe Lektion 7.1

Da diese Eigenschaften meist nur für bestimmte Abfragen benötigt werden, finden Sie eine genauere Beschreibung der Verknüpfungseigenschaften in der Lektion Erweiterte Abfragen.

Beziehungstypen

1:n-Beziehung

Die meisten Beziehungen sind so genannte 1:n-Beziehungen. In einer 1:n-Beziehung können jedem Datensatz der einen Tabelle beliebig (n) viele Datensätze der anderen Tabelle zugeordnet sein. So bildet in der Beziehung zwischen den Tabellen TBLWARENGRUPPEN und TBLARTIKEL das Feld WSCHLÜSSEL in der Tabelle TBLWARENGRUPPEN den Primärschlüssel, jede Warengruppe ist also nur ein einziges Mal vorhanden. In der Tabelle TBLARTIKEL dagegen existieren zu jeder Warengruppe gleich mehrere Artikel, in dieser Tabelle ist jeder Warengruppenschlüssel daher auch mehrfach vorhanden.

Eine 1:n Beziehung bedeutet, jeder Wert ist als Primärschlüssel in der einen Tabelle jeweils nur ein einziges Mal vorhanden, während er in der zweiten Tabelle im Fremdschlüsselfeld beliebig oft enthalten sein kann.

In der Tabelle TBLWARENGRUPPEN bildet das verknüpfte Feld den Primärschlüssel, daher wird diese Tabelle oft auch als (übergeordnete) Mastertabelle bezeichnet, in der Tabelle TBLARTIKEL stellt das Feld den Fremdschlüssel dar, diese Tabelle nennt man auch Detailtabelle.

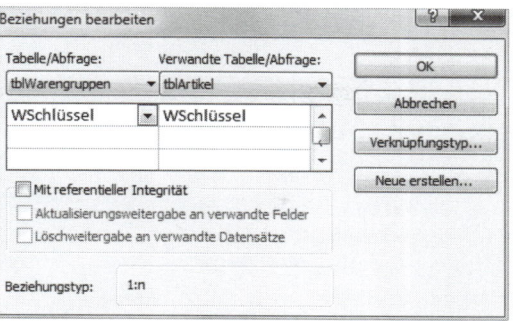

Mastertabelle/ Detailtabelle

1:1-Beziehung

Eine 1:1-Beziehung bildet eher die Ausnahme. Dieser Beziehungstyp wird meist aus Datenschutzgründen oder zur Aufteilung umfangreicher Tabellen verwendet. Bei einer 1:1-Beziehung existiert für jeden Datensatz der einen Tabelle maximal ein Datensatz in der anderen Tabelle. In diesem Fall bildet das Feld, über das die Beziehung erstellt wird, in beiden Tabellen den Primärschlüssel.

Beispiel: In der Personaldatenbank eines Unternehmens sind in einer Tabelle alle Mitarbeiter mit Mitarbeiternummer, Name, Position, Adresse, Telefonnummer gespeichert. Auf diese Tabelle haben mehrere Sachbearbeiter Zugriff. Die Höhe des Gehalts gehört zwar ebenfalls zu den Mitarbeiterdaten, aber nur befugte Personen sollen Zugriff auf diese Daten haben. Die beiden Tabellen Mitarbeiterstamm und Mitarbeiter-Gehalt werden daher über das Feld Mitarbeiternummer verknüpft. Da das Feld Mitarbeiternummer in jeder der beiden Tabellen genau ein einziges Mal vorkommt, sind beide Tabelle über eine 1:1-Beziehung verknüpft.

Referentielle Integrität

Was bedeutet referentielle Integrität (Datenintegrität)?

Beim Löschen eines Datensatzes kann es passieren, dass sich in der verknüpften Tabelle noch Datensätze befinden, die auf diesen Datensatz verweisen. Stellen Sie sich beispielsweise vor, Sie löschen eine Warengruppe aus der Tabelle TBLWA-RENGRUPPEN und in der Tabelle TBLARTIKEL existieren noch mehrere Artikel mit dem gelöschten Warengruppenschlüssel, diese Artikel können nun keiner Warengruppe mehr zugeordnet werden. Oder stellen Sie sich vor, was passiert, wenn Sie aus der Tabelle Kunden einen Kunden löschen, obwohl in der Tabelle Rechnungen noch eine offene Rechnung mit dieser Kundennummer vorhanden ist.

Referentielle Integrität stellt sicher, dass eine Beziehung nicht ins Leere verweist

Solche Probleme lassen sich mit referentieller Integrität vermeiden. Wenn Sie beim Erstellen oder Bearbeiten einer Beziehung referentielle Integrität vereinbaren, dann ist damit sichergestellt, dass jeder Fremdschlüsselwert der Detailtabelle, also in diesem Beispiel der Warengruppenschlüssel auch im dazugehörigen Schlüsselfeld der Mastertabelle, der Tabelle TBLWARENGRUPPEN enthalten ist.

Dies bedeutet, dass Sie eine Warengruppe, bzw. einen Warengruppenschlüssel erst dann aus der Tabelle TBLWARENGRUPPEN löschen können, wenn auch die Tabelle TBLARTIKEL keine Datensätze mehr mit diesem Schlüssel enthält. Andernfalls werden Sie mit einer Meldung darauf aufmerksam gemacht. Gleichzeitig müssen Sie bei der Dateneingabe in der Tabelle TBLARTIKEL darauf achten, dass die eingegebene Warengruppe auch in der Tabelle TBLWARENGRUPPEN vorhanden sein muss.

Beziehung mit referentieller Integrität erstellen

Zum Erstellen einer Beziehung mit referentieller Integrität öffnen Sie entweder über die rechte Maustaste oder mit einem Doppelklick auf die Beziehungslinie das Dialogfenster BEZIEHUNG BEARBEITEN. Aktivieren Sie nun das Kontrollkästchen MIT REFERENTIELLER INTEGRITÄT.

Aktivieren Sie das
Kontrollkästchen

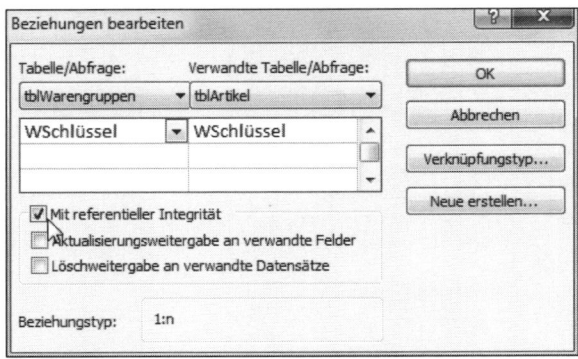

Nur in Verbindung mit
referentieller Integrität

In Verbindung mit referentieller Integrität stehen Ihnen weitere Kontrollkästchen zur Verfügung, über die Sie eine Aktualisierungsweitergabe bzw. eine Löschweitergabe vereinbaren können.

- **Aktualisierungsweitergabe** bedeutet, alle Änderungen die Sie am Primärschlüssel der Mastertabelle vornehmen, werden automatisch auch am Fremdschlüssel der Detailtabelle vorgenommen. Stellen Sie sich beispielsweise vor, alle Ihre Warengruppen erhalten einen neuen Warengruppenschlüssel, was passiert dann mit den Warengruppenschlüsseln in der Tabelle TBLARTIKEL? Bei einer Aktualisierungsweitergabe wird der neue Warengruppenschlüssel automatisch in die Tabelle TBLARTIKEL übernommen.

- **Löschweitergabe** bedeutet, wenn Sie eine Warengruppe aus der Tabelle TBLWARENGRUPPEN löschen, dann werden automatisch auch alle Artikel dieser Warengruppe aus der Tabelle TBLARTIKEL gelöscht. Überlegen Sie daher sorgfältig, ob Sie wirklich eine Löschweitergabe wünschen.

Referentielle Integrität
wird besonders ge-
kennzeichnet

Eine Beziehung mit referentieller Integrität wird im Datenbankfenster mit zusätzlichen Symbolen gekennzeichnet: die liegende 8 steht für unendlich, also eine 1: n Beziehung.

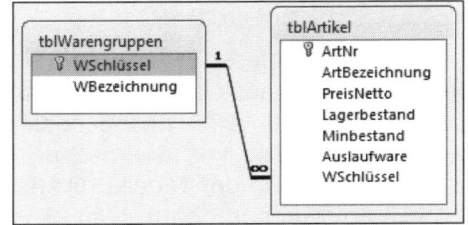

5.3. Dateneingabe in verknüpften Tabellen

Unterdatenblatt mit den
Datensätzen der ver-
knüpften Tabelle

Besteht zwischen zwei Tabellen eine Beziehung, so erweitert Access in der Datenblattansicht diejenige Tabelle, die in dieser Beziehung über den Primärschlüssel verfügt, automatisch um ein Unterdatenblatt mit allen zugeordneten Datensätzen aus der zweiten Tabelle. Wenn Sie die Tabelle TBLWARENGRUPPEN öffnen, so finden Sie jetzt links vor jedem Datensatz ein Kästchen mit einem Pluszeichen (+). Mit einem Mausklick darauf blendet Access aus der Tabelle TBLARTIKEL in einem Unterdatenblatt alle Artikel der entsprechenden Warengruppe ein. Klicken Sie auf das Minuszeichen, um das Unterdatenblatt wieder auszublenden.

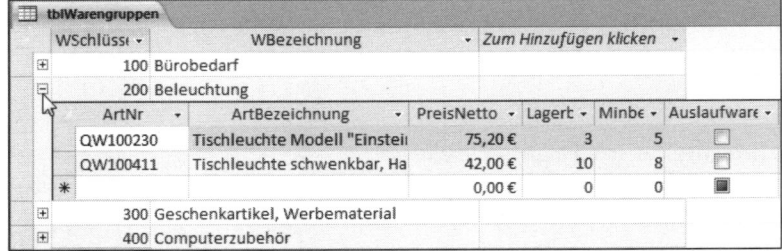

Sie können auf diese Weise nicht nur die dazugehörigen Datensätze aus der verknüpften Tabelle anzeigen lassen, sondern auch neue Datensätze in beide Tabellen eingeben.

Unterdatenblatt auswählen

Ist eine Tabelle gleichzeitig mit mehreren anderen Tabellen verknüpft, dann können Sie wählen, welche Tabelle als Unterdatenblatt eingefügt werden soll. Öffnen Sie dazu die Tabelle in der Datenblattansicht, klicken Sie im Register START, Gruppe DATENSÄTZE auf die Schaltfläche WEITERE und zeigen Sie auf UNTERDATENBLATT. Mit dem Befehl ENTFERNEN können Sie ein Unterdatenblatt entfernen, mit dem Befehl UNTERDATENBLATT… wählen Sie eine Tabelle als Unterdatenblatt aus.

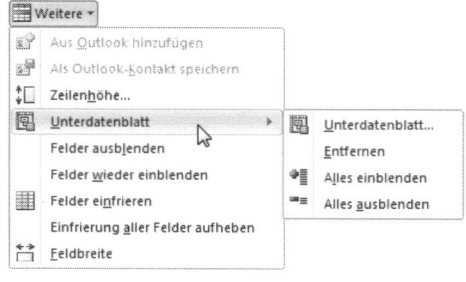
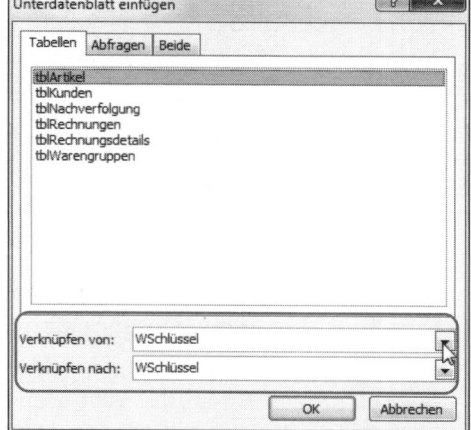

Kontrollieren Sie beim Einfügen eines Unterdatenblattes unbedingt, über welche Felder Haupttabelle und Unterdatenblatt verknüpft werden sollen und geben Sie die entsprechenden Felder an.

5.4. Zusammenfassung

- Damit Daten aus zwei Tabellen in Auswertungen oder Berichten verwendet werden können, muss eine Beziehung zwischen den Tabellen erstellt werden. Beziehungen werden entweder vom Nachschlage-Assistenten oder in der Ansicht BEZIEHUNGEN (Register DATENBANKTOOLS) erstellt und gespeichert.

- Eine Beziehung zwischen zwei Tabellen wird über Felder hergestellt, wobei das Primärschlüsselfeld der einen Tabelle mit dem Fremdschüsselfeld der anderen Tabelle verbunden wird. Beide Felder müssen vom gleichen Felddatentyp sein, gleiche Feldnamen sind nicht zwingend erforderlich. Der Beziehungstyp 1:n ist der häufigste Typ und bedeutet, jedem Datensatz entsprechen beliebig (n) viele Datensätze der zweiten Tabelle. Beim Beziehungstyp 1:1 ist dagegen jedem Datensatz genau ein Datensatz der zweiten Tabelle zugeordnet.

- Zur Erstellung einer Beziehung ziehen Sie einfach das Feld der einen Tabelle mit gedrückter linker Maustaste auf das entsprechende Feld der zweiten Tabelle. Die Option MIT REFERENTIELLER INTEGRITÄT stellt sicher, dass zu jedem Wert des Fremdschlüsselfeldes auch ein Wert in der übergeordneten Tabelle existiert. Dateneingabe oder nachträgliche Änderungen an den Daten, wie z.B. Löschen von Datensätzen sind dann nur noch möglich, wenn dadurch die Regeln referentieller Integrität nicht verletzt werden.

5.5. Übungsaufgabe

Zur Erfassung von Bestellungen und Rechnungen benötigen Sie in der Datenbank Bestellungen-Übung noch zwei weitere Tabellen. Öffnen Sie die Datenbank und erstellen Sie die beiden folgenden Tabellen:

tblRechnungen

Feldname	Felddatentyp	Eigenschaften
RechnungsNr	Autowert	Primärschlüssel
RechnungsDatum	Datum/Uhrzeit	Standardwert: das jeweils aktuelle Datum
KundenNr	Zahl	Nachschlagen aus der Tabelle tblKunden

tblRechnungsdetails

Feldname	Felddatentyp	Eigenschaften
lfdNr	Autowert	Primärschlüssel
RechnungsNr	Zahl	Long Integer
ArtNr	Text	Nachschlagen aus der Tabelle tblArtikel
Menge	Zahl	Long Integer

- Stellen Sie zwischen diesen beiden Tabellen in der Ansicht BEZIEHUNGEN über das Feld RECHNUNGSNR eine Beziehung mit referentieller Integrität einschließlich Aktualisierungsweitergabe und Löschweitergabe her.

- Kontrollieren Sie, ob zwischen den Tabellen TBLRECHNUNGEN und TBLKUNDEN über das Feld KUNDENNR eine Beziehung besteht, ändern Sie die Beziehung und stellen Sie referentielle Integrität her. ggf. müssen Sie die Beziehung manuell erstellen.

- Kontrollieren Sie auch, ob für die Tabelle TBLRECHNUNGSDETAILS über das Feld ARTNR eine Beziehung zur Tabelle TBLARTIKEL existiert. Falls nicht, müssen Sie auch diese Beziehung noch erstellen.

- Falls noch nicht vorhanden, müssen Sie auch noch eine Beziehung zwischen den Tabellen TBLKUNDEN und TBLNACHVERFOLGUNG, sowie eine Beziehung mit referentieller Integrität zwischen TBLWARENGRUPPEN und TBLARTIKEL erstellen (wie in dieser Lektion ausführlich beschrieben).

Das Ergebnis sollte so aussehen:

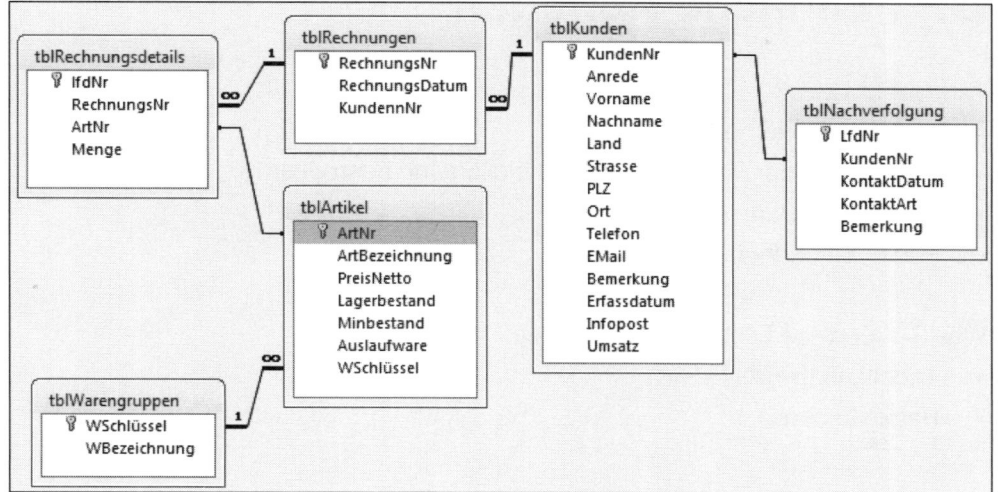

Testen Sie anschließend die Beziehungen:

- Öffnen Sie die Tabelle tblWarengruppen, was passiert, wenn Sie versuchen eine Warengruppe zu löschen, zu der noch Artikel vorhanden sind?

- Öffnen Sie anschließend die Tabelle TBLRECHNUNGEN in der Datenblattansicht und geben Sie zwei bis drei Datensätze mit beliebigen Kundennummern ein. Testen Sie, ob Sie eine nicht existierende Kundennummer in der Tabelle TBL-RECHNUNGEN eingeben können.

- Öffnen Sie die Tabelle TBLKUNDEN und sorgen Sie dafür, dass die Tabelle TBL-NACHVERFOLGUNG als Unterdatenblatt verwendet wird. Geben Sie im Unterdatenblatt einige beliebige Datensätze ein.

Bemerkungen:

_____

_____

_____

_____

_____

_____

_____

_____

6. Einfache Abfragen

In dieser Lektion lernen Sie...

- Abfragen in der Entwurfsansicht erstellen und bearbeiten
- Abfragekriterien einsetzen
- Felder berechnen

Was Sie für diese Lektion wissen sollten:

- Tabellenentwurf
- Beziehungen

Wie in Lektion 4 bereits beschrieben, lassen sich Tabellen in der Datenblattansicht zwar schnell sortieren und filtern, allerdings besitzen die Kriterien nur temporäre Gültigkeit. Benötigen Sie immer die gleichen Auswahlkriterien oder komplexe Bedingungen, dann verwenden Sie besser Abfragen, die Sie speichern und immer wieder aufrufen können. Abfragen werden außerdem für Berechnungen benötigt. Eine Abfrage speichert keine Datensätze, sondern wird beim Öffnen jedes Mal neu ausgeführt und liefert so auch nach Eingabe neuer Datensätze oder nach Änderungen immer aktuelle Ergebnisse, die auch als Dynaset bezeichnet werden. Sie können eine Abfrage entweder in der Entwurfsansicht erstellen oder den Abfrage-Assistent verwenden.

Abfragen werden beim Öffnen neu ausgeführt

Eine Abfrage speichert nur Filter- und Sortierkriterien, aber keine Datensätze. Bei jedem Öffnen wird die Abfrage erneut ausgeführt.

6.1. Der Abfrage-Assistent

Keine Eingabe von Bedingungen!

Der Abfrage-Assistent bietet Ihnen eine einfache Möglichkeit, eine Abfrage zu erstellen, unterstützt Sie aber nicht bei der Eingabe von Bedingungen.

1. Klicken Sie im Register ERSTELLEN, Gruppe ABFRAGEN auf die Schaltfläche ABFRAGE-ASSISTENT. Das Fenster NEUE ABFRAGE wird geöffnet, wählen Sie den AUSWAHLABFRAGE-ASSISTENT und klicken Sie auf die Schaltfläche OK.

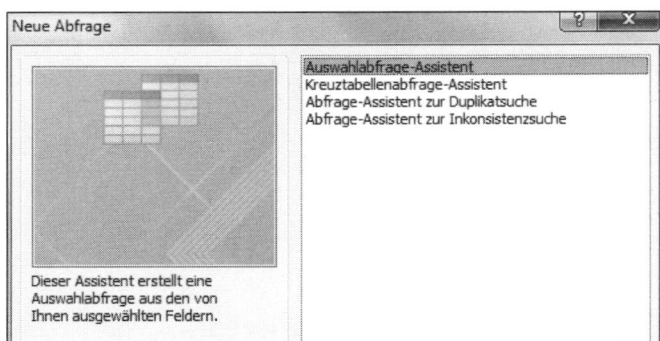

2. Im nächsten Schritt müssen Sie angeben, aus welcher Tabelle die Abfrage ihre Datensätze beziehen soll. Klicken Sie auf den Dropdown-Pfeil und markieren Sie die Tabelle, in diesem Beispiel TBLKUNDEN.

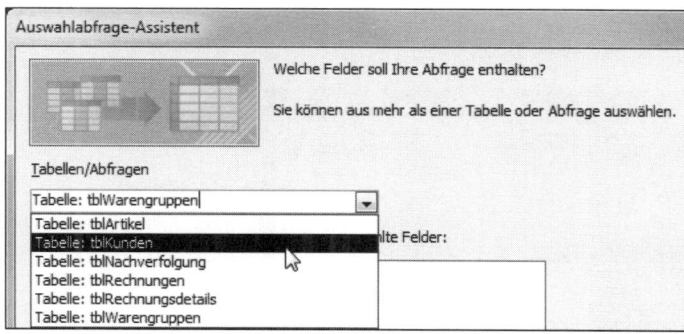

3. Nun müssen Sie wählen, welche Felder die Abfrage enthalten soll. Die Felder der ausgewählten Tabelle erscheinen unterhalb im Bereich VERFÜGBARE FELDER. Markieren Sie der Reihe nach die einzelnen Felder und übernehmen Sie das jeweils markierte Feld entweder mit der Schaltfläche > oder mit Doppelklick in die Auswahl. Benötigen Sie alle Felder, so verwenden Sie die Schaltfläche >>. Klicken Sie anschließend auf WEITER.

Das markierte Feld hinzufügen

Alle Felder

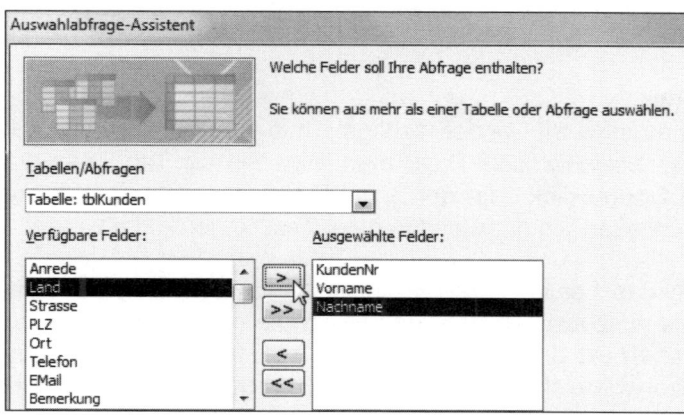

4. Jetzt müssen Sie nur noch festlegen, unter welchem Namen die Abfrage gespeichert werden soll und auf die Schaltfläche FERTIG STELLEN klicken.

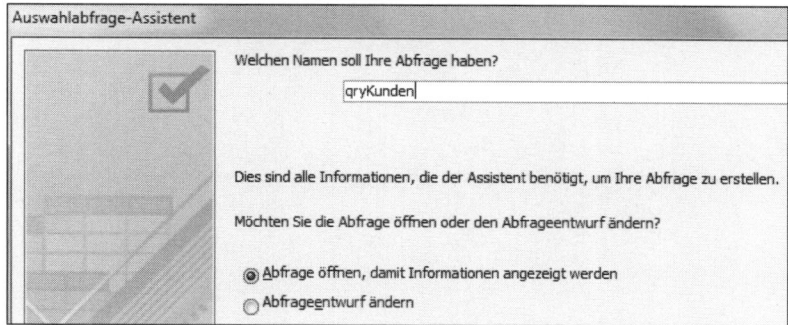

Die Abfrage wird standardmäßig in der Datenblattansicht geöffnet und Sie können das Ergebnis kontrollieren. Da Sie der Abfrage-Assistent bei der Eingabe von Abfragekriterien nicht unterstützt, liefert die Abfrage alle Datensätze der Tabelle. Wenn Sie Auswahlkriterien benötigen, dann müssen Sie diese in der Entwurfsansicht der Abfrage angeben oder eine neue Abfrage ohne Assistent in der Entwurfsansicht erstellen.

Das Ergebnis liefert alle Datensätze

6.2. Der Abfrageentwurf

Eine neue Abfrage im Entwurf erstellen

Um eine neue Abfrage in der Entwurfsansicht zu erstellen, klicken Sie im Register ERSTELLEN, Gruppe ABFRAGEN auf die Schaltfläche ABFRAGEENTWURF. Access er-

Abfragekriterien

stellt eine neue, leere Abfrage unter dem Namen ABFRAGE1 und öffnet das Dialogfenster TABELLE ANZEIGEN.

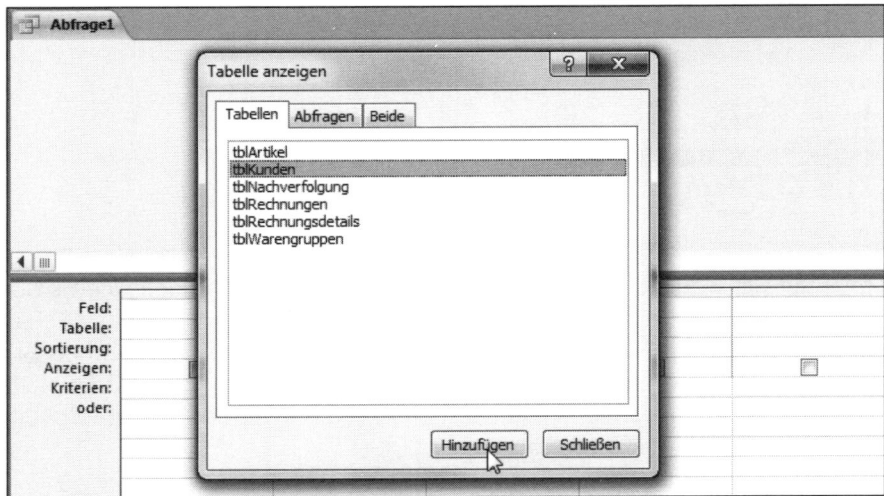

1. Tabelle hinzufügen

Im ersten Schritt müssen Sie wieder festlegen, aus welcher Tabelle die Abfrage die Datensätze beziehen soll. Dazu markieren Sie die Tabelle und fügen sie entweder mit Doppelklick oder der Schaltfläche HINZUFÜGEN in den Abfrageentwurf ein. Schließen Sie dann das Fenster TABELLE ANZEIGEN wieder.

Tipp: Haben Sie das Fenster TABELLE ANZEIGEN versehentlich geschlossen, ohne eine Tabelle auszuwählen oder benötigen Sie nachträglich eine weitere Tabelle, dann ziehen Sie die Tabelle einfach mit gedrückter linker Maustaste aus dem Navigationsbereich in den Abfrageentwurf oder klicken Sie im Register ENTWURF, Gruppe ABFRAGESETUP auf die Schaltfläche TABELLE ANZEIGEN.

Tabelle auswählen

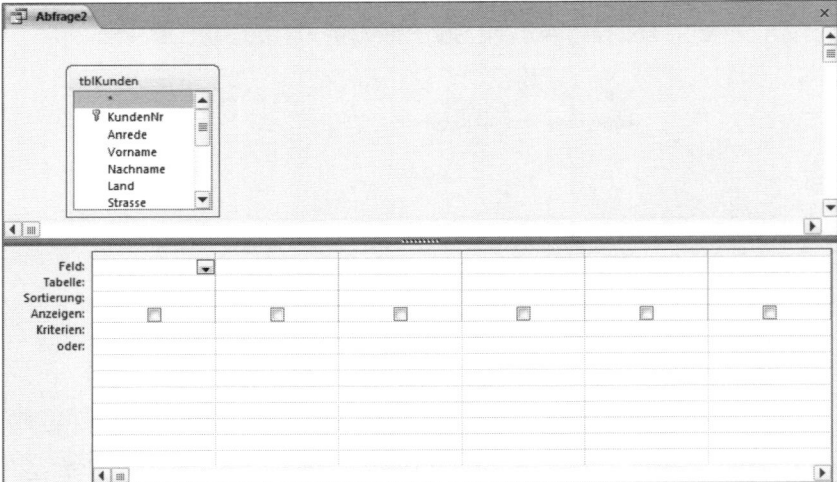

2. Felder hinzufügen

Der Abfrageentwurf besteht aus zwei Bereichen: im oberen Teil befindet sich die ausgewählte Tabelle mit allen Feldern; der untere Bereich, eine leere Tabelle, stellt den eigentlichen Abfrageentwurf dar. Im nächsten Schritt müssen Sie die benötigen Felder der Abfrage hinzufügen. Dazu stehen Ihnen verschiedene Möglichkeiten offen:

- Mit einem Doppelklick auf einen Feldnamen in der Tabelle wird dieser im Abfragebereich in die erste freie Spalte eingefügt.

- Oder ziehen Sie das benötigte Feld aus der Tabelle mit gedrückter linker Maustaste nach unten in die erste Zeile der gewünschten Spalte.

- Oder öffnen Sie im unteren Bereich in der ersten Zeile ein Nachschlagefeld. Eine Liste aller Felder der Tabelle erscheint, übernehmen Sie mit einem Mausklick das gewünschte Feld.

Felder in den Abfragebereich ziehen

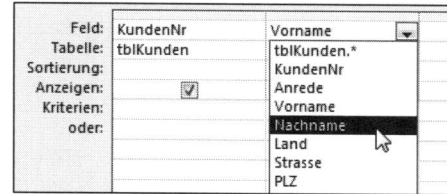

Feld im Abfragebereich auswählen

Tipp: Möchten Sie schnell alle Felder aus einer Tabelle hinzufügen, so markieren Sie mit einem Doppelklick auf den Namen der Tabelle alle Felder. Anschließend können Sie mit gedrückter linker Maustaste die markierten Felder in die erste Spalte des Abfragebereichs ziehen.

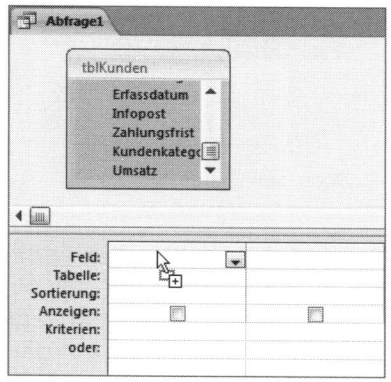

Eine weitere Möglichkeit besteht darin, dass Sie das Sternchen (*) aus der Tabelle in den Abfragebereich aufnehmen. Der Stern steht für alle Felder der Tabelle, allerdings können Sie in diesem Fall keine Abfragekriterien angeben.

Keine Kriterien möglich

3. Abfrage ausführen

Einfache Auswahlabfragen werden automatisch ausgeführt, sobald Sie geöffnet oder in der Datenblattansicht angezeigt werden. Klicken Sie im Register ENTWURF, Gruppe ERGEBNISSE auf die Schaltfläche ANSICHT – DATENBLATTANSICHT oder verwenden Sie die Schaltfläche AUSFÜHREN.

Aus der Datenblattansicht können Sie jederzeit wieder zurück in die Entwurfsansicht wechseln. Klicken Sie dazu im Register START, Gruppe ANSICHT auf die Schaltfläche ANSICHT – ENTWURFSANSICHT.

4. Abfrage speichern

Zum Speichern der Abfrage klicken Sie auf das Symbol SPEICHERN der Symbolleiste für den Schnellzugriff. Geben Sie einen aussagekräftigen Namen ein und bestätigen Sie mit OK.

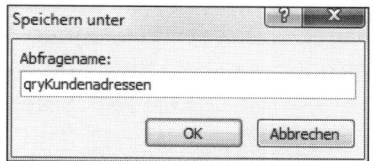

Abfrage speichern

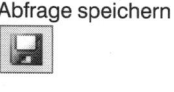

Achten Sie beim Speichern von Abfragen darauf, dass der Name der Abfrage nicht bereits für eine Tabelle verwendet wird.

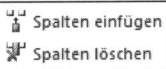

Abfrageentwurf bearbeiten

Nachträglich Spalten einfügen

Sie können einer Abfrage auch nachträglich noch weitere Felder an beliebiger Stelle hinzufügen. Ziehen Sie das Feld einfach auf die gewünschte Spalte, das Feld wird in einer neuen Spalte hinzugefügt. Möchten Sie beispielsweise das Feld ANREDE noch nachträglich zwischen der Kundennummer und dem Nachnamen einfügen, so ziehen Sie einfach dieses Feld auf die Spalte NACHNAME. Benötigen Sie eine leere Spalte, so klicken Sie im Register ENTWURF, Gruppe ABFRAGESETUP die Schaltfläche SPALTEN EINFÜGEN. Die Spalte wird immer links von der aktuellen Spalte eingefügt.

Spalten löschen

Klicken Sie in die Spalte und anschließend im Register ENTWURF, GRUPPE ABFRA-GESETUP auf die Schaltfläche SPALTEN LÖSCHEN. Es genügt aber auch, wenn Sie einfach das Kontrollkästchen in der Zeile ANZEIGEN deaktivieren oder den Feldnamen markieren und mit der Entf-Taste löschen.

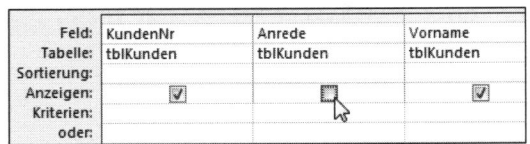
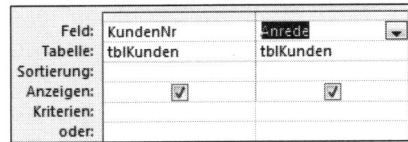

Anzeigen deaktivieren   Feldname markieren und löschen

Reihenfolge der Spalten ändern

Spalte markieren

Durch Verschieben mit der Maus können Sie nachträglich die Reihenfolge der Spalten im Abfrageentwurf ändern. Dazu müssen Sie zuerst die Spalte markieren: zeigen Sie mit der Maus in den Markierungsbereich der Spalte oberhalb der ersten Zeile des Abfrageentwurfs. Der Mauszeiger erscheint als schwarzer Pfeil, mit einem Mausklick wird die gesamte Spalte markiert. Ziehen Sie nun mit gedrückter linker Maustaste die Spalte an die gewünschte Position.

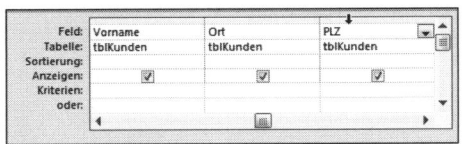

Sortieren

Sortierreihenfolge beachten

Wenn nicht anderes festgelegt wurde, dann erhält eine Abfrage die Sortierung der zugrunde liegenden Tabelle, meist nach dem Primärschlüssel. Benötigen Sie eine andere Sortierung, so können Sie diese zusammen mit der Abfrage speichern. Unterhalb der Feldnamen finden Sie im Abfragebereich die Zeile SORTIERUNG. Klicken Sie in der entsprechenden Spalte auf den Dropdown-Pfeil und wählen Sie aufsteigende oder absteigende Sortierung. Sie können auch nach mehreren Feldern sortieren. Die Sortierung erfolgt von links nach rechts, das Hauptsortierkriterium muss sich also immer ganz links befinden. Soll beispielsweise zuerst nach dem Nachnamen und bei gleichen Nachnamen zusätzlich nach Vornamen sortiert werden (Beispiel Telefonbuch), dann muss sich das Feld Nachname in der Abfrage links vom Feld Vorname befinden.

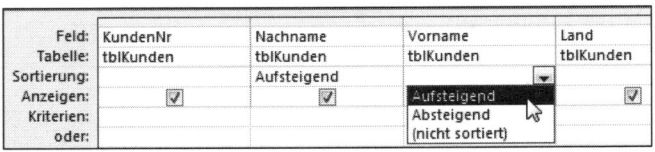

6.3. Bedingungen

Eine der wichtigsten Funktionen von Abfragen ist das Filtern von Datensätzen. Damit erhalten Sie als Ergebnis in der Datenblattansicht nur noch Datensätze, die den Auswahlkriterien entsprechen. Die Angabe von Bedingungen ist ausschließlich in der Entwurfsansicht möglich.

Die Eingabe von Bedingungen erfolgt im Abfrageentwurf

Einfache Bedingungen

Abfragebedingungen geben Sie im Abfrageentwurf im Kriterien Bereich der betreffenden Spalte ein. Um beispielsweise alle Kunden in einem bestimmten Ort zu ermitteln, geben Sie den gewünschten Ort in der ersten Zeile des Kriterien Bereichs dieser Spalte ein. So gehen Sie vor:

1. Klicken Sie in der Spalte ORT in die erste Zeile des Kriterien Bereichs und geben Sie den Ort, beispielsweise Hamburg ein.

Keine Unterscheidung zwischen Groß-und Kleinschreibung

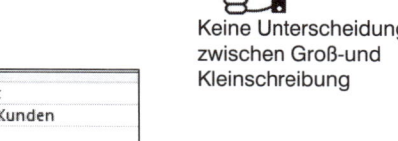

Eingabe   Ergebnis

2. Drücken Sie anschließend die Eingabe-Taste oder die Tab-Taste. Dadurch erfolgt eine automatische Syntaxprüfung und Access korrigiert in den meisten Fällen die Schreibweise automatisch.

Die korrekte Schreibweise für Bedingungen hängt vom Felddatentyp ab:

Datentyp	Eingabe	Syntax
Text	Hamburg	"Hamburg"
Zahl	156,23	156,23
Datum/Uhrzeit	1.1.10	#01.01.2010#
Ja/Nein	Ja	Ja

Schreibweise für Kriterienausdrücke

Verwenden Sie Feldnamen als Kriterien, so müssen die Feldnamen in eckige Klammern [ ] gesetzt werden.

Feldnamen in eckigen Klammern

Vergleichsoperatoren und Ausdrücke

Häufig werden zur Formulierung von Abfragekriterien auch noch Vergleichsoperatoren benötigt, beispielsweise wenn Sie alle Kunden ermitteln möchten, deren Umsatz größer als ein bestimmter Wert ist. Access verwendet die folgenden Vergleichsoperatoren:

=	Gleich
<	Kleiner als
<=	Kleiner oder gleich

>	Größer als
>=	Größer oder gleich
<>	Ungleich

Übersicht Vergleichsoperatoren

Außerdem können noch die folgenden Ausdrücke verwendet werden:

Ausdruck	Beschreibung	Beispiel
Ist Null	Feld ist leer	
Ist Nicht Null	Feld ist nicht leer	
Zwischen	Wertebereich, liefert alle Werte zwischen den angegebenen Werten	Zwischen 1 Und 100
Nicht	Eine Bedingung ausschließen	Nicht Zwischen 100 Und 200

Zwei Beispiele:

Feld:	Ort	Umsatz
Tabelle:	tblKunden	tblKunden
Sortierung:		
Anzeigen:	☑	☑
Kriterien:		>=1000
oder:		

Kunden mit Umsatz von 1000 oder mehr

Feld:	Ort	Umsatz
Tabelle:	tblKunden	tblKunden
Sortierung:		
Anzeigen:	☑	☑
Kriterien:		Zwischen 1000 Und 3000
oder:		

Umsatz zwischen 1000 und 3000

Leere Werte

Keine Inhalte

Möchten Sie ermitteln, welche Datensätze in einem Feld keine Informationen, also so genannte Nullwerte enthalten, beispielsweise alle Kunden, bei denen keine Telefonnummer vorhanden ist, dann verwenden Sie als Bedingung IST NULL.

Feld:	Vorname	Nachname	Ort	Telefon
Tabelle:	tblKunden	tblKunden	tblKunden	tblKunden
Sortierung:				
Anzeigen:	☑	☑	☑	☑
Kriterien:				Ist Null
oder:				

- Die Bedingung IST NULL ermittelt alle Datensätze, bei denen dieses Feld leer ist, also keine Informationen enthält. Bezogen auf das Feld Umsatz liefert dieser Ausdruck alle Kunden, bei denen kein Umsatz gespeichert ist.

- Die Bedingung 0 liefert dagegen alle Kunden, bei denen der Umsatz genau 0,00 Euro beträgt.

Mehrere Bedingungen verwenden

In Abfragen können auch mehrere Bedingungen gleichzeitig angegeben werden, diese bilden entweder eine UND-Verknüpfung oder eine ODER-Verknüpfung.

Ausdruck	Beschreibung	Beispiel
Oder	Mindestens eine der beiden Bedingungen muss erfüllt sein	"Berlin" Oder "München"
Und	Beide Bedingungen müssen erfüllt sein	>= 100 Und <= 200

Wenn beide Bedingungen erfüllt sein müssen (Und), beispielsweise alle Kunden aus Hamburg, deren Umsatz 1000 oder mehr beträgt, dann geben Sie alle Bedingungen in einer einzigen Zeile ein.

Feld:	Vorname	Nachname	Ort	Umsatz
Tabelle:	tblKunden	tblKunden	tblKunden	tblKunden
Sortierung:				
Anzeigen:	☑	☑	☑	☑
Kriterien:			"Hamburg"	>=1000
oder:				

Geben Sie dagegen die zweite Bedingung in eine andere Zeile ein, so bedeutet dies eine ODER-Verknüpfung. Das Beispiel unten liefert als Ergebnis alle Kunden, die entweder in Hamburg wohnen oder deren Umsatz 100 und mehr beträgt.

ODER-Verknüpfung

Feld:	Vorname	Nachname	Ort	Umsatz
Tabelle:	tblKunden	tblKunden	tblKunden	tblKunden
Sortierung:				
Anzeigen:	☑	☑	☑	☑
Kriterien:			"Hamburg"	
oder:				>=1000

Möchten Sie mehrere Bedingungen für das gleiche Feld angeben, dann können Sie die Schlüsselwörter Und/ Oder verwenden. Anstelle des Schlüsselwortes Oder können Sie aber auch die Bedingungen einfach untereinander eingeben.

Feld:	Nachname	Ort
Tabelle:	tblKunden	tblKunden
Sortierung:		
Anzeigen:	☑	☑
Kriterien:		"Hamburg"
oder:		"München"

Feld:	Nachname	Ort
Tabelle:	tblKunden	tblKunden
Sortierung:		
Anzeigen:	☑	☑
Kriterien:		"Hamburg" Oder "München"
oder:		

Sie können Bedingungen beliebig miteinander kombinieren. Da diese immer zeilenweise ausgewertet werden, müssen Sie sie eventuell mehrmals eingeben. Möchten Sie beispielsweise alle Kunden in München oder Hamburg, die dem Erhalt von Infopost zugestimmt haben, so müssen Sie in beiden Zeilen unter INFO-POST ein Ja eintragen. Als Alternative können Sie die beiden Orte in einer einzigen Zeile mit ODER verknüpfen.

Feld:	Ort	Infopost
Tabelle:	tblKunden	tblKunden
Sortierung:		
Anzeigen:	☑	☑
Kriterien:	"Hamburg" Oder "München"	Ja
oder:		

Nachname	Ort	Infopost
tblKunden	tblKunden	tblKunden
Aufsteigend		
☑	☑	☑
	"Hamburg"	Ja
	"München"	Ja

Platzhalter in Bedingungen

Sie können für Abfragebedingungen auch Platzhalterzeichen verwenden. So steht das Zeichen * für eine beliebige Zeichenfolge, das Zeichen ? steht für genau ein einziges Zeichen.

Bei der Verwendung von Platzhaltern muss immer der Operator Wie vorangestellt werden. Aber nicht immer erfolgt dies bei der Syntaxüberprüfung automatisch. Bei Verwendung von eckigen Klammern müssen Sie beispielsweise den gesamten Ausdruck eingeben!

Bei Verwendung von Platzhaltern ist immer der Operator Wie erforderlich

Benötigen Sie beispielsweise alle Kunden aus dem Postleitzahlenbereich 1, so geben Sie in der Spalte PLZ in der Kriterien Zeile den Ausdruck 1* ein und drücken die Eingabe-Taste oder die Tab-Taste. Nach der automatischen Syntaxüberprüfung wird dem Ausdruck ein "Wie" vorangestellt, der korrekte Ausdruck lautet nun Wie 1*. Ist das Feld vom Typ Text, so wird der Ausdruck auch noch in Anführungszeichen gesetzt und lautet Wie "1*". Das Beispiel unten liefert alle Kunden in Deutschland, deren Postleitzahl mit 1 oder 2 beginnt.

Feld:	Nachname	Vorname	Land	PLZ	Ort
Tabelle:	tblKunden	tblKunden	tblKunden	tblKunden	tblKunden
Sortierung:				Aufsteigend	
Anzeigen:	☑	☑	☑	☑	☑
Kriterien:			"D"	Wie "1*" Oder Wie "2*"	
oder:					

Die wichtigsten Platzhalterzeichen

Zeichen	Beschreibung	Beispiel
*	ersetzt beliebig viele Zeichen	Wie "M*er" zeigt alle Inhalte an, die mit M beginnen und mit "er" enden,
?	ersetzt genau 1 Zeichen an der angegebenen Stelle	Wie "?eier" zeigt alle Inhalte an, die mit einem beliebigen Buchstaben beginnen und dann die Zeichenfolge "eier" enthalten, etwa Meier, Geier,...
#	Ersetzt eine beliebige Ziffer	9403# liefert alle Postleitzahlen, die mit 9403 beginnen.
[ ]	Lässt nur Zeichen zu, die in Klammern stehen	Wie "M[ae][iy]er" sucht nach Meier, Mayer, usw.

6.4. Felder berechnen

Formeln eingeben

Berechnungen erfolgen in Abfragen

Eine weitere wichtige Funktion von Abfragen ist die Berechnung von Werten. Dazu geben Sie entweder eine Formel ein oder verwenden wie in Excel eine der Integrierten Funktionen von Access. In Formeln können Sie die folgenden arithmetischen Operatoren verwenden:

+	Addition
-	Subtraktion
*	Multiplikation
/	Division
^	Potenz
Mod	Gibt den Rest einer Division zurück

Beispiel: Sie wollen für jeden Artikel der Tabelle TBLARTIKEL aus dem Nettopreis den Mehrwertsteuerbetrag und den Bruttopreis berechnen.

1. Erstellen Sie eine neue Abfrage im Abfrageentwurf und fügen Sie aus der Tabelle TBLARTIKEL die erforderlichen Felder hinzu.

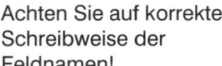

2. Die Formel wird im Abfrageentwurf in einer weiteren Spalte eingegeben. Klicken Sie in die erste Zeile der nächsten leeren Spalte und geben Sie über die Tastatur die folgende Formel ein: PreisNetto * 0,19.

Achten Sie auf korrekte Schreibweise der Feldnamen!

3. Nach dem Drücken der Eingabe-Taste wandelt Access den Ausdruck um, der Feldname wurde automatisch in eckige Klammern eingeschlossen und die korrekte Schreibweise lautet nun: Ausdr1:[PreisNetto] * 0,19

Feld:	PreisNetto	PreisNetto*0,19 ▼
Tabelle:	tblArtikel	
Sortierung:		
Anzeigen:	☑	☐
Kriterien:		
oder:		

Eingabe

Feld:	PreisNetto	Ausdr1: [PreisNetto]*0,19
Tabelle:	tblArtikel	
Sortierung:		
Anzeigen:	☑	☑
Kriterien:		
oder:		

Nach der Syntaxprüfung

4. Nun benötigen Sie noch einen Namen für die berechnete Spalte. Access setzt einer Formel automatisch den Feldnamen Ausdr1 voran, ersetzen Sie diesen durch den aussagekräftigeren Feldnamen MwStBetrag. Der Doppelpunkt muss beibehalten werden, er trennt Feldname und Formel.

Doppelpunkt trennt Feldname und Formel

5. Jetzt können Sie in der nächsten Spalte auch den Bruttopreis berechnen. Berechnungen erfolgen von links nach rechts, so dass Sie in der Formel für den Bruttopreis problemlos das zuvor berechnete Feld MwStBetrag verwenden können.

Berechnungen erfolgen von links nach rechts

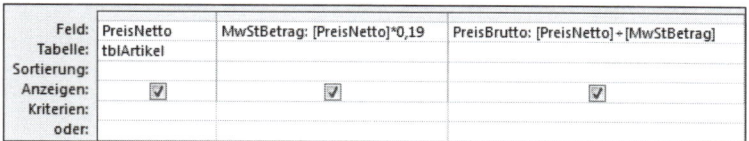

Feld:	PreisNetto	MwStBetrag: [PreisNetto]*0,19	PreisBrutto: [PreisNetto]+[MwStBetrag]
Tabelle:	tblArtikel		
Sortierung:			
Anzeigen:	☑	☑	☑
Kriterien:			
oder:			

6. Meist entspricht das Ergebnis in der Datenblattansicht noch nicht ganz den Erwartungen, da Formelergebnisse nicht immer korrekt mit zwei Dezimalstellen angezeigt werden. Das Format ändern Sie über die Feldeigenschaften. Klicken Sie dazu in der Entwurfsansicht der Abfrage im Register ENTWURF, Gruppe EINBLENDEN/ AUSBLENDEN auf die Schaltfläche EIGENSCHAFTENBLATT.

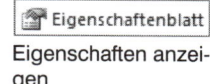

Eigenschaften anzeigen

Das Eigenschaftenblatt erscheint am rechten Rand des Abfrageentwurfs. Klicken Sie in die Formel, deren Format Sie ändern möchten und anschließend im Eigenschaftenblatt in die Zeile FORMAT, wählen Sie mit einem Mausklick auf den Dropdown-Pfeil das gewünschte Format aus. Zum Schließen des Eigenschaftenblattes klicken Sie auf das Symbol SCHLIESSEN.

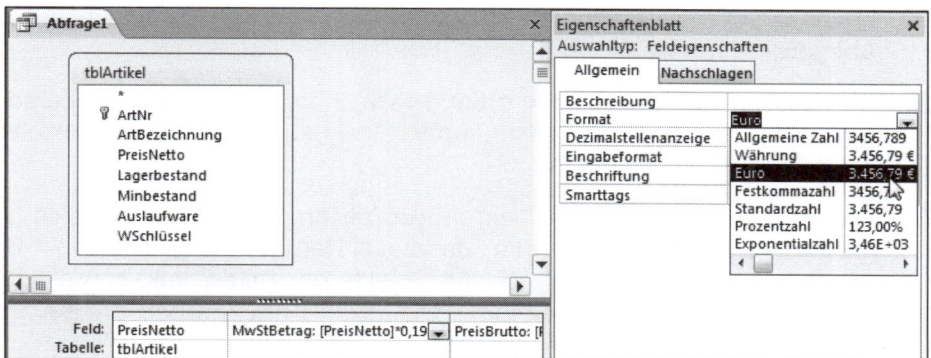

Die folgenden Punkte sollten Sie bei der Eingabe von Formeln beachten:

- Bei der Formelberechnung gilt die Punkt-vor-Strich-Regelung, Sie müssen also eventuell auch Klammern ( ) verwenden.

- Feldnamen werden in Formeln immer in eckige Klammern gesetzt, dies erledigt Access meist automatisch bei der Syntaxüberprüfung.

- Achten Sie beim Eintippen von Formeln auf die exakte Schreibweise der Feldnamen.

- Wenn Sie anstelle der manuellen Formeleingabe den Ausdrucksgenerator verwenden möchten (siehe weiter unten), dann müssen Sie die Abfrage zuvor speichern.

Zoom

Zur Anzeige und Eingabe komplexer Ausdrücke oder Formeln können Sie ein Zoom-Fenster öffnen. Klicken Sie mit der Maus in das betreffende Feld und drücken Sie anschließend die Tastenkombination Umschalt+F2 oder verwenden Sie

Zoomfenster öffnen: Umschalt+F2

den Befehl ZOOM... aus dem Kontextmenü der rechten Maustaste. Access öffnet ein kleines Fenster in dem Sie Ausdrücke kontrollieren und bearbeiten können.

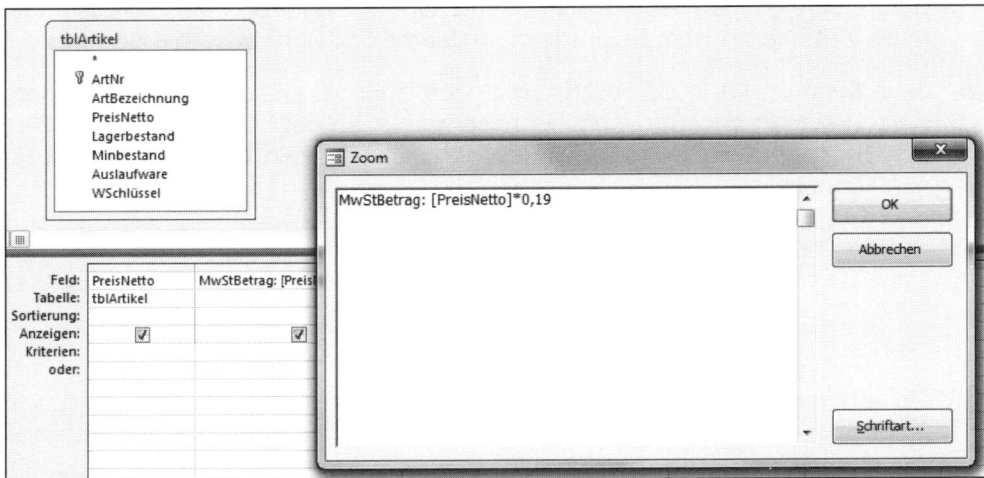

Ausdrucksgenerator verwenden

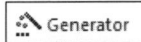

Bei der oben beschriebenen Methode der Formeleingabe müssen Sie darauf achten, die Feldnamen exakt so einzugeben, wie sie im Tabellenentwurf definiert wurden. Mit Hilfe des Ausdrucksgenerators können Sie dagegen alle benötigten Feldnamen mit einem Mausklick in Ihre Formel einfügen. So gehen Sie dabei vor:

Speichern Sie die Abfrage

1. Erstellen Sie eine Abfrage mit den benötigten Feldern und speichern Sie die Abfrage.

2. Positionieren Sie den Cursor in der Spalte, in der Sie die Formel berechnen möchten und klicken Sie in der Gruppe ABFRAGESETUP (Register ENTWURF) auf die Schaltfläche GENERATOR.

3. Das Fenster AUSDRUCKS-GENERATOR wird geöffnet. Der obere Bereich ist zunächst leer, er nimmt später die Formel auf. Darunter haben Sie in der Spalte AUSDRUCKSELEMENTE Zugriff auf alle Objekte der Datenbank, sowie auf integrierte Funktionen und Operatoren. Die aktuelle Abfrage befindet am Anfang der Liste, klicken Sie auf die Abfrage.

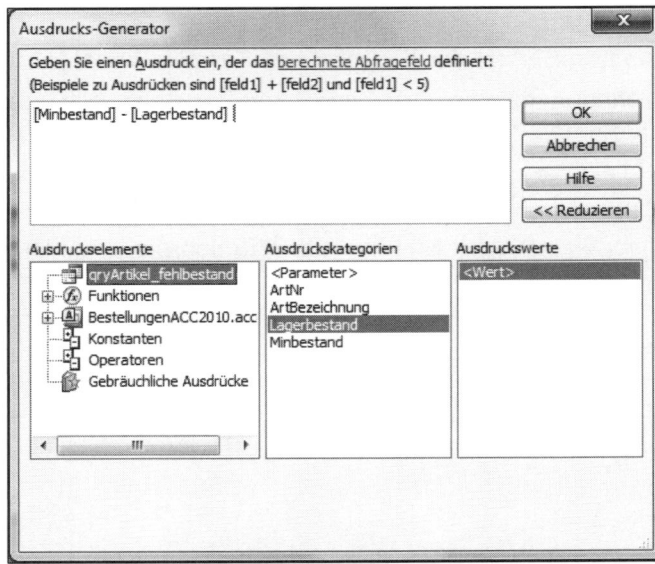

4. Der mittlere Bereich listet alle Felder der Abfrage auf. Mit einem Doppelklick fügen Sie das erste Feld MINBESTAND in die Formel ein. Nun geben Sie in der Formel den Operator * (Multiplizieren) über die Tastatur ein. Anschließend fü-

gen Sie wieder mit einem Doppelklick das zweite Feld LAGERBESTAND hinzu und bestätigen mit der Schaltfläche OK.

Felder mit Doppelklick hinzufügen

5. Zuletzt geben Sie anstelle von Ausdr1 wieder einen aussagefähigen Feldnamen für die berechnete Spalte ein.

Zeigt der Ausdrucksgenerator keine Felder für die aktuelle Abfrage an? Dann haben Sie vergessen, die Abfrage zuvor zu speichern!

Zeichenfolgen verketten

Um zwei oder mehr Felder vom Typ Text zu einem einzigen Feld aneinanderzufügen, verwenden Sie den &-Operator. Der folgende Ausdruck verbindet die Inhalte der Felder VORNAME und NACHNAME in einem einzigen, neuen Feld. Da Sie die beiden Texte vermutlich nicht unmittelbar aneinanderfügen möchten, benötigen Sie dazwischen auch noch ein Leerzeichen. Die Feldnamen stehen in eckigen Klammern; zusätzliche Zeichen, die nicht Teil eines Feldnamens sind, müssen in Anführungszeichen " " eingegeben werden.

& verkettet mehrere Zeichenfolgen

Beispiele für verkettete Felder:

Ausdruck	Ergebnis
Gesamtname: [Vorname]&[Nachname]	OttoBaumholtz
Gesamtname: [Vorname]&" "&[Nachname]	Otto Baumholtz
Anschrift: [PLZ]&" - "&[Ort]	94315 - Straubing

Funktionen verwenden

Zur Berechnung komplexer Formeln verfügt Access über eine ganze Reihe von Funktionen. Hier einige der wichtigsten Funktionen:

Die Funktion Wenn

Möglicherweise ist Ihnen von Microsoft Excel die Wenn()-Funktion bekannt. Diese Funktion ermöglicht Berechnungen, abhängig vom Ergebnis einer Bedingung. Sie lässt sich ganz allgemein so beschreiben:

Bedingung

Wenn (Bedingung; Dann-Teil; Sonst-Teil).

Damit lassen sich beispielsweise aus der Tabelle TBLARTIKEL für alle Auslaufartikel Sonderpreise berechnen. Wenn das Feld AUSLAUFWARE = Ja, dann gilt als Sonderpreis der halbe Preis, andernfalls wird kein Sonderpreis berechnet. Erstellen Sie dazu für die Tabelle TBLARTIKEL eine Abfrage mit den benötigten Feldern. Geben Sie dann in der ersten Zeile einer leeren Spalte den folgenden Ausdruck ein, der Sonst-Teil kann in diesem Beispiel entfallen.

Feld:	Auslaufware	PreisNetto	Sonderpreis: Wenn([Auslaufware]=Ja;[PreisNetto]/2)	▼
Tabelle:	tblArtikel	tblArtikel		
Sortierung:				
Anzeigen:	☑	☑	☑	
Kriterien:				
oder:				

Wenn Sie die Funktion mit Hilfe des Ausdrucks-Generators eingeben möchten, dann klicken Sie in der Liste AUSDRUCKSELEMENTE auf das Kästchen (+) FUNKTIONEN und anschließend auf INTEGRIERTE FUNKTIONEN. In der Liste AUSDRUCKSKATEGORIEN zeigt Access nun die verschiedenen Kategorien an, markieren Sie die

Funktionen mit dem Ausdrucks-Generator eingeben

Kategorie PROGRAMMABLAUF. Im rechten Bereich AUSDRUCKSWERTE finden Sie nun die Funktion WENN, die Sie mit einem Doppelklick einfügen.

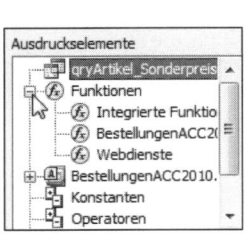

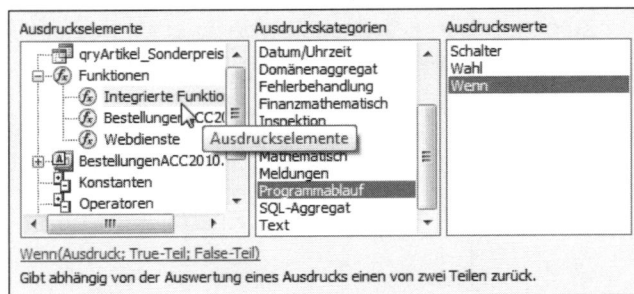

Funktionen anzeigen | Funktionskategorie und Funktion wählen

Feldnamen einfügen

Nun können Sie im oberen Teil des Ausdrucks-Generators die Funktion weiter bearbeiten. Klicken Sie dazu auf die jeweiligen Platzhalter und fügen Sie die entsprechenden Feldnamen ein.

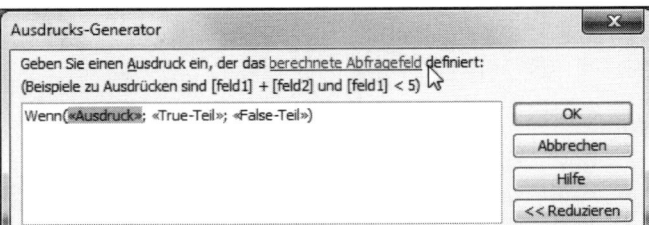

Datumsfunktionen

Für Berechnungen mit Datumswerten verwenden Sie die folgenden Funktionen:

Funktion	Beschreibung
Datum()	liefert das aktuelle Systemdatum
Jetzt()	liefert das aktuelle Datum und die aktuelle Uhrzeit
Jahr()	liefert aus einem Datumswert das Jahr als Zahl, Beispiel: Erfassdatum = 01.12.2010 Jahr([Erfassdatum]) liefert das Ergebnis 2010
Monat()	liefert aus einem Datumswert den Monat als Zahl, Beispiel: Monat([Erfassdatum]) ergibt 12
Tag()	liefert aus einem Datumswert den Tag als Zahl; Beispiel: Tag([Erfassdatum]) ergibt 1

Alter berechnen

Die Differenz zweier Datumswerte, beispielsweise das Alter berechnen Sie mit der Funktion DatDiff. DatDiff (Intervall; Datumswert1; Datumswert2). Folgende Intervallangaben sind zulässig:

Einstellung	Beschreibung
jjjj	Jahr
q	Quartal
m	Monat
t	Tag
ww	Kalenderwoche

Die Funktion zur Berechnung des Alters lautet also:
DatDiff("jjjj"; [Geburtsdatum]; Datum())

Textfunktionen

Mit den Funktionen Links() und Rechts() können Sie einen bestimmten Teil eines Textfeldes ermitteln. Kennzeichnen beispielsweise die beiden letzten Stellen der Artikelnummer die Farbe des Produkts, dann verwenden Sie die Funktion Rechts(), um die letzten Zeichen der Artikelnummer zu ermitteln und die Funktion Links() für die ersten Zeichen. Die allgemeine Schreibweise lautet:

Links(Zeichenfolge; Anzahl Zeichen)

Rechts(Zeichenfolge; Anzahl Zeichen)

Feld:	ArtNr	Artikelgruppe: Links([ArtNr];6)	Farbe: Rechts([ArtNr];2)
Tabelle:	tblArtikel		
Sortierung:			
Anzeigen:	☑	☑	☑
Kriterien:			
oder:			

Textfunktionen

Abfrage1

ArtNr	Artikelgruppe	Farbe
BA100010	BA1000	10
BA100023	BA1000	23
BA100234	BA1002	34
BN309911	BN3099	11
BN309912	BN3099	12
BN309913	BN3099	13

Ergebnis

6.5. Zusammenfassende Funktionen

In vielen Fällen benötigen Sie auch noch zusammenfassende Auswertungen, beispielsweise die Anzahl aller Artikel in der Tabelle oder die Summe aller Lagerbestände. Verwechseln Sie nicht die Schaltfläche SUMME in der Datenblattansicht einer Tabelle oder Abfrage, damit werden die Summen werden nur temporär eingeblendet und nicht zusammen mit der Abfrage gespeichert.

Auswertungen

Im Abfrageentwurf finden Sie im Register ENTWURF, Gruppe EINBLENDEN/ AUSBLENDEN ebenfalls eine Schaltfläche SUMMEN. Damit können Sie nicht nur Summen, sondern auch weitere zusammenfassende Funktionen für jede einzelne Spalte auswählen. So gehen Sie vor:

Σ

Summen

1. Erstellen Sie eine neue Abfrage im Entwurf und fügen Sie ausschließlich diejenigen Felder hinzu, die Sie auswerten möchten.

2. Klicken Sie im Register ENTWURF, Gruppe EINBLENDEN/AUSBLENDEN auf die Schaltfläche SUMMEN.

3. Im Entwurfsbereich erscheint unterhalb der Feldnamen eine weitere Zeile FUNKTION. Diese enthält zunächst standardmäßig die Funktion GRUPPIERUNG.

4. Nun müssen Sie nur noch für jedes Feld die gewünschte Funktion auswählen. Benötigen Sie für ein Feld zwei verschiedene Auswertungen, beispielsweise SUMME und MITTELWERT, dann fügen Sie dieses Feld einfach zweimal in die Abfrage ein. Als Ergebnis erhalten Sie genau einen Datensatz, nämlich die Ergebnisse für jede Spalte.

Funktion Anzahl und Summe

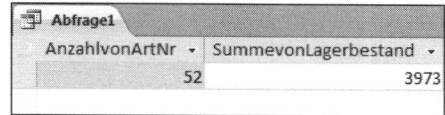

Ergebnis

Übersicht Funktionen

Die verfügbaren Funktionen:

Gruppierung	Fasst in Gruppen zusammen (z.B. nach Warengruppen). Das am weitesten links stehende Feld wird zuerst gruppiert
Summe	Berechnet die Summe einer Spalte
Mittelwert	Ermittelt den Durchschnitt der Werte eines Feldes
Min	Berechnet den kleinsten Wert des Feldes
Max	Berechnet den höchsten Wert eines Feldes
Anzahl	Ermittelt die Anzahl der Werte eines Feldes, leere Werte (Nullwerte) werden nicht berücksichtigt
StdAbw	Berechnet die Standardabweichung
Varianz	Berechnet die Varianz (Quadrat der Standardabweichung)
Erster Wert	Ermittelt den ersten Wert der Abfrage
Letzter Wert	Ermittelt den letzten Wert der Abfrage
Ausdruck	Kennzeichnet Formeln
Bedingung	Kennzeichnet Felder, die Abfragekriterien (Bedingungsfelder) enthalten

Natürlich können Sie auch in zusammenfassenden Abfragen Bedingungen und berechnete Felder verwenden.

Feldnamen ändern

Tipp: Sie können nicht nur für berechnete Felder andere Feldnamen vergeben, sondern auch Felder, die mit einer Funktionen ausgewertet werden. Access verwendet hier etwas umständliche Feldnamen, setzen Sie einfach den neuen Feldnamen zusammen mit einem Doppelpunkt vor den ursprünglichen Feldnamen.

Datensätze nach Gruppen auswerten

Gruppierte Auswertungen

Auswertungen können sich auch auf Gruppen von Datensätzen beziehen. Möchten Sie beispielsweise ermitteln, wie viele Artikel in jeder Warengruppe vorhanden sind, sowie die Summe der Lagerbestände je Warengruppe, dann benötigen Sie dazu das Feld WSCHLÜSSEL mit der Funktion GRUPPIERUNG.

Feld:	WSchlüssel	ArtNr	Lagerbestand
Tabelle:	tblArtikel	tblArtikel	tblArtikel
Funktion:	Gruppierung	Anzahl	Summe
Sortierung:			
Anzeigen:	☑	☑	☑
Kriterien:			
oder:			

Gruppierung von links nach rechts

Das Abfrageergebnis liefert nun Ergebnisse für jede Warengruppe. Sie können auch nach mehreren Feldern gruppieren, in diesem Fall erfolgt die Gruppierung von links nach rechts.

Formeln in zusammenfassenden Auswertungen

Möchten Sie auch den Warenwert je Warengruppe ermitteln, dann müssen Sie zuerst mit einer Formel den Warenwert berechnen und für dieses Feld die Funktion SUMME wählen. Wenn Ihre Abfrage sehr viele Formeln enthält, dann sollten Sie besser zuerst eine einfache Auswahlabfrage zur Berechnung der Felder speichern und eine weitere Abfrage erstellen, die sich auf die zuvor erstellte Abfrage bezieht.

6.6. Zusammenfassung

- Abfragen werden verwendet, um Daten aus Tabellen nach bestimmten Bedingungen zu filtern oder zur Berechnung mit Feldern. Abfragen speichern auch Sortierungen, bei Verwendung mehrerer Sortierschlüssel erfolgt die Sortierung immer von links nach rechts. Abfragen speichern keine Datensätze, sie werden ausgeführt, wenn Sie die Abfrage öffnen, in die Datenblattansicht wechseln oder auf die Schaltfläche AUSFÜHREN klicken.

- Mehrere Bedingungen können eine UND-Verknüpfung bilden, das bedeutet dass ein Datensatz alle Bedingungen erfüllen muss. Bei einer ODER-Verknüpfung genügt es dagegen, wenn mindestens eine der Bedingungen erfüllt ist.

- Nach Eingabe der Bedingungen erfolgt eine automatische Syntaxüberprüfung. Bei Verwendung von Platzhalterzeichen muss in jedem Fall der Operator Wie vorangestellt werden. Verwenden Sie Feldnamen in Bedingungen, so müssen diese in eckigen Klammern eingegeben werden.

- Zur Berechnung von Werten können Sie neben der manuellen Formeleingabe auch den Ausdrucksgenerator von Access verwenden, beachten Sie aber, dass dann die Abfrage zuvor gespeichert werden muss. Genau wie Excel verfügt auch Access über eine ganze Reihe integrierter Funktionen, die Sie ebenfalls entweder über den Ausdrucksgenerator aufrufen oder manuell eingeben können. Die Schaltfläche SUMMEN verwenden Sie, wenn Sie in einer Abfrage anstelle der Einzeldatensätze zusammenfassende Auswertungen benötigen.

6.7. Übungsaufgabe

Öffnen Sie die Datenbank Bestellungen-Übung und erstellen Sie die folgenden Abfragen. Falls nichts anderes angegeben, verwenden Sie alle Felder der angegebenen Tabelle. Speichern Sie die Abfragen unter den in Klammern angegebenen Namen.

- Erstellen Sie eine Abfrage für die Tabelle TBLKUNDEN. Die Abfrage soll alle Kunden ermitteln, deren Nachname Meier, Maier, Meyer oder ähnlich lautet. (qryMeier)

- Ermitteln Sie in einer neuen Abfrage alle Kunden mit einem Umsatz zwischen 1.000 und 3.000 Euro. (qryUmsatz)

- Erstellen Sie eine Abfrage die alle Kunden in Deutschland ermittelt, die in den Postleitzahlenbereichen 1 oder 4 wohnen und die dem Empfang von Infopost zugestimmt haben. (qryPLZ Bereich Nord)

- Ermitteln Sie in einer Abfrage alle Kunden, die in diesem Jahr neu erfasst wurden. (qryNeukunden-aktuell)

- Erstellen Sie eine Abfrage für die Tabelle TBLKUNDEN. Sortieren Sie die Abfrage nach Nachnamen und Vornamen (aufsteigend). Fügen Sie in einer weiteren Spalte die Felder Anrede, Nachname und Vorname mit jeweils einem Leerzeichen dazwischen aneinander.

- Ermitteln Sie in einer Abfrage die Anzahl der Kunden, sowie die gesamte Umsatzsumme. (qryKundenauswertung)

Bemerkungen:

_____

_____

_____

7. Erweiterte Abfragen

In dieser Lektion lernen Sie...

- Abfragen mit mehreren Tabellen
- Parameterabfragen
- Aktionsabfragen einsetzen

Was Sie für diese Lektion wissen sollten:

- Einfache Abfragen
- Beziehungen zwischen Tabellen

Die grundlegende Funktionsweise sowie die Erstellung von Auswahlabfragen in der Entwurfsansicht haben Sie in der letzten Lektion kennen gelernt. Abfragen können aber noch viel mehr, Sie können in einer Abfrage auch Beziehungen zwischen Tabellen erstellen und Felder aus mehreren Tabellen einbeziehen. Neben den Auswahlabfragen ermöglicht Access mit Hilfe so genannter Aktionsabfragen das Aktualisieren, Löschen oder Anfügen von Daten in Tabellen.

7.1. Abfragen mit mehreren Tabellen

Beziehungen in Abfragen

Beziehung erforderlich

Wenn Sie in einer Abfrage Felder aus zwei oder mehr Tabellen verwenden möchten, dann ist dafür eine Beziehung zwischen den Tabellen erforderlich. Benötigen Sie beispielsweise für eine Preisliste nicht nur die Felder ARTIKELNUMMER, BEZEICHNUNG und PREIS aus der Tabelle TBLARTIKEL, sondern auch noch die Warengruppenbezeichnung, dann müssen Sie der Abfrage auch noch die Tabelle TBLWARENGRUPPEN hinzufügen.

Siehe Lektion 5.

1. Erstellen Sie eine neue Abfrage im Entwurf und fügen Sie die Tabellen TBLARTIKEL und TBLWARENGRUPPEN hinzu. Wurde in der Ansicht BEZIEHUNGEN eine Beziehung zwischen den beiden Tabellen erstellt, so ist diese gespeichert und wird auch in die Abfrage übernommen. Wenn die Beziehung auch noch die Zeichen 1 und unendlich (liegende 8) aufweist, dann handelt es sich um eine Beziehung mit referentieller Integrität.

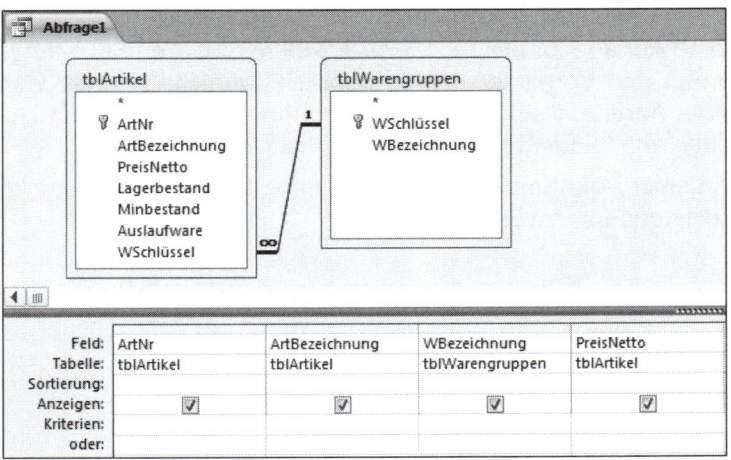

2. Nun fügen Sie dem Abfrageentwurf die benötigten Felder hinzu. Das Feld Warengruppenschlüssel dient nur als Schlüsselfeld und muss in der Abfrage nicht zwingend verwendet werden.

3. Die Abfrage liefert als Ergebnis für jeden Datensatz der Tabelle TBLARTIKEL auch die dazugehörige Warengruppenbezeichnung aus der Tabelle TBLWARENGRUPPEN.

ArtNr	ArtBezeichnung	WBezeichnung	PreisNetto
WR123303	Q Kugelschreiber, Oberfläche weiß 10 St.	Bürobedarf	4,88 €
WS100900	Bleistifte, extra hart, 100 St.	Bürobedarf	6,23 €
QW100230	Tischleuchte Modell "Einstein"	Beleuchtung	75,20 €
QW100411	Tischleuchte schwenkbar, Halogen	Beleuchtung	42,00 €
HA100300	Kaffeetasse "Guten Morgen"	Geschenkartikel, Werbematerial	1,30 €
HA100402	Kaffeetasse "Böhnchen", schwarz	Geschenkartikel, Werbematerial	2,10 €
HA100405	Kaffeetasse "Böhnchen", rosa	Geschenkartikel, Werbematerial	2,10 €

Eine Beziehung erstellen

Sollte keine Beziehung zwischen den Tabellen existieren, dann können Sie diese auch im Entwurf der Abfrage herstellen. Sie sollten aber wissen, dass dann die Beziehung zusammen mit der Abfrage gespeichert wird und nur für diese Abfrage Gültigkeit besitzt. Um in einer Abfrage eine Beziehung zwischen zwei Tabellen zu erstellen, klicken Sie auf das Schlüsselfeld der einen Tabelle und ziehen das Feld mit gedrückter linker Maustaste auf das dazugehörige Schlüsselfeld der zweiten Tabelle. Es spielt keine Rolle, bei welcher Tabelle Sie beginnen. Eine Beziehung mit referentieller Integrität kann in einer Abfrage nicht erstellt werden.

Beziehung wird zusammen mit der Abfrage gespeichert

Verknüpfungseigenschaften

Nicht immer liefert eine Abfrage mit Feldern aus mehreren Tabellen das gewünschte Ergebnis. Standardmäßig berücksichtigt eine Beziehung ausschließlich Datensätze, bei denen die Inhalte der verknüpften Datenfelder gleich sind. Die Abfrage unten liefert beispielsweise als Ergebnis aus der Tabelle TBLKUNDEN ausschließlich die Namen derjenigen Kunden, die auch in der Tabelle TBLNACHVERFOLGUNG enthalten sind. Sie erhalten also ausschließlich Kunden, die Sie bereits mindestens einmal kontaktiert haben.

Welche Datensätze sollen berücksichtigt werden?

Was ist mit den anderen Kunden? Wenn Sie trotzdem die Namen und Anschriften aller Kunden im Abfrageergebnis benötigen, dann müssen Sie die Verknüpfungseigenschaften ändern. Öffnen Sie mit einem Doppelklick auf die Beziehungslinie oder über den Befehl aus dem Kontextmenü das Dialogfenster VERKNÜPFUNGSEIGENSCHAFTEN.

Ändern Sie die Verknüpfungseigenschaften

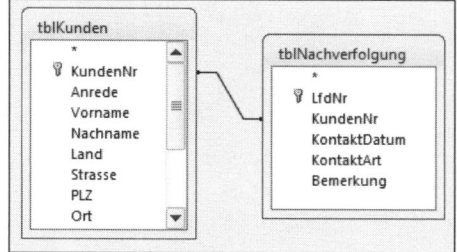
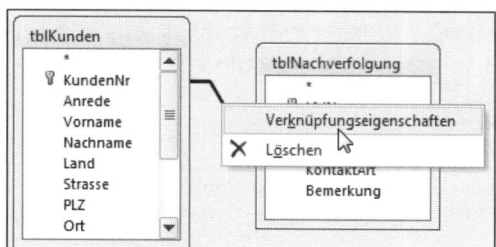

Access bietet drei verschieden Optionen an. Ändern Sie die Verknüpfung so ab, dass alle Datensätze aus der Tabelle TBLKUNDEN angezeigt werden und bestätigen Sie mit OK. Die geänderte Verknüpfungseigenschaft besitzt ausschließlich für diese Abfrage Gültigkeit, auch wenn die Beziehung in der Ansicht BEZIEHUNGEN erstellt und gespeichert wurde.

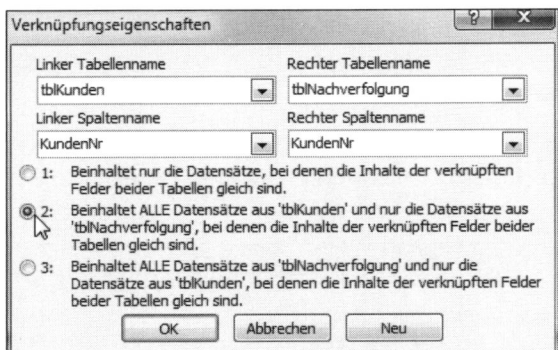

Die Beziehungslinie ist nun mit einem Pfeil versehen und das Ergebnis der Abfrage bezieht alle Datensatze aus der Tabelle Kunden ein. Das Feld KONTAKTDATUM ist bei einigen Datensätzen leer. Umgekehrt erscheinen Kunden, die bereits mehrmals kontaktiert wurden auch im Abfrageergebnis mehrmals. Nun könnten Sie beispielsweise mit dem Ausdruck Ist Null als Kriterium im Feld KONTAKTDATUM sehr einfach ermitteln, welche Kunden noch nie kontaktiert wurden.

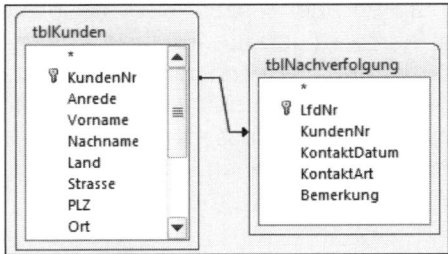

Abfragen in Abfragen verwenden

Auch zwischen Abfragen und Tabellen kann eine Beziehung erstellt werden

Eine Abfrage kann sich nicht nur auf Tabellen, sondern auch auf Abfragen beziehen. Benötigen Sie beispielsweise ein berechnetes Feld aus einer anderen Abfrage, so klicken Sie im Dialogfenster TABELLE ANZEIGEN auf das Register ABFRAGEN und wählen die gewünschte Abfrage. Als Alternative können Sie auch die Abfrage aus dem Navigationsbereich in den Abfrageentwurf ziehen.

Auch hier gilt: Verwenden Sie mehr als eine Abfrage oder eine Abfrage zusammen mit einer Tabelle, so muss zwischen den beiden Objekten eine Beziehung bestehen oder erstellt werden.

7.2. Abfragen mit Parametern

In manchen Fällen ist es sinnvoll, die Bedingungen einer Abfrage variabel zu halten und erst beim Öffnen oder Ausführen der Abfrage einzugeben. Solche Abfragen bezeichnet man als Parameterabfragen. Stellen Sie sich beispielsweise vor, eine Abfrage soll als Ergebnis immer nur die Artikel einer einzigen Warengruppe liefern, bei 20 Warengruppen würden Sie dafür 20 Abfragen benötigen. Bei einer Parameterabfrage dagegen können Sie bei jedem Öffnen der Abfrage eine andere Warengruppe als Bedingung angeben.

Bei einer Parameterabfrage geben Sie im Abfrageentwurf in der entsprechenden Spalte anstelle einer Bedingung zunächst beliebigen Text als Platzhalter, den so genannten Parameter ein. Dieser darf nicht identisch sein mit einem bereits vorhandenen Feldnamen und muss in eckigen Klammern [ ] eingeschlossen werden.

Parameter: Bedingungen werden beim Öffnen der Abfrage eingegeben

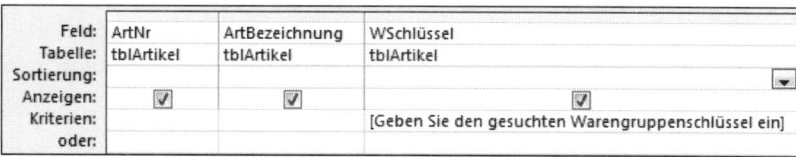

Beim Ausführen oder Öffnen der Abfrage, bzw. beim Wechseln in die Datenblattansicht erscheint ein kleines Dialogfenster, das Sie zur Eingabe des Parameterwertes auffordert. Geben Sie den gewünschten Warengruppenschlüssel ein und bestätigen Sie mit OK.

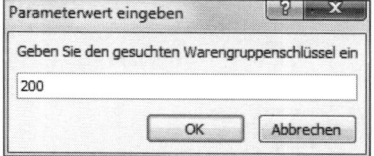

Für Parameter, also den Text in eckigen Klammern gelten die gleichen Regeln wie für Feldnamen, außerdem sollte er Hinweise für den Benutzer enthalten, welche Werte als Eingabe benötigt werden. Sie können in einer Abfrage beliebig viele Parameter definieren.

Hinweis: Manchmal erscheint die Meldung PARAMETERWERT EINGEBEN auch beim Öffnen einer normalen Abfrage. Ursache ist ein nicht existierender Feldname, möglicherweise haben Sie bei der Berechnung einer Formel einen Feldnamen falsch geschrieben, oder ein Feld in der zugrundeliegenden Tabelle gelöscht oder umbenannt.

Fehlermeldung

Parameter mit Platzhalterzeichen

Möchten Sie eine Parameterabfrage erstellen, bei der nicht der gesamte Feldinhalt, sondern nur die ersten Zeichen eingegeben werden sollen, dann müssen Sie zusätzlich zum Parameter auch noch Platzhalterzeichen verwenden.

Beispiel: Sie benötigen eine Abfrage, die nach Eingabe der ersten beiden Zeichen der Artikelnummer alle Artikel anzeigt, deren Nummer mit diesen Zeichen beginnt. Da Sie später bei der Eingabe des Parameterwerts auch noch den Stern * als Platzhalterzeichen benötigen, müssen Sie dem Parameter das Schlüsselwort WIE voranstellen.

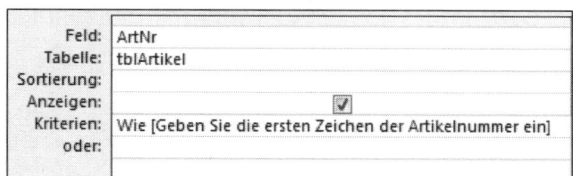

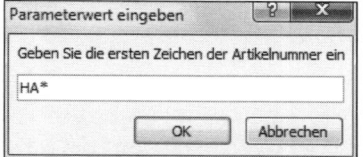

Allerdings ist dies keine zufriedenstellende Lösung, da später jedes Mal beim Öffnen der Abfrage das Platzhalterzeichen * mit eingegeben werden muss. Besser ist es, wenn Sie dieses Zeichen * gleich im Abfrageentwurf mit berücksichtigen. Dazu benötigen Sie noch den &- Operator zum Verketten von Zeichenfolgen. Der gesamte Ausdruck lautet nun:

Wie [Geben Sie die ersten Zeichen der Artikelnummer ein] & "*"

7.3. Aktionsabfragen

Was ist bei Aktionsabfragen zu beachten?

Aktionsabfragen ändern Daten in Tabellen

Im Gegensatz zu einfachen Auswahlabfragen, verändern Aktionsabfragen beim Ausführen und beim Öffnen die Daten in den zugrunde liegenden Tabellen. Da die Ergebnisse einer Aktionsabfrage nicht mehr rückgängig gemacht werden können, sollten Sie Ihre Datenbank zuvor sichern.

Schaltflächen für die verschiedenen Abfragetypen finden Sie in der Entwurfsansicht einer Abfrage im Register ENTWURF, Gruppe ABFRAGETYP:

Schaltfläche	Abfragetyp
	AUSWÄHLEN - einfache Auswahlabfrage
	TABELLE ERSTELLEN - erstellt aus dem Abfrageergebnis eine neue Tabelle
	ANFÜGEN - fügt die Datensätze der Abfrage an eine bestehende Tabelle an
	AKTUALISIEREN - aktualisiert Daten in einer Tabelle
	LÖSCHEN - entfernt Datensätze nach den angegebenen Kriterien

Testen Sie Aktionsabfragen als Auswahlabfragen

Sicherheitshalber sollten Sie bei der Erstellung einer Aktionsabfrage genauso vorgehen wie bei einer einfachen Auswahlabfrage und zunächst Ihre Auswahlbedingungen testen. Im nächsten Schritt wandeln Sie dann die Abfrage in den gewünschten Abfragetyp um und führen die Abfrage aus.

Beachten Sie: Alle Aktionsabfragen werden erst dann ausgeführt, wenn Sie im Abfrageentwurf im Register ENTWURF auf das Symbol AUSFÜHREN klicken. Mit einem einfachen Wechsel in die Datenblattansicht erfolgt keine Ausführung.

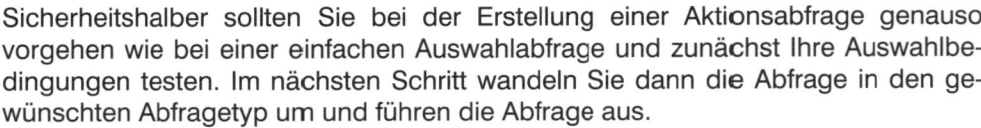

In der Entwurfsansicht öffnen

Beim Öffnen wird eine gespeicherte Aktionsabfrage ebenfalls ausgeführt, es erscheint eine entsprechende Meldung. Wenn Sie eine Aktionsabfrage öffnen möchten, ohne dass diese ausgeführt wird, dann müssen Sie die Abfrage in der Entwurfsansicht öffnen: Klicken Sie dazu im Navigationsbereich mit der rechten Maustaste auf die Abfrage und wählen Sie ENTWURFSANSICHT.

Sicherungskopie erstellen

Aktionsabfragen führen Änderungen an Daten in Tabellen durch. Diese Änderungen können nicht mehr rückgängig gemacht werden. Erstellen Sie daher vorher eine Sicherungskopie der Tabellen oder der Datenbank und testen Sie die Abfrage vor der Ausführung als einfache Auswahlabfrage.

Unter Umständen werden beim Öffnen einer Datenbank die Aktionsabfragen aus Sicherheitsgründen deaktiviert. In der Statusleiste unterhalb des Menübandes erscheint dann eine entsprechende Meldung. Damit die Abfragen trotzdem ausgeführt werden, müssen Sie über die Schaltfläche den Inhalt aktivieren.

Inhalte aktivieren

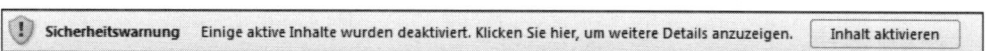

Tabellenerstellungsabfrage

Eine Tabellenerstellungsabfrage speichert das Abfrageergebnis als Kopie in einer neuen Tabelle. Aus der ursprünglichen Tabelle werden die Datensätze nicht entfernt, das Sicherheitsrisiko ist daher bei dieser Abfrage gering.

Abfrageergebnis in einer neuen Tabelle speichern

Als Beispiel sollen Namen und Anschrift aller Kunden, die Infopost wünschen in einer neuen Tabelle gespeichert werden.

1. Erstellen Sie eine Auswahlabfrage mit allen Feldern, die Sie in der neuen Tabelle benötigen und geben Sie die Filterkriterien ein. Kontrollieren Sie das Abfrageergebnis in der Datenblattansicht.

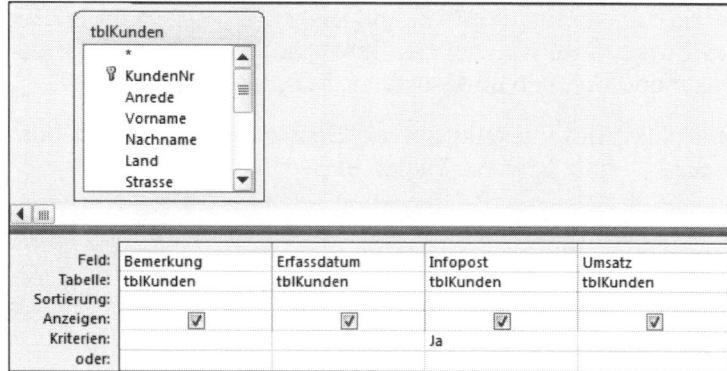

2. Klicken Sie im Abfrageentwurf, Register ENTWURF in der Gruppe ABFRAGETYP auf die Schaltfläche TABELLE ERSTELLEN. Es erscheint ein Dialogfenster, das Sie auffordert, einen Namen für die neue Tabelle einzugeben. Falls bereits eine Tabelle mit dem angegebenen Namen existiert, so wird diese bei der Ausführung durch die neue Tabelle überschrieben.

Tabelle erstellen

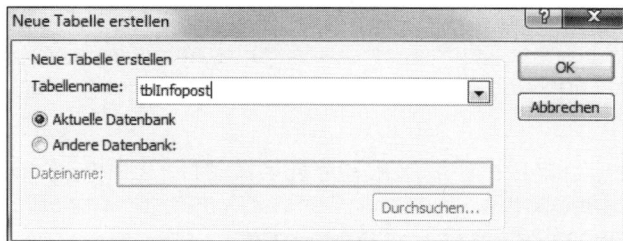

3. Nun müssen Sie die Abfrage ausführen: Klicken Sie dazu im Entwurf auf die Schaltfläche AUSFÜHREN. Es erscheint eine Meldung, die Sie nochmals bestätigen müssen. Die Feldeigenschaften werden mit Ausnahme von Nachschlagefeldern in die neue Tabelle übernommen.

Ausführen

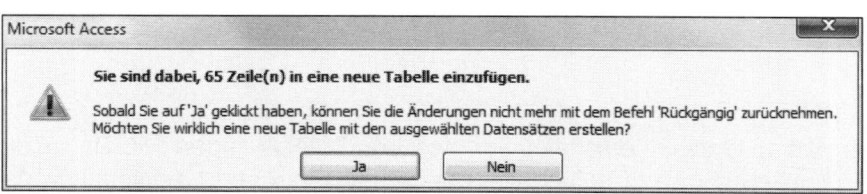

Datensätze an eine
bestehende Tabelle
anfügen

Anfügeabfrage

Mit Hilfe einer Anfügeabfrage können Sie das Ergebnis einer Abfrage an eine bestehende Tabelle, entweder in der aktuellen oder in einer anderen Datenbank anfügen. Eine Anfügeabfrage kann beispielsweise zur Archivierung von Datensätzen verwendet werden. Damit verhindern Sie, dass der Datenbestand einer Tabelle zu umfangreich und so die Datenbank entsprechend langsam wird. Auch die Ergebnisse komplexer Abfragen lassen sich schneller aufrufen, wenn Sie zuvor in eine Tabelle eingefügt wurden.

Als Beispiel sollen alle älteren Rechnungen aus der Tabelle TBLRECHNUNGEN an eine Tabelle RECHNUNGSARCHIV angefügt werden. Anschließend können diese Datensätze mit Hilfe einer Löschabfrage aus der Tabelle TBLRECHNUNGEN entfernt werden.

Eine leere Tabelle als Archivtabelle anlegen

Tabellenstruktur kopieren

Zunächst müssen Sie eine leere Archivtabelle anlegen, möglichst mit dem gleichen Aufbau wie die Tabelle TBLRECHNUNGEN. Am einfachsten kopieren Sie dazu die Tabelle in die Zwischenablage und fügen anschließend die Tabellenstruktur ohne Daten als Kopie wieder ein.

1. Markieren Sie die Tabelle RECHNUNGEN und klicken Sie entweder im Register START, Gruppe ZWISCHENABLAGE auf die Schaltfläche KOPIEREN oder verwenden das Kontextmenü der rechten Maustaste, bzw. die Tasten Strg+C.

2. Anschließend klicken Sie entweder auf die Schaltfläche EINFÜGEN oder verwenden das Kontextmenü, bzw. die Tasten Strg+V.

3. Es erscheint ein Dialogfenster in dem Sie für die Tabellenkopie einen Namen eingeben. Außerdem können Sie unter EINFÜGEOPTIONEN angeben, ob Sie nur die Struktur oder Struktur und Datensätze einfügen wollen. Wählen Sie die Option NUR STRUKTUR.

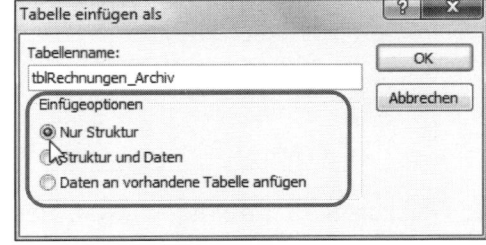

Anfügeabfrage erstellen

1. Als nächstes benötigen Sie die Anfügeabfrage. Beginnen Sie wieder mit einer Auswahlabfrage und fügen Sie aus der Tabelle TBLRECHNUNGEN alle benötigen Felder hinzu. Da nur ältere Datensätze des Vorjahrs archiviert werden sollen, benötigen Sie noch eine entsprechende Bedingung für das Rechnungsdatum.

Anfügen

2. Klicken Sie nun im Register ENTWURF, Gruppe ABFRAGETYP auf die Schaltfläche ANFÜGEN. Anschließend müssen Sie im Fenster ANFÜGEN auswählen, an welche Tabelle die Datensätze angefügt werden sollen.

An welche Spalten
sollen die Felder angefügt werden?

3. Im Abfrageentwurf erscheint eine weitere Zeile ANFÜGEN AN: Da in diesem Beispiel die Spaltenüberschriften der Abfrage mit den Überschriften der Tabelle exakt übereinstimmen, werden in dieser Zeile die dazugehörigen Spal-

© BILDNER Verlag GmbH – Passau
Kopien – auch auszugsweise – nicht gestattet

ten der Tabelle von Access bereits korrekt angezeigt. Andernfalls müssen Sie jeder Spalte der Abfrage die entsprechende Tabellenspalte zuordnen.

4. Zuletzt müssen Sie die Abfrage nur noch ausführen. Bevor die Datensätze angefügt werden, erscheint eine Meldung, die Sie erst bestätigen müssen.

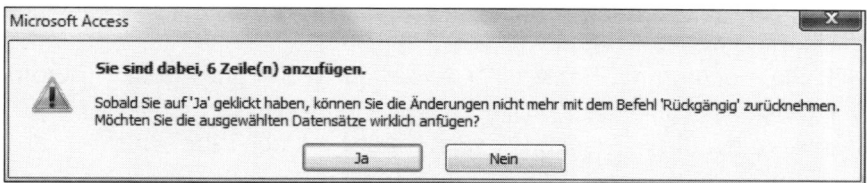

Worauf Sie beim Anfügen von Datensätzen achten müssen!

Beachten Sie

- Die Felddatentypen müssen in beiden Tabellen übereinstimmen. So müssen beispielsweise die Rechnungsnummern in beiden Tabellen vom Typ Zahl sein (Typumwandlungsfehler).

- Beachten Sie, dass ein Primärschlüsselfeld keine mehrfach vorkommenden Werte enthalten darf. Eine Rechnungsnummer darf also nicht zweimal angefügt werden (Schlüsselverletzung).

- Die anzufügenden Datensätze können gegen Gültigkeitsregeln der Tabelle verstoßen.

- Die anzufügenden Datensätze können gegen Regeln der referentiellen Integrität verstoßen.

In diesen Fällen werden nicht alle oder keine Datensätze angefügt und Sie erhalten eine entsprechende Fehlermeldung.

Löschabfrage

Eine Löschabfrage entfernt Datensätze aus einer Tabelle. Damit können Sie beispielsweise nach erfolgreicher Archivierung von älteren Rechnungen diese Datensätze aus der Tabelle TBLRECHNUNGEN löschen. Beginnen Sie wieder mit einer Auswahlabfrage für die Tabelle TBLRECHNUNGEN.

Datensätze löschen

Ziehen Sie dieses Mal das Sternchen (*) in den Abfragebereich. Damit nicht alle Datensätze gelöscht werden, benötigen Sie zusätzlich noch das Rechnungsdatum mit einer entsprechenden Bedingung.

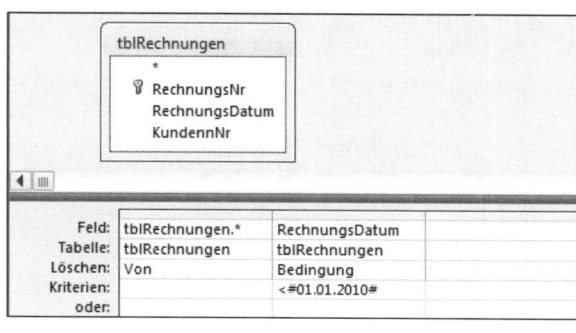

Löschen

Kontrollieren Sie das Ergebnis in der Datenblattansicht und wechseln Sie wieder in den Entwurf. Nun wandeln Sie die Abfrage in eine Löschabfrage um, indem Sie im Register ENTWURF, Gruppe ABFRAGETYP auf die Schaltfläche LÖSCHEN klicken. Anschließend führen Sie die Abfrage aus; bevor die Datensätze gelöscht werden, müssen Sie die Ausführung noch in der entsprechenden Meldung bestätigen.

Hinweis: Falls Sie Datensätze aus einer Tabelle löschen wollen, die zu einer anderen Tabelle in einer Beziehung mit referentieller Integrität steht, so werden bei vereinbarter Löschweitergabe auch die dazugehörigen Datensätze aus dieser Tabelle gelöscht. Besteht keine Löschweitergabe, so können unter Umständen einige Datensätze nicht gelöscht werden.

Aktualisierungsabfrage

Daten aktualisieren

Eine Aktualisierungsabfrage verwenden Sie, um Änderungen an Datensätzen einer Tabelle durchzuführen und zu speichern. Sinnvoll sind Aktualisierungsabfragen vor allem in umfangreichen Tabellen.

Beispiel: Sie möchten die Preise aller Artikel der Warengruppe 500 (Büromöbel) um 5% erhöhen.

1. Dazu erstellen Sie wieder zuerst eine Abfrage mit der Tabelle TBLARTIKEL.

2. In Aktualisierungsabfragen benötigen Sie eigentlich nur das zu aktualisierende Feld, sowie Felder für Bedingungen. Da die Preiserhöhung nur für die Warengruppe 500 gelten soll, müssen Sie neben dem Feld PREISNETTO also noch das Feld WSCHLÜSSEL hinzufügen. Geben Sie hier die Bedingung ein.

Aktualisieren

3. Wandeln Sie nun die Auswahlabfrage in eine Aktualisierungsabfrage um, dazu klicken Sie im Register ENTWURF, Gruppe ABFRAGETYP auf die Schaltfläche AKTUALISIEREN. Im Entwurfsbereich erscheint unterhalb der Feldnamen die Zeile AKTUALISIEREN. In dieser Zeile geben Sie nun für die Spalte PREISNETTO die Formel zur Berechnung des neuen Preises ein. Da der alte Preis am einfachsten mit 1,05 multipliziert wird, lautet die Formel also: [PreisNetto]*1,05. Achten Sie darauf, den Feldnamen in eckige Klammern einzuschließen!

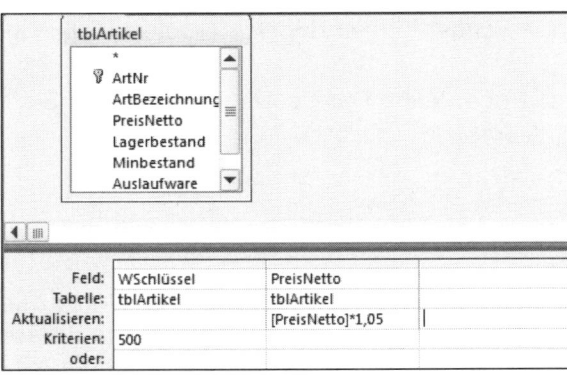

4. Beim Ausführen der Abfrage erscheint eine Meldung und fordert Sie auf, die Aktualisierung zu bestätigen.

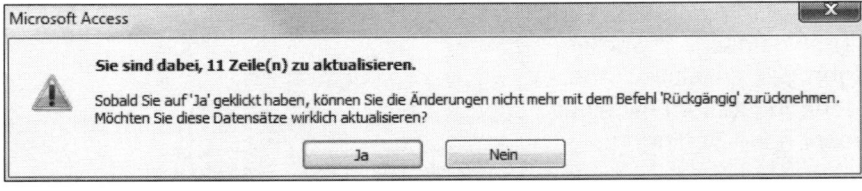

7.4. Spezialabfragen

Duplikate suchen

Über die Schaltfläche ABFRAGE-ASSISTENT stellt Ihnen Access noch zwei Spezialabfragen zur Verfügung. So stellen beispielsweise doppelt vorkommende Datensätze (Duplikate) in einer Tabelle ein häufiges Problem in Datenbanken dar. Der Abfrage-Assistent zur Duplikatsuche unterstützt Sie bei der Suche nach Datensätzen, bei denen die Inhalte bestimmter Felder gleich sind. Klicken Sie im Register ERSTELLEN, Gruppe ABFRAGEN auf die Schaltfläche ABFRAGE-ASSISTENT und wählen Sie im Dialogfenster NEUE ABFRAGE anschließend den ABFRAGE-ASSISTENT ZUR DUPLIKATSUCHE aus.

Nach doppelten Datensätzen suchen

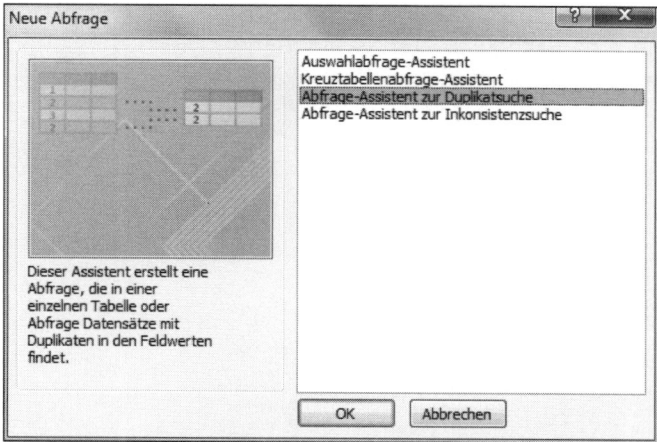

Im nächsten Schritt müssen Sie angeben, in welcher Tabelle nach Duplikaten gesucht werden soll und welche Felder Sie auf Duplikate untersuchen wollen.

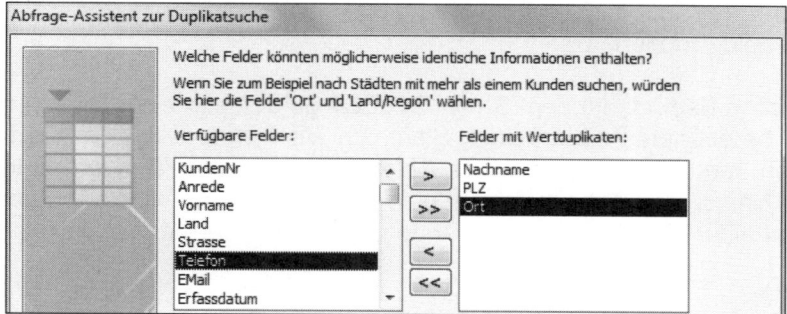

Zur besseren Kontrolle können Sie im nächsten Schritt weitere Felder hinzufügen. So können beispielsweise Vorname, Telefonnummer und Geburtsdatum nützlich bei der Feststellung sein, ob es sich tatsächlich um Duplikate handelt. Bei diesem Beispiel liefert die Abfrage das folgende Ergebnis.

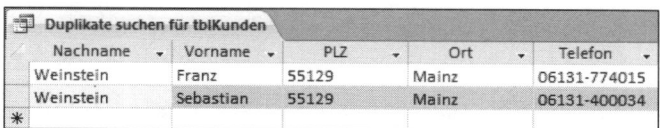

Inkonsistenzsuche

Der Abfrage-Assistent zur Inkonsistenzsuche unterstützt Sie bei der Suche nach Datensätzen, die mit keinen Datensätzen einer zweiten, übergeordneten Tabelle in Beziehung stehen.

SQL = Structured
Query Language

SQL-Ansicht

SQL ist eine verbreitete Sprache zur Abfrage und zur Verwaltung relationaler Datenbanken. Auch Access-Abfragen basieren auf SQL, das bedeutet, dass Sie mit jeder Abfrage eigentlich eine SQL-Abfrage erstellen. Allerdings unterstützt Access nicht den gesamten Leistungsumfang von SQL. Um eine Abfrage in der SQL-Ansicht anzuzeigen, öffnen Sie die Abfrage, klicken im Register START auf den Auswahlpfeil der Schaltfläche ANSICHT und wählen SQL-ANSICHT.

 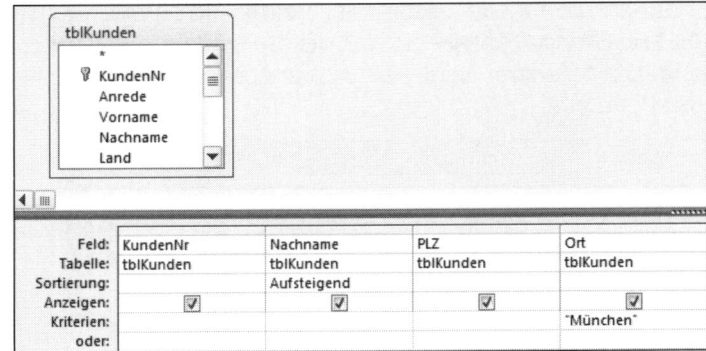

Die oben abgebildete Abfrage in der SQL-Ansicht:

```
SELECT tblKunden.KundenNr, tblKunden.Nachname, tblKunden.PLZ, tblKunden.Ort
FROM tblKunden
WHERE (((tblKunden.Ort)="München"))
ORDER BY tblKunden.Nachname;
```

Eine SQL-Abfrage

Die allgemeine Syntax einer Auswahlabfrage:
SELECT Feldliste
FROM Tabellen
WHERE Bedingung   (optional)
ORDER BY Sortierfeld   (optional)

Jede Auswahlabfrage beginnt mit dem Befehl SELECT gefolgt von einer Liste von Feldnamen oder berechneten Ausdrücken. Stammen alle Felder aus einer einzigen Tabelle, dann kann der Name der Tabelle entfallen, sonst wird jedem Feld auch noch der Name der Tabelle vorangestellt, also beispielsweise tblKunden.PLZ. Um alle Felder der Tabelle zu verwenden, geben Sie den Stern * an.

Beispiel: SELECT *

Tabellenauswahl FROM
Die Tabelle oder Abfrage, auf die sich der SELECT Befehl bezieht, wird hinter dem Schlüsselwort FROM angegeben.

SELECT * FROM tblKunden

Kriterien WHERE
Der WHERE-Teil ist optional und gibt eine Bedingung, bzw. das Abfrage-Kriterium an.

SELECT * FROM tblKunden WHERE Ort="München"

Sortieren ORDER BY
Auch die Sortierung ist optional und wird hinter dem Befehl ORDER BY angegeben. Der Zusatz ASC (Ascending) steht für aufsteigende Sortierung, DES (Descending) für absteigende Sortierung.

SELECT * FROM tblKunden WHERE Ort="München" ORDER BY Nachname ASC

7.5. Zusammenfassung

- Abfragen können auch Felder aus mehreren Tabellen oder Abfrage einbeziehen, wenn zwischen den Tabellen eine Beziehung besteht. Falls keine Beziehung erstellt und dauerhaft gespeichert wurde, können Sie auch in einer Abfrage Beziehungen erstellen. In diesem Fall wird die Beziehung zusammen mit der Abfrage gespeichert und besitzt nur hier Gültigkeit.

- Abfragen können sich nicht nur auf Tabellen, sondern auch auf andere Abfragen beziehen. Bei Verwendung mehrerer Abfragen müssen Sie zwischen den Abfragen ebenfalls eine Beziehung erstellen.

- Standardmäßig liefert eine Abfrage mit Feldern aus mehreren Tabellen nur diejenigen Datensätze, bei denen die Inhalte der verknüpften Felder übereinstimmen, soll die Abfrage dagegen alle Felder aus einer der Tabellen einbeziehen, dann müssen Sie die Verknüpfungseigenschaften ändern.

- Bei einer Parameterabfrage werden die Abfragekriterien erst beim Öffnen oder Ausführen der Abfrage angegeben und können so variabel gehalten werden. Parameter müssen im Abfrageentwurf in eckige Klammern eingeschlossen werden, es gelten die gleichen Regeln wie für Feldnamen.

- Aktionsabfragen führen Änderungen an den Daten der zugrunde liegenden Tabelle durch, die Sie nicht mehr rückgängig machen können. Access unterscheidet zwischen den folgenden Typen: Tabellenerstellungsabfrage, Löschabfrage, Aktualisierungsabfrage und Anfügeabfrage. Alle Aktionsabfragen sollten zunächst als einfache Auswahlabfrage erstellt und getestet werden.

7.6. Übungsaufgabe

Öffnen Sie die Datenbank Bestellungen-Übung und erstellen Sie die folgenden Abfragen. Falls nichts anderes angegeben, verwenden Sie alle Felder der angegebenen Tabelle. Speichern Sie die Abfragen unter den in Klammern angegebenen Namen.

- Erstellen Sie für die Tabelle TBLARTIKEL eine Abfrage mit allen Feldern. Diese Abfrage soll immer die Artikel einer bestimmten Warengruppe als Ergebnis liefern, die Warengruppe soll erst beim Öffnen der Abfrage angegeben werden (qryWarengruppe).

- Fügen Sie der Tabelle TBLKUNDEN ein neues Feld VERKAUFSBEZIRK, Typ Zahl hinzu. Erstellen Sie eine oder mehrere Abfragen, mit deren Hilfe Sie die jeweiligen Verkaufsbezirke aktualisieren:
  Verkaufsbezirk 1: PLZ Bereiche 1,2,4
  Verkaufsbezirk 2: PLZ Bereiche 0,3,5,6
  Verkaufsbezirk 3: PLZ Bereiche 7,8,9
  alle übrigen werden Verkaufsbezirk 4 zugeordnet.

- Erstellen Sie eine Abfrage mit allen Feldern der Tabelle TBLARTIKEL und dem Feld WARENGRUPPENBEZEICHNUNG aus der Tabelle TBLWARENGRUPPEN. Die Abfrage soll alle Datensätze der Tabelle TBLWARENGRUPEN enthalten, auch wenn in der Tabelle TBLARTIKEL keine Artikel zu der Warengruppe vorhanden sind (qryWarengruppen).

Bemerkungen:

_____

_____

_____

8. Formulare erstellen und bearbeiten

In dieser Lektion lernen Sie...

- Verschiedene Standardformulare erstellen
- Dateneingabe in Formularen
- Formulare in der Layoutansicht bearbeiten
- Individuelle Formulare mit dem Formular-Assistent erstellen

Was Sie für diese Lektion wissen sollten:

- Dateneingabe, Filtern und Sortieren in Tabellen
- Abfragen und Beziehungen

Formulare erleichtern
die Dateneingabe

In Formularen lassen sich Daten aus Tabellen oder Abfragen auf dem Bildschirm benutzerfreundlich darstellen und bearbeiten. Im Gegensatz zur tabellarischen Datenblatt-Darstellung von Tabellen und Abfrageergebnissen sind Formulare meist einspaltig, das bedeutet, das Formular zeigt pro Bildschirmseite immer nur einen einzigen Datensatz an. Dies erleichtert auch die Dateneingabe vor allem für Benutzer mit geringen PC-Kenntnissen.

8.1. Standardformulare erstellen

Im Register ERSTELLEN finden Sie in der Gruppe FORMULARE mehrere Möglichkeiten, ein Formular zu erstellen.

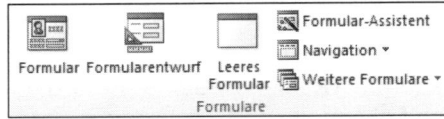

- Sie können eines der automatischen Standardformulare erstellen
- Sie können den Formular-Assistent verwenden
- Sie können aber auch mit einem leeren Formular beginnen, das Sie komplett nach Ihren Vorstellungen gestalten.

In jedem Fall können Sie anschließend sofort mit der Dateneingabe beginnen oder das Formular nach Ihnen Vorstellungen anpassen. Formulare werden gespeichert und können jederzeit wieder geöffnet werden.

Formulare speichern keine Datensätze, sondern werden beim Öffnen mit den Daten der zugrundeliegenden Tabelle oder Abfrage aktualisiert.

Formularansichten

Formularansicht

Zur Arbeit mit Formularen stellt Access drei Formularansichten zur Verfügung, die Sie entweder im Register START über die Schaltfläche ANSICHT oder die Symbole in der unteren rechten Ecke des Arbeitsfensters auswählen können.

Ansicht	Beschreibung
Formularansicht	Die Formularansicht ist die Ansicht, in der Sie Daten anzeigen, eingeben und bearbeiten.

Layoutansicht	In der Layoutansicht können Sie das Aussehen eines Formulars bearbeiten, die Daten werden wie in der Formularansicht angezeigt.
Entwurfsansicht	In der Entwurfsansicht bearbeiten Sie ebenfalls die Gestaltung des Formulars. Im Gegensatz zur Layoutansicht und zur Formularansicht sind in der Entwurfsansicht die Daten nicht sichtbar.

Siehe Lektion 10.

Ein einfaches Standardformular erstellen

Am schnellsten und einfachsten erstellen Sie ein Formular, indem Sie im Navigationsbereich eine Tabelle oder Abfrage markieren und im Register ERSTELLEN, Gruppe FORMULARE auf die Schaltfläche FORMULAR klicken. Access erstellt ein Formular mit allen Feldern der Tabelle und zeigt das Formular in der Layoutansicht an. In dieser Ansicht können Sie das Formular nun weiter bearbeiten. Nachteilig ist bei allen automatischen Formularen die geringe Flexibilität bei der nachträglichen Anpassung: Die Felder sind alle gleich breit, Größenänderungen beziehen immer alle Felder ein, da diese im Layout fest eingebunden sind.

Tabelle oder Abfrage markieren

Wenn Sie sofort mit der Dateneingabe beginnen möchten, dann wechseln Sie über die Schaltfläche im Register START in die Formularansicht.

Zur Dateneingabe wechseln Sie in die Formularansicht

Das Standardformular zur Tabelle TBLKUNDEN in der Layoutansicht

Dateneingabe in Formularen

Die Formularansicht ist diejenige Ansicht, in der Sie Daten eingeben und bearbeiten. Die Dateneingabe in Formularen unterscheidet sich nicht von der Eingabe und Bearbeitung von Daten in der Tabelle.

Dateneingabe, siehe Lektion 4.

Darüber hinaus können Sie auch in Formularen Datensätze löschen, filtern und sortieren. Standardmäßig zeigt ein Formular in der Formularansicht nach dem Öffnen den ersten Datensatz, bzw. die erste Zeile der Tabelle an. Die meisten Formulare sind einspaltig, das bedeutet, es wird immer genau ein einziger Datensatz pro Bildschirmseite angezeigt, Sie müssen also die Navigationsschaltflächen unterhalb des Formulars verwenden, um zwischen den Datensätzen zu wechseln. Damit Sie einen neuen Datensatz eingeben können, müssen Sie zuerst zu einem neuen, leeren Datensatz wechseln. Klicken Sie dazu entweder im Register START oder in der Navigationsleiste auf die Schaltfläche NEUER (LEERER) DATENSATZ.

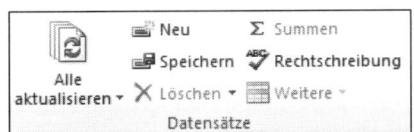

Weitere Formulartypen

Formular mit Unterformular

Datensätze aus der verknüpften Tabelle

Steht die Tabelle, die dem Formular zugrunde liegt in einer 1:n Beziehung zu einer zweiten Tabelle, so kann das Formular auch etwas anders aussehen. Dann enthält das Formular zu jedem Datensatz ein Unterformular mit den dazugehörigen Datensätzen aus der verknüpften Tabelle.

Siehe auch Lektion 5.3

Besteht, wie im Beispiel unten eine 1:n Beziehung zwischen den Tabellen TBLWA-RENGRUPPEN und TBLARTIKEL, so enthält ein Formular, das Sie für die Tabelle TBL-WARENGRUPPEN erstellen, ein Unterformular als Datenblatt, das zu jeder Warengruppe die dazugehörigen Artikel aus der Tabelle TBLARTIKEL anzeigt.

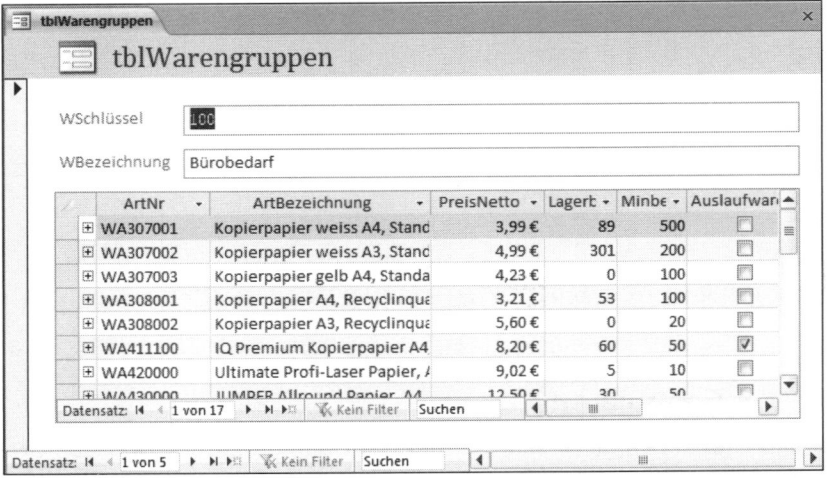

Beachten Sie, dass jedes der beiden Formulare über einen eigenen Navigationsbereich, sowie ev. Bildlaufleisten verfügt.

Eine Auswahl weiterer Formulartypen finden Sie im Register ERSTEL-LEN, Gruppe FORMULARE über die Schaltfläche WEITERE FORMULARE.

Die wichtigsten Typen sind MEH-RERE ELEMENTE und GETEILTES FORMULAR, alle übrigen werden hier nicht näher beschrieben.

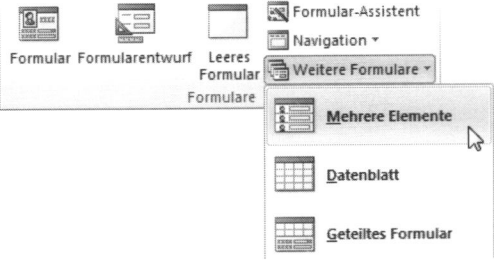

Mehrere Elemente

Dieser Formulartyp beinhaltet ein Formular, das aus jedem Datensatz eine Zeile bildet und so mehrere Datensätze in Tabellenform auf dem Bildschirm anzeigt. Daher eignet sich dieser Typ am besten für Tabellen und Abfragen mit wenigen Feldern.

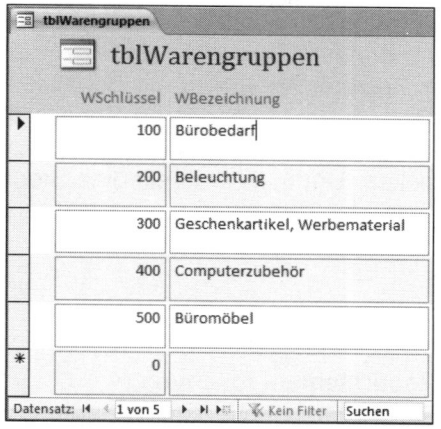

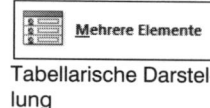

Tabellarische Darstellung

Geteiltes Formular

Dieser Typ ist neu seit Access 2007 und kombiniert die einspaltige Darstellung mit einer Listen-, bzw. Datenblattdarstellung. Die Liste ermöglicht einen besseren Überblick und schnelles Bewegen zwischen den Datensätzen, während sich in der einspaltigen Darstellung die Feldinhalte besser bearbeiten lassen. Klicken Sie in die Liste, so erscheint der ausgewählte Datensatz oberhalb in der einspaltigen Ansicht.

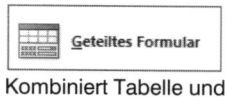

Kombiniert Tabelle und einspaltige Darstellung

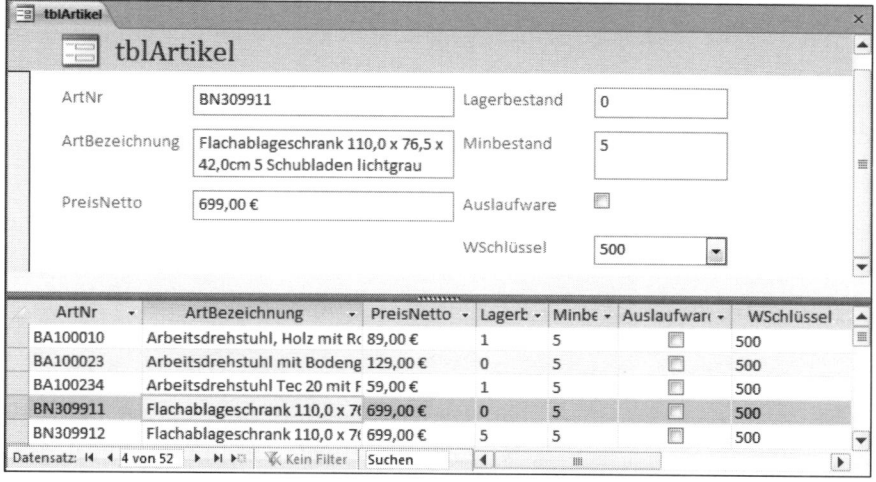

8.2. Formulare in der Layoutansicht bearbeiten

In der Layoutansicht können Sie Formulare schnell Ihren Vorstellungen anpassen: Zu diesem Zweck stehen Ihnen in dieser Ansicht die Register ENTWURF, ANORDNEN und FORMAT zur Verfügung.

Steuerelemente markieren

Access bezeichnet alle Inhalte eines Formulars (oder Berichts) als Steuerelemente. Vor der Bearbeitung müssen Sie ein Steuerelement mit einem Mausklick markieren. In Formularen mit tabellarischem Layout markieren Sie damit automatisch die gesamte Spalte, während in einem einspaltigen Layout nur ein einzelnes Element markiert wird.

Steuerelemente: alle Elemente eines Berichts oder Formulars

Markierte Steuerelemente erkennen Sie an der farbigen Umrandung.

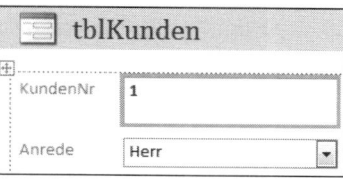

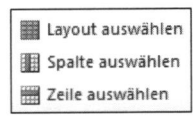

Mehrere Elemente markieren

Um mehrere Steuerelemente zu markieren (Mehrfachmarkierung) verwenden Sie im Register ANORDNEN die Schaltflächen der Gruppe ZEILEN UND SPALTEN. MIT LAYOUT AUSWÄHLEN markieren Sie alle Steuerelemente des Formulars. Als Alternative können Sie auch auf das kleine Kästchen in der oberen linken Ecke des Layouts klicken. Um mehrere beliebige Steuerelemente zu markieren, halten Sie die Strg-Taste der Tastatur gedrückt, während Sie die übrigen Elemente mit der Maus anklicken.

Steuerelemente bearbeiten

Steuerelement löschen

Ein Steuerelement löschen

Ein nicht benötigtes Steuerelement entfernen Sie, indem Sie es markieren und mit der Entf-Taste löschen. Beachten Sie, dass Sie in einem tabellarischen Layout damit die gesamte Spalte aus dem Formular entfernen.

Größe ändern

Zur Größenänderung zeigen Sie einfach auf den Rahmen eines Steuerelements: sobald der Mauszeiger die Form eines Doppelpfeils annimmt, können Sie durch Ziehen mit gedrückter Maustaste die Breite ändern. Die Änderung wirkt sich auf die gesamte Spalte aus, in einem tabellarischen Layout rücken die übrigen Spalten automatisch nach. Genauso gehen Sie vor, wenn Sie die Höhe eines Steuerelements ändern möchten, diese Änderung bezieht sich immer nur auf markierte Elemente.

Größe ändern

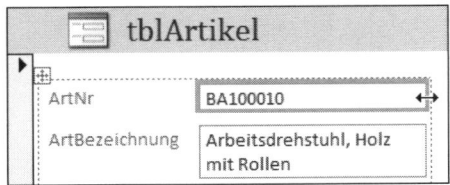
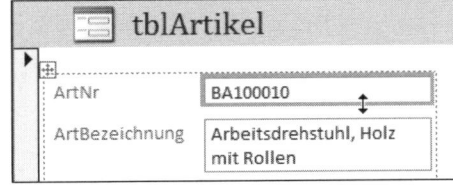

Breite der gesamten Spalte ändern   Höhe eines Elements ändern

Abstände

Die vertikalen Abstände zwischen den Steuerelementen ändern Sie über die Schaltfläche TEXTABSTAND BESTIMMEN, Register ANORDNEN, Gruppe POSITION. Markieren Sie die Steuerelemente, bzw. das gesamte Layout und wählen Sie den gewünschten Abstand.

Beispiel: Kein Textabstand   Beispiel: Textabstand schmal

Reihenfolge ändern

Die Reihenfolge der Felder entspricht in den Standardformularen der Reihenfolge in der Tabelle, die dem Formular zugrunde liegt. Wenn Sie die Reihenfolge ändern möchten, dann markieren Sie das Steuerelement einschließlich der Beschriftung und verwenden Sie im Register ANORDNEN, Gruppe VERSCHIEBEN die entsprechenden Schaltflächen, um das Element um jeweils eine Zeile nach oben oder unten zu verschieben.

Steuerelemente formatieren

Im Register ENTWURF können Sie in der Gruppe DESIGNS mit der Schaltfläche DE-SIGNS zwischen verschiedenen kompletten Designs wählen oder über die Schaltflächen FARBEN, bzw. SCHRIFTARTEN eine Gruppe von Designfarben oder Schriftarten auswählen. Die ausgewählten Designfarben stehen Ihnen dann über die Schaltflächen SCHRIFTFARBE und HINTERGRUNDFARBE zur Verfügung.

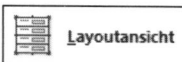

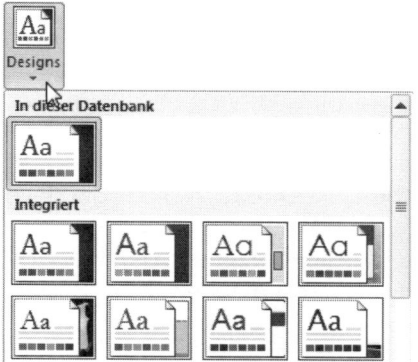

Design wählen

Farben festlegen

Zur Formatierung markieren Sie ein oder mehrere Steuerelemente und verwenden im Register FORMAT die Schaltflächen der Gruppen SCHRIFTART und ZAHL. Die Formate dürften den meisten Anwendern von Microsoft Word oder Excel her bekannt sein und werden daher hier nicht mehr näher beschrieben.

Bedingte Formatierung

Die bedingte Formatierung bietet eine Reihe von interessanten Gestaltungsmöglichkeiten für Formulare. Sie erlaubt eine Formatierung, abhängig vom Inhalt des Steuerelements. Markieren Sie dazu das betreffende Steuerelement und klicken Sie im Register FORMAT, Gruppe STEUERELEMENTFORMATIERUNG auf die Schaltfläche BEDINGTE FORMATIERUNG. Der MANAGER ZUR BEDINGTEN FORMATIERUNG wird geöffnet.

Beispiel: alle Lagerbestände, deren Wert 0 ist, sollen mit roter Schriftfarbe und fett formatiert werden. Achten Sie also darauf, dass das Feld Lagerbestand markiert ist oder wählen Sie das Steuerelement im MANAGER ZUR BEDINGTEN FORMATIERUNG aus. Klicken Sie auf die Schaltfläche NEUE REGEL.

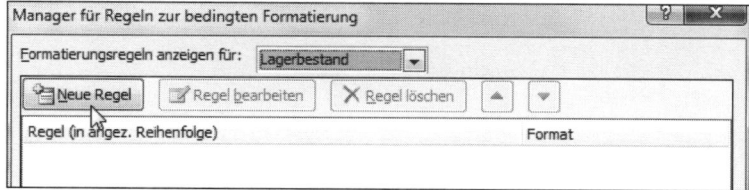

Wählen Sie nun einen Regeltyp, für dieses Beispiel benötigen Sie den Typ WERTE IM AKTUELLEN DATENSATZ PRÜFEN ODER EINEN AUSDRUCK VERWENDEN. Dann legen Sie die folgende Regel fest: Feldwert ist gleich 0 und wählen darunter die gewünschten Formate aus. Mit einem Mausklick auf die Schaltfläche OK wird die Regel übernommen.

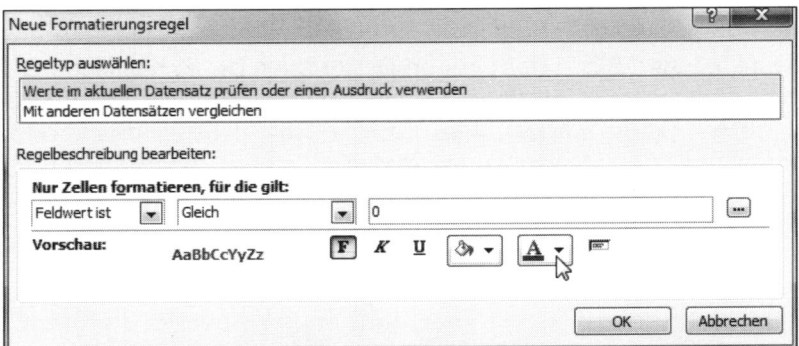

Vergleich mit Datensätzen

Ein zweiter Regeltyp, nämlich ein Vergleich mit den Werten der übrigen Datensätze des Formulars erlaubt auch noch eine grafische Darstellung: Wählen Sie dazu den Typ MIT ANDEREN DATENSÄTZEN VERGLEICHEN. Legen Sie nun die Formateinstellungen und die Farbe fest. Standardmäßig wird im Steuerelement der Wert zusammen mit dem Balken angezeigt, mit dem Kontrollkästchen NUR BALKEN ANZEIGEN blenden Sie die Anzeige der Werte aus.

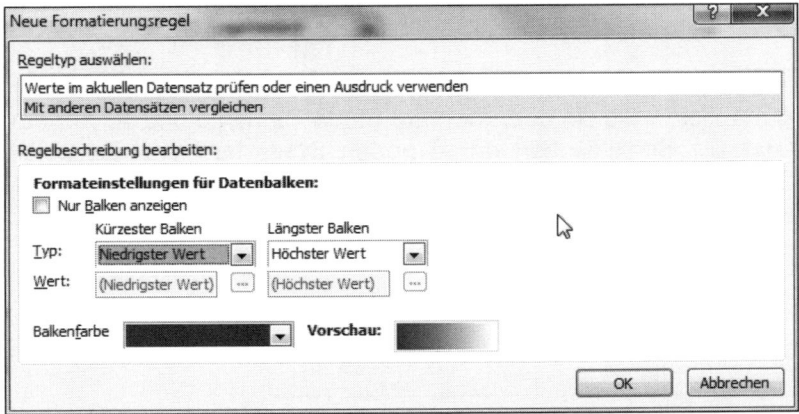

Titel und Beschriftungen bearbeiten

Standardmäßig übernimmt Access als Beschriftung der Steuerelemente die Feldnamen aus der Tabelle. Sie können jedoch jederzeit mit einem Doppelklick in das Element die Beschriftung ändern. Der Cursor wird sichtbar und Sie können nun beliebigen Text eingeben. Dies gilt auch für den Titel eines Formulars, diesen übernimmt Access aus dem Namen der Tabelle. Verfügt das Formular über keinen Titel, so klicken Sie im Register ENTWURF, GRUPPE KOPFZEILE/ FUßZEILE auf die Schaltfläche TITEL. Mit der Schaltfläche LOGO öffnet Access das Fenster GRAFIK EINFÜGEN und Sie können eine Grafikdatei auswählen und hinzufügen. Als weiteres Element können Sie DATUM UND UHRZEIT über die entsprechende Schaltfläche im Kopfbereich eines Formulars einfügen.

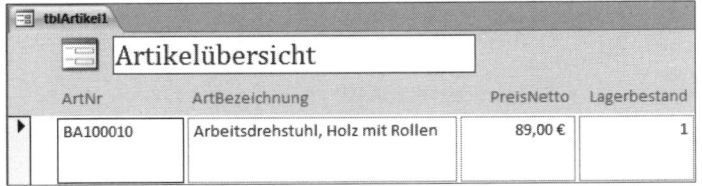

Titel bearbeiten

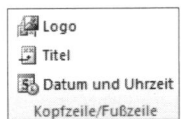

Elemente hinzufügen

8.3. Formulare mit dem Formular-Assistent erstellen

Größere Gestaltungsmöglichkeiten stehen Ihnen mit dem Formular-Assistent zur Verfügung, den Sie im Register ERSTELLEN, Gruppe FORMULARE über eine Schaltfläche aufrufen und der Sie in Schritten durch die Formularerstellung führt.

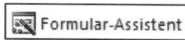

Im ersten Schritt wählen Sie die Tabelle oder Abfrage für das Formular, anschließend fügen Sie nacheinander die benötigten Felder zum Formular hinzu: Dazu markieren Sie entweder ein Feld und klicken auf die Schaltfläche > oder fügen es mit Doppelklick hinzu. Klicken Sie dann auf die Schaltfläche WEITER.

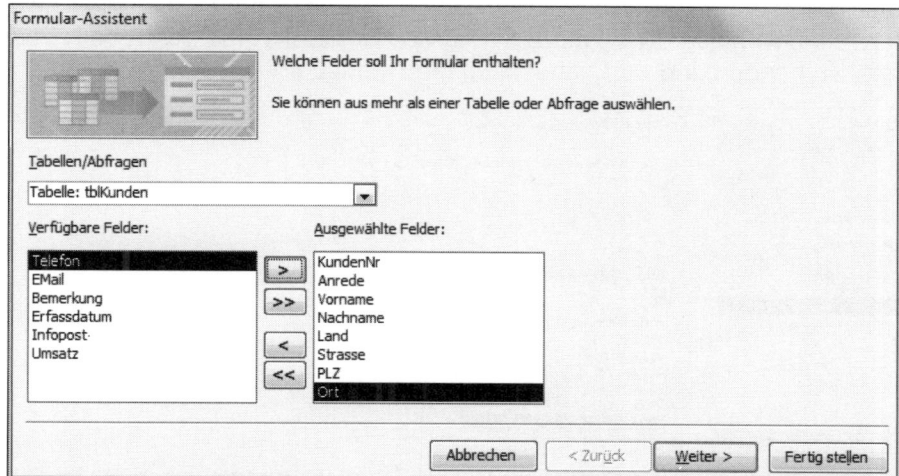

Im nächsten Schritt des Assistenten wählen Sie das Layout, EINSPALTIG bedeutet, je Datensatz eine Bildschirmseite, dies ist auch das Standardlayout für Formulare.

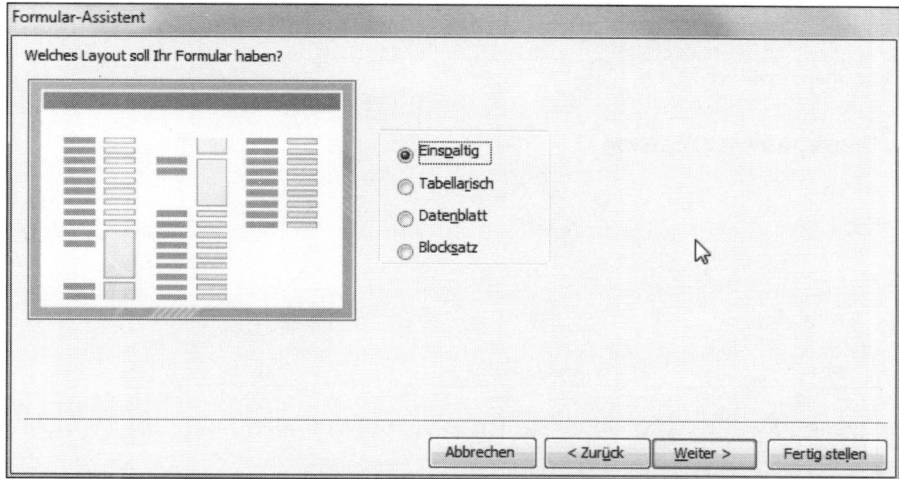

Nun geben Sie noch an, unter welchem Namen, bzw. Titel das Formular gespeichert werden soll und klicken auf die Schaltfläche FERTIG STELLEN.

Felder aus mehreren Tabellen verwenden

In vielen Fällen benötigen Sie für die Anzeige und die Dateneingabe Felder aus mehreren Tabellen. Dann können Sie entweder zuerst eine Abfrage mit den benötigten Feldern erstellen und die Abfrage als Grundlage für das Formular verwenden, Sie können aber auch ein Formular mit dem Formular-Assistenten erstellen: wählen Sie die erste Tabelle aus und fügen Sie die Felder hinzu, anschließend wählen Sie die zweite Tabelle und fügen aus dieser Tabelle ebenfalls die benötigten Felder hinzu. Access erstellt bei dieser Vorgehensweise automatisch eine SQL-Abfrage. Die Datensätze und Felder aus den jeweiligen Tabellen können auf unterschiedliche Weise angeordnet werden.

Beziehung zwischen den Tabellen erforderlich

Einspaltiges Formular

Als Beispiel soll ein Formular zu Erfassung und Bearbeitung von Artikeln aus der Tabelle TBLARTIKEL erstellt werden. Neben allen Feldern dieser Tabelle wird auch noch die Warengruppenbezeichnung aus der Tabelle TBLWARENGRUPPEN benötigt. Kontrollieren Sie, ob eine Beziehung zwischen den beiden Tabellen besteht, sonst müssen Sie erst eine Beziehung erstellen.

Das Feld WSchlüssel wird nur 1x benötigt!

1. Klicken Sie im Register ERSTELLEN auf die Schaltfläche FORMULAR-ASSISTENT. und wählen Sie zuerst die Tabelle TBLARTIKEL. Da alle Felder dieser Tabelle benötigt werden, übernehmen Sie die Felder mit der Schaltfläche >>. Dann wählen Sie die zweite Tabelle TBLWARENGRUPPEN aus und fügen das Feld WBEZEICHNUNG hinzu. Das Feld WSCHLÜSSEL ist bereits aus der Tabelle TBLARTIKEL vorhanden und wird daher nicht mehr benötigt.

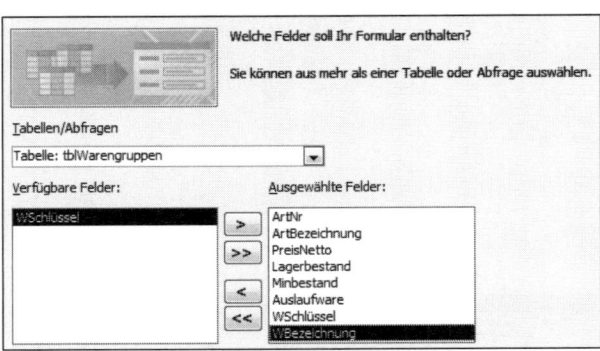

2. Bei Formularen, die Felder aus mehreren Tabellen verwenden, können Sie nun im nächsten Schritt des Formular-Assistenten festlegen, wie die Daten angezeigt werden sollen. Für dieses Beispiel wählen Sie NACH TBLARTIKEL. Dies bedeutet, jeder Datensatz aus der Tabelle TBLARTIKEL wird zusammen mit der entsprechenden Warengruppenbezeichnung angezeigt.

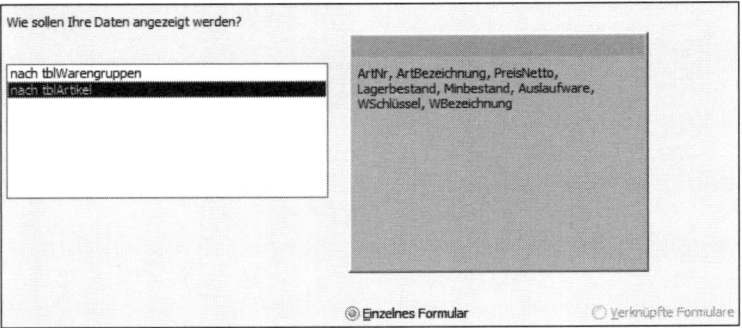

3. Anschließend wählen Sie ein einspaltiges Layout und speichern das Formular.

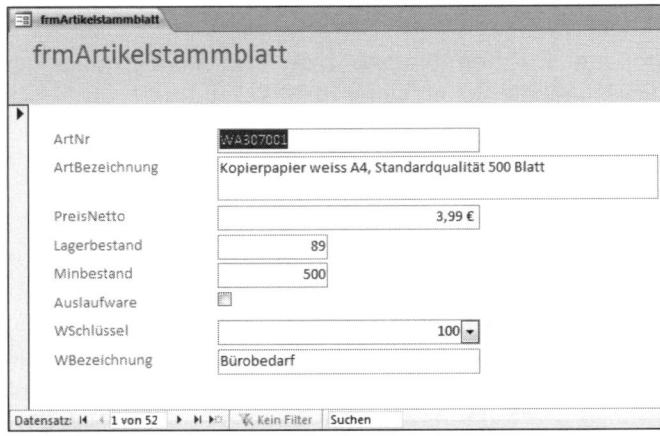

Formular mit eingebettetem Unterformular

Als Alternative könnten Sie aus den gleichen Feldern wie oben ein Formular erstellen, das zu jeder Warengruppe in einem Unterformular alle dazugehörigen Artikel der Tabelle TBLARTIKEL in Tabellenform anzeigt. Dann müssen Sie angeben, dass die Daten nach TBLWARENGRUPPEN angezeigt werden sollen. Damit erstellt Access ein einspaltiges Formular aus den Feldern der Tabelle TBLWARENGRUPPEN. Da die beiden Tabellen in einer 1:n Beziehung zueinander stehen, also jeder Warengruppe mehrere Artikel zugeordnet sind, werden die dazugehörigen Artikel in einem Unterformular in Tabellenform angezeigt.

Datensätze der zweiten Tabelle als Tabelle

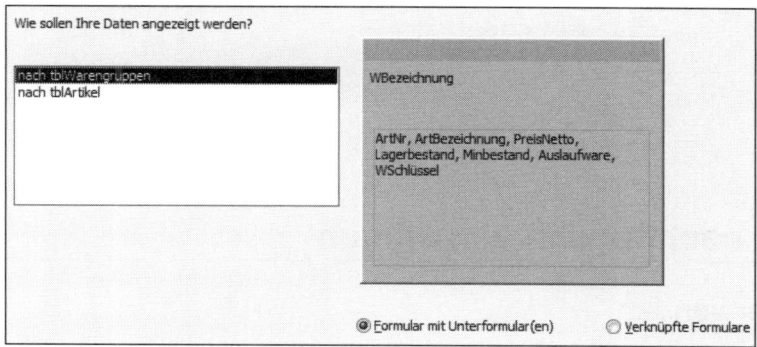

Für das Unterformular stehen die Layouts TABELLARISCH oder DATENBLATT zur Auswahl. Da der Formular-Assistent zwei Formulare erstellt hat, müssen Sie zuletzt noch für beide Formulare angeben, welchen Titel sie erhalten sollen, bzw. unter welchem Namen die Formulare gespeichert werden sollen.

Beachten Sie bei der Navigation zwischen den Datensätzen und der Dateneingabe, dass jedes der beiden Formulare über Navigationsschaltflächen verfügt. Sie bewegen sich damit entweder innerhalb des Unterformulars oder gelangen zur nächsten Warengruppe. Das fertige Formular mit eingebettetem Unterformular sieht nun so aus:

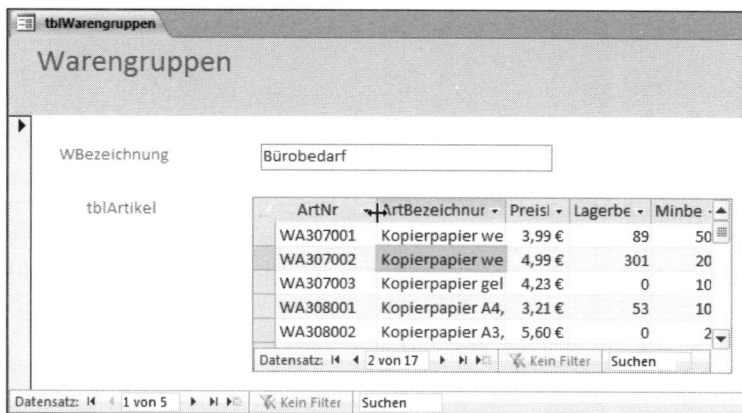

Haben Sie DATENBLATT als Layout für das Unterformular gewählt, dann können Sie die Spaltenbreiten wie gewohnt ändern: zeigen Sie mit der Maus auf die jeweilige Trennlinie zwischen den Spaltenüberschriften und verschieben Sie die Linie mit gedrückter linker Maustaste. Mit einem Doppelklick stellen Sie die optimale Spaltenbreite her.

Spaltenbreite im Unterformular ändern

Steuerelemente einzeln bearbeiten

Wenn Sie ein Formular mit dem Formular-Assistent erstellt haben, dann verhalten Sie die Steuerelemente in der Layoutansicht etwas anders. Im Gegensatz zu den einfachen Standardformularen sind sie nicht in ein festes Layout eingebunden, die Steuerelemente haben daher unterschiedliche Breite und können einzeln vergrößert oder verkleinert werden. Verschieben ist ebenfalls möglich, sollte aber besser

Kein festes Layout Siehe Lektion 10.1

in der Entwurfsansicht vorgenommen werden, da diese Ansicht auch verschiedene Hilfen zur Ausrichtung bereitstellt.

8.4. Felder nachträglich hinzufügen

Die Feldliste verwenden

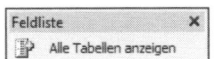

Feldliste einblenden

Wenn Sie einem Formular nachträglich weitere Felder hinzufügen möchten, dann benötigen Sie dazu die Feldliste. Klicken Sie in der Layoutansicht im Register ENTWURF in der Gruppe TOOLS auf die Schaltfläche VORHANDENE FELDER hinzufügen. Der Arbeitsbereich FELDLISTE wird am rechten Rand des Anwendungsfensters eingeblendet.

Die Feldliste zeigt alle Felder der zugrundeliegenden Tabelle oder Abfrage an. Zum Einfügen markieren Sie ein Feld in der Feldliste und ziehen es mit gedrückter linker Maustaste an die gewünschte Stelle des Formulars. In einem tabellarischen Layout fügen Sie das Feld einfach zwischen zwei Spalten ein, in einem gestapelten oder einspaltigen Layout können Sie das Feld an jeder beliebigen Stelle einfügen. Mit dem SCHLIEẞEN-Symbol blenden Sie die Feldliste wieder aus. Wenn Sie Felder aus einer anderen verknüpften Tabelle hinzufügen möchten, dann klicken Sie oberhalb der Feldliste auf ALLE TABELLEN ANZEIGEN.

Access listet zusätzlich zu den Feldern der aktuellen Datensatzquelle in einem weiteren Bereich die verknüpften Tabellen auf. Im dritten Bereich finden Sie die Felder aller übrigen Tabellen. Zum Anzeigen der Felder klicken Sie auf das + Zeichen links von der jeweiligen Tabelle. Mit dem Befehl TABELLE BEARBEITEN öffnet Access die Tabelle zusätzlich im Arbeitsbereich.

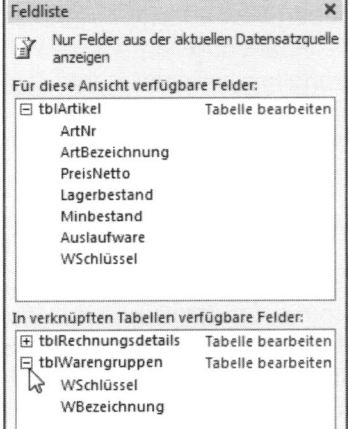

Beachten Sie beim Hinzufügen weiterer Felder, dass Sie nur Felder aus verknüpften Tabelle verwenden sollten!

Mit einem leeren Formular beginnen

Genau wie oben beschrieben, gehen Sie auch vor, wenn Sie bei der Formularerstellung mit einem leeren Formular beginnen. Klicken Sie im Register ERSTELLEN, Gruppe FORMULARE auf die Schaltfläche LEERES FORMULAR. Access öffnet ein leeres Formular in der Layoutansicht und blendet die Feldliste ein. Sorgen Sie dafür, dass die benötigten Felder der Tabelle sichtbar sind und ziehen Sie die Felder nacheinander in der gewünschten Reihenfolge in das Formular. Nachteilig ist, dass Ihnen hier keine Felder aus Abfragen zur Verfügung stehen.

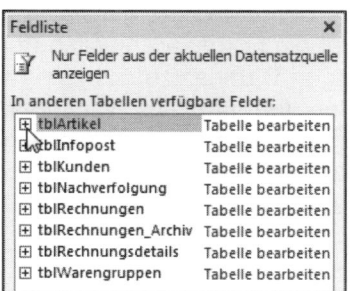

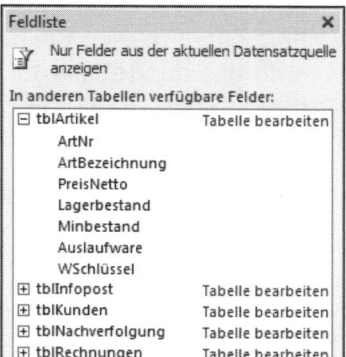

8.5.   Zusammenfassung

- Formulare erleichtern aufgrund ihrer übersichtlichen Darstellung die Eingabe und Änderung von Datensätzen auch für Benutzer mit geringen PC-Kenntnissen. Access bietet verschiedene Möglichkeiten an, ein Formular zu erstellen. Sie können mit einem Mausklick ein Standardformular erstellen, den Formular-Assistent verwenden oder mit einem leeren Formular beginnen.

- Für das Arbeiten mit Formularen stehen Ihnen verschiedene Ansichten zur Verfügung. Die Eingabe und Bearbeitung von Daten ist ausschließlich in der Formularansicht möglich; in der Layoutansicht können Sie Layout und Formatierung des Formulars bearbeiten. Die bedingte Formatierung erlaubt Formatierungen, abhängig vom Inhalt. Die beiden Layoutformen sind tabellarisch und einspaltig, d.h. immer nur ein einziger Datensatz je Bildschirmseite.

- Access unterscheidet auch zwischen verschiedenen Formulartypen, ein geteiltes Formular erleichtert die Übersicht und Navigation. Formulare mit eingebettetem Unterformular erlauben die Anzeige von Datensätzen aus zwei Tabellen, die in einer 1:n Beziehung zueinander stehen. Die Datensätze im Unterformular werden normalerweise als Datenblatt dargestellt.

- Über die Feldliste können Sie in der Layoutansicht jederzeit auch nachträglich weitere Felder aus der zugrunde liegenden Tabelle oder Abfrage zum Formular hinzufügen. Auch Felder aus verknüpften Tabellen können verwendet werden. Mit der gleichen Vorgehensweise können Sie auch mit einem leeren Formular beginnen und dann einfach die Felder in das Formular ziehen.

8.6. Übungsaufgabe

Erstellen Sie in der Datenbank Bestellungen-Übung die folgenden Formulare:

- Erstellen Sie für die Tabelle TBLARTIKEL über die Schaltfläche FORMULAR ein einfaches Standardformular. Ändern Sie die Breite und Höhe der Steuerelemente.

- Erstellen Sie für die Tabelle TBLARTIKEL ein zweites Formular, dieses Mal mit Hilfe des Assistenten Das Formular erhält den Titel Artikelstammblatt. Passen Sie die Größe der Steuerelemente an und formatieren Sie das Formular nach Ihren Vorstellungen. Fügen Sie nachträglich das Feld Warengruppenbezeichnung aus der Tabelle TBLWARENGRUPPEN hinzu.

- Welche Unterschiede fallen Ihnen bei der Bearbeitung und Markierung der Steuerelemente in den beiden Formularen auf?

- Zur besseren Übersicht über Ihre Kundenkontakte benötigen Sie ein weiteres Formular. Erstellen Sie mit dem Formular-Assistent ein Formular mit allen Feldern aus der Tabelle TBLKUNDEN, die dazugehörigen Datensätze aus der Tabelle TBLNACHVERFOLGUNG sollen in einem Unterformular als Datenblatt angezeigt werden. Gestalten Sie auch dieses Formular nach Ihren Vorstellungen. Speichern Sie dieses Formular unter dem Namen Kunden-Nachverfolgung und geben Sie im Unterformular zu einigen Kunden Datensätze ein.

Bemerkungen:

_____

_____

_____

_____

_____

_____

_____

9. Berichte erstellen und drucken

In dieser Lektion lernen Sie...

- Standardberichte erstellen
- Berichte gruppieren und sortieren
- Berichte in der Layoutansicht bearbeiten
- Berichte mit dem Assistenten erstellen

Was Sie für diese Lektion wissen sollten:

- Formulare und Steuerelemente in der Layoutansicht bearbeiten

Berichte (Reports) sind ein wichtiger Bestandteil von Datenbanken. Sie werden benötigt, um Daten und Auswertungen aus Tabellen oder Abfragen in optisch ansprechender und übersichtlicher Form zu drucken. Im Gegensatz zu Formularen ist in Berichten keine Eingabe oder Änderung von Daten möglich. Die Bearbeitung der Steuerelemente unterscheidet sich nicht von Formularen und wird daher in dieser Lektion nicht mehr näher beschrieben.

Bearbeitung von Steuerelementen, siehe Lektion 8.2

9.1. Einfache Berichte erstellen

Einfache Standardberichte erstellen Sie schnell über die Schaltflächen der Gruppe BERICHT im Register ER-STELLEN.

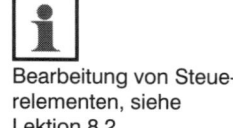

Berichtsansichten

Zur Arbeit mit Berichten stehen Ihnen ebenfalls verschiedene Ansichten zur Verfügung. Zum Wechseln zwischen diesen Ansichten verwenden Sie entweder den Auswahlpfeil der Schaltfläche ANSICHT im Register START oder die Symbole in der unteren rechten Ecke der Statusleiste oder klicken mit der rechten Maustaste an eine beliebige Stelle des Berichts und wählen die gewünschte Ansicht.

Ansicht	Beschreibung
Berichtsansicht	Die Berichtsansicht dient zum Arbeiten mit Berichtsergebnissen, ohne dass diese gedruckt werden müssen. Eventuelle Seitenumbrüche beim Drucken werden in dieser Ansicht ignoriert.
Seitenansicht	Die Seitenansicht stellt einen Bericht exakt so dar, wie er gedruckt wird, hier nehmen Sie die Druckeinstellungen vor.
Layoutansicht	Die Layoutansicht erlaubt das Bearbeiten des Berichts. Sie können Felder hinzufügen oder aus dem Bericht entfernen, sowie Änderungen der Formatierung vornehmen, während die Daten angezeigt werden.
Entwurfsansicht	Noch weitergehende Gestaltungsmöglichkeiten stehen Ihnen in der Entwurfsansicht zur Verfügung. In der Entwurfsansicht werden keine Datensätze angezeigt.

Standardbericht erstellen

Automatischer Standardbericht

Einfache automatische Berichte sind schnell erstellt. Markieren Sie dazu im Navigationsbereich die Tabelle oder Abfrage, für die Sie einen Bericht benötigen und klicken Sie im Register ERSTELLEN, Gruppe BERICHTE auf die Schaltfläche BERICHT. Access erstellt einen Bericht in Tabellenform mit allen Feldern und Datensätzen der ausgewählten Tabelle oder Abfrage und öffnet den Bericht in der Layoutansicht. In dieser Ansicht können Sie nun Änderungen am Layout und der Formatierung vornehmen. Beim Schließen werden Sie aufgefordert, den Bericht zu speichern.

> Auch Berichte speichern keine Datensätze, sondern nur Layout und Formatierungen. Die Daten werden beim Öffnen automatisch aktualisiert.

Beispiel: Standardbericht zur Tabelle TBLARTIKEL in der Layoutansicht

Adressetiketten

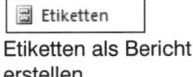

Etiketten als Bericht erstellen

Eine Sonderform des Berichts stellt der Etikettendruck dar. Zur Erstellung von Etiketten, beispielsweise Adressetiketten markieren Sie im Navigationsbereich die Tabelle oder Abfrage mit den entsprechenden Daten und klicken im Register ERSTELLEN auf die Schaltfläche ETIKETTEN. Access startet einen Assistent, der Sie durch die einzelnen Schritte führt. Im ersten Schritt wählen Sie Hersteller und Bestellnummer der Etiketten. Sollte die verwendete Etikettengröße nicht in der Liste enthalten sein, so klicken Sie auf die Schaltfläche ANPASSEN, um Ihre eigenen Etiketten zu definieren.

Geben Sie Hersteller und Bestellnummer an

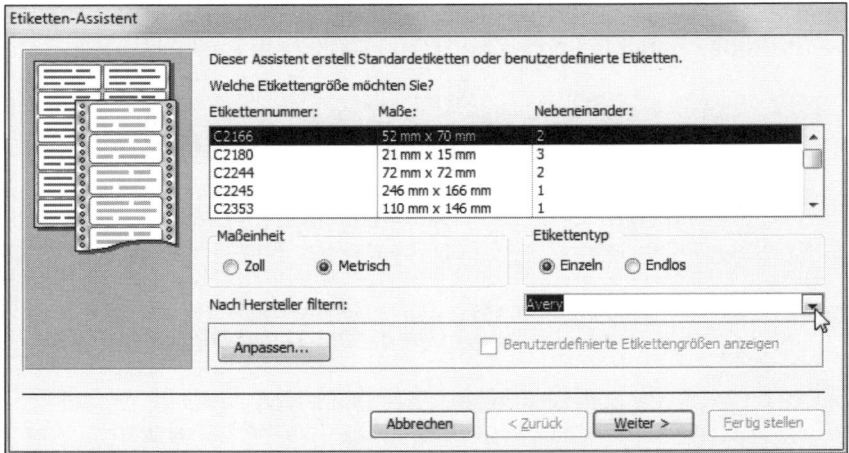

Nachdem Sie im nächsten Schritt Schriftart und -größe ausgewählt haben, können Sie die erforderlichen Felder auf einem Beispieletikett anordnen. Zuletzt geben Sie noch die gewünschte Sortierung an und speichern den Bericht.

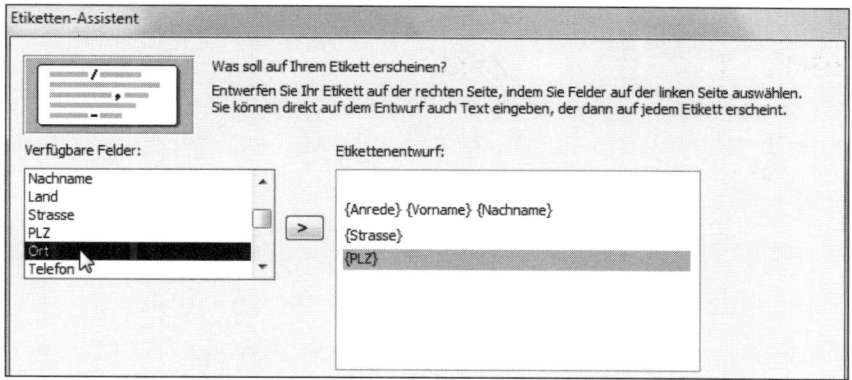

Der Berichts-Assistent

Weitergehende Gestaltungsmöglichkeiten erlaubt der Berichts-Assistent. Dazu klicken Sie im Register ERSTELLEN auf die Schaltfläche BERICHTS-ASSISTENT. Die Vorgehensweise unterscheidet sich nur geringfügig von der Verwendung des Formular-Assistenten. Als Beispiel soll eine Kunden-Telefonliste erstellt werden.

1. Wählen Sie im ersten Schritt die Tabelle TBLKUNDEN aus und wählen Sie dann für den Bericht die Felder KUNDENNR, NACHNAME, VORNAME und TELEFON aus.

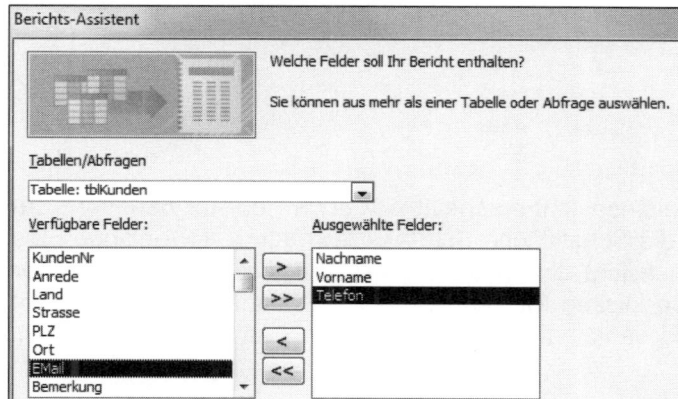

2. Da der Bericht als einfache Liste gedruckt werden soll, übergehen Sie die nächste Frage nach einer Gruppierung. Anschließend legen Sie eine Sortierung für den Bericht fest, Sie können bis zu vier Sortierschlüssel angeben.

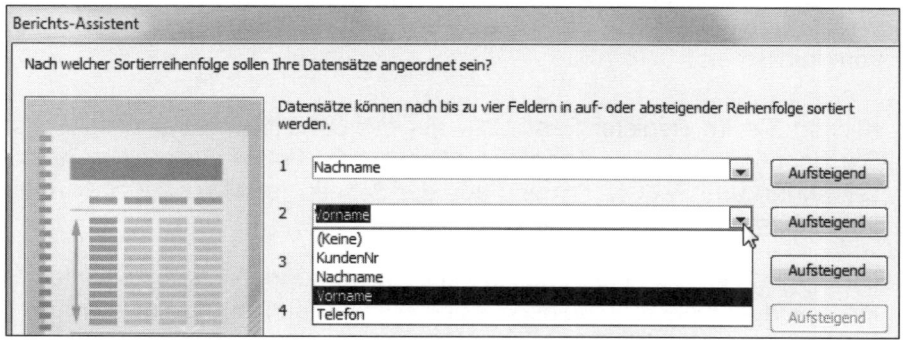

3. Auch bei Berichten haben Sie die Wahl zwischen einspaltigem und tabellarischem Layout. Wählen Sie TABELLARISCH und achten Sie darauf, dass Access die Feldbreite automatisch so anpasst, dass alle Felder der Tabelle auf eine Druckseite passen. Dies steuern Sie mit dem Kontrollkästchen FELDBREITE SO ANPASSEN, DASS ALLE FELDER AUF EINE SEITE PASSEN. Dadurch werden zwar möglicherweise zunächst Feldinhalte abgeschnitten, dies können Sie aber durch nachträgliche Bearbeitung des Berichtslayouts korrigieren. Geben Sie

Einspaltiges oder tabellarisches Layout

unter ORIENTIERUNG auch noch an, ob der Bericht im Hochformat oder Querformat gedruckt werden soll.

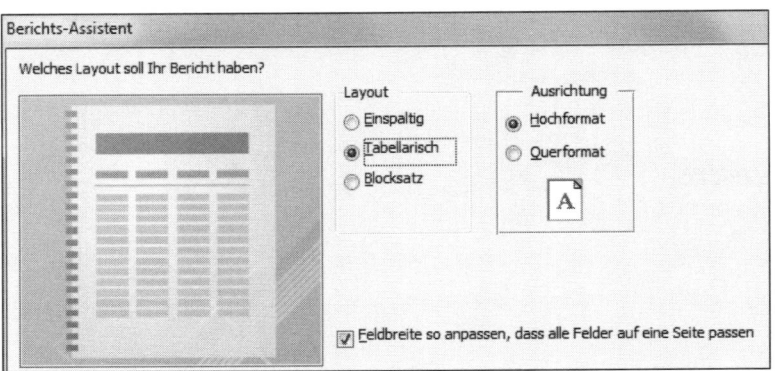

Bericht in der Seitenansicht kontrollieren und drucken

4. Im letzten Schritt geben Sie an, unter welchem Namen der Bericht gespeichert werden soll, dies ist gleichzeitig auch der Titel des Berichts. Im Gegensatz zum Standardbericht öffnet der Assistent den Bericht in der Seitenansicht (Druckvorschau) und Sie können den Ausdruck am Bildschirm kontrollieren und anschließend drucken.

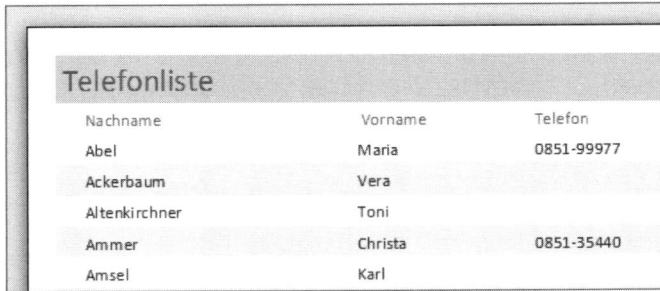

Zusammen mit der Seitenansicht erscheint das auch Register SEITENANSICHT, mit einem Mausklick auf die Schaltfläche SEITENANSICHT SCHLIEßEN gelangen Sie entweder in die Entwurfsansicht des Berichts oder zurück in die zuletzt verwendete Ansicht. Als Alternative klicken Sie mit der rechten Maustaste an eine beliebige Stelle des Berichts und wählen die gewünschte Ansicht aus dem Kontextmenü.

Gruppierte Berichte

Nach Gruppen zusammenfassen und auswerten

Ein gruppierter Bericht bietet die Möglichkeit, Datensätze nach Gruppen anzuzeigen und erlaubt gleichzeitig zusammenfassende Auswertungen, beispielsweise Summen. Am einfachsten verwenden Sie dazu wieder den Berichts-Assistent. Als Beispiel soll eine Preisliste erstellt werden, die alle Artikel nach Warengruppen zusammenfasst.

1. Klicken Sie im Register ERSTELLEN auf die Schaltfläche BERICHTS-ASSISTENT. Sie benötigen aus der Tabelle TBLARTIKEL die Felder ARTIKELNR, ARTIKELBEZEICHNUNG und PREISNETTO und aus der Tabelle TBLWARENGRUPPEN noch das Feld WARENGRUPPENBEZEICHNUNG.

2. Da Sie Felder aus zwei Tabellen verwenden, können Sie anschließend wählen, nach welcher der beiden Tabellen die Daten angezeigt werden. Nach TBLWARENGRUPPEN bedeutet, jede Warengruppenbezeichnung wird nur einmal gedruckt und bildet eine Überschrift für die dazugehörigen Artikel.

   Wenn alle Felder aus einer einzigen Tabelle stammen, dann bietet der Berichts-Assistent an dieser Stelle eine Gruppierung an, markieren Sie das Feld, nach dem Sie gruppieren möchten und klicken Sie auf die Schaltfläche >.

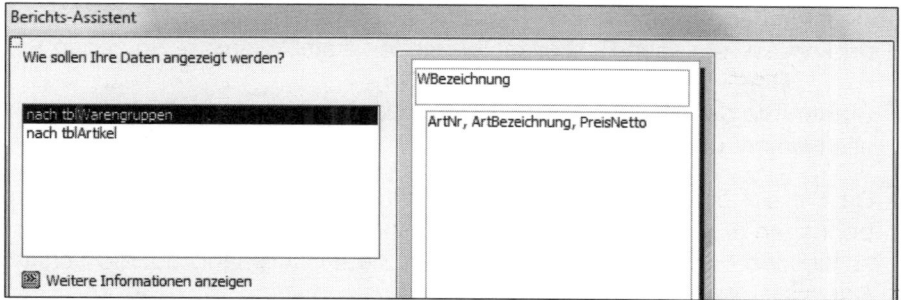

3. Im nächsten Schritt können Sie in gruppierten Berichten nicht nur die Sortierung festlegen, sondern unter ZUSAMMENFASSUNGSOPTIONEN auch die Summen je Gruppe berechnen lassen.

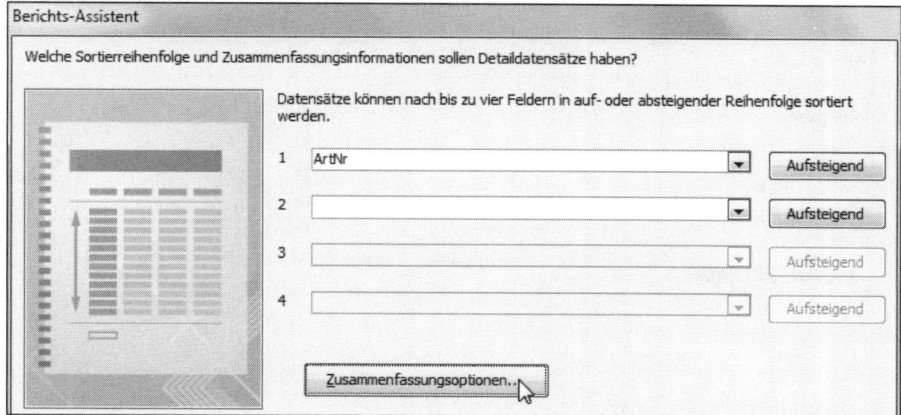

4. Für gruppierte Berichte stehen etwas andere Layouts zur Wahl: ABGESTUFT bedeutet, die Spaltenüberschriften werden nur am Beginn jeder neuen Seite gedruckt, mit der Option GLIEDERUNG werden die Spaltenüberschriften zu Beginn jeder Gruppe (Gruppenkopf) wiederholt.

Layout für gruppierte Berichte

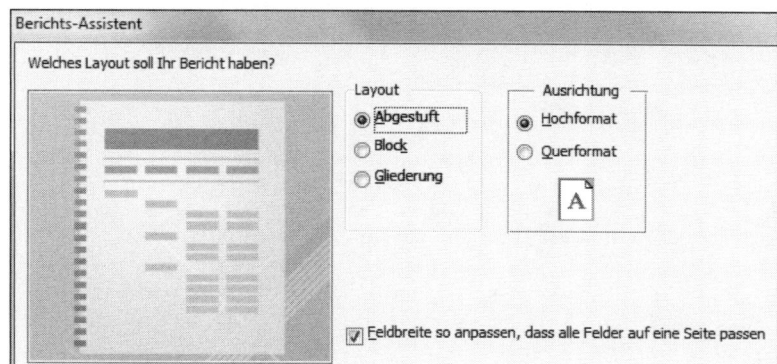

5. Anschließend fahren Sie mit dem Assistenten fort und speichern den Bericht. Nach der Fertigstellung sieht der Bericht in der Seitenansicht etwa so aus:

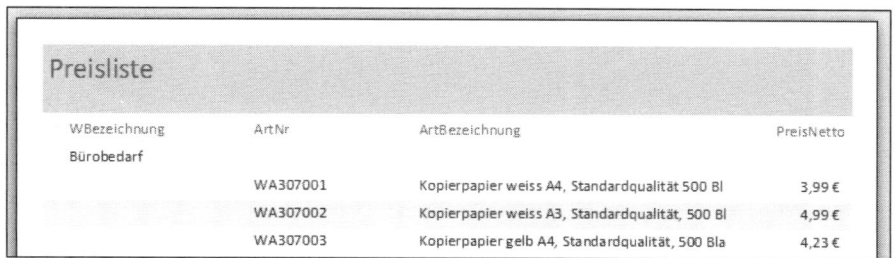

Gruppierungsoptionen verwenden

Gruppierung nach Anfangsbuchstaben

Soll ein Bericht nur nach dem ersten Zeichen eines Feldes, beispielsweise nach Anfangsbuchstaben des Nachnamens oder den ersten Stellen der Postleitzahl gruppiert werden, so verwenden Sie dafür die Gruppierungsoptionen. Als Beispiel soll eine Adressliste nach Postleitzahlbereichen erstellt werden. So gehen Sie vor:

1. Starten Sie den Berichts-Assistent und wählen Sie aus der Tabelle TBLKUNDEN alle Namen- und Adressfelder.

2. Da Sie bei der Gruppierung auch noch das Land berücksichtigen müssen, benötigen Sie zwei Gruppierungsebenen. Fügen Sie zuerst das Land und anschließend das Feld PLZ hinzu, klicken Sie anschließend auf die Schaltfläche GRUPPIERUNGSOPTIONEN …

3. Access öffnet ein Dialogfenster, in dem Sie die Gruppierungsintervalle festlegen können. Klicken Sie auf den Dropdown-Pfeil neben dem Feld PLZ GRUPPIERUNGSINTERVALLE und wählen Sie ERSTER BUCHSTABE. Anschließend fahren Sie mit der Erstellung des Berichts fort.

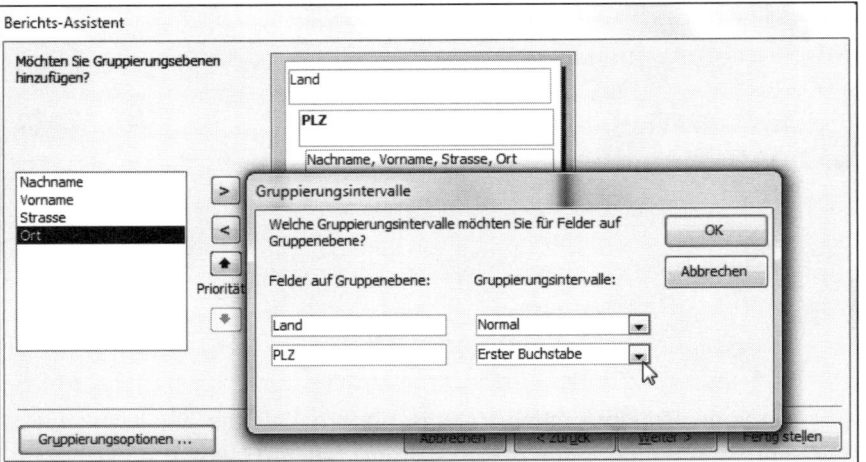

Der fertige Bericht:

Nach PLZ-Bereichen gruppierter Bericht

9.2. Berichte in der Seitenansicht kontrollieren und drucken

Seitenansicht

Seitenansicht schließen

Vor dem Drucken sollten Sie einen Bericht in der Seitenansicht, bzw. Druckvorschau kontrollieren. Wenn Sie den Bericht mit dem Assistent erstellt haben, dann wird er nach der Fertigstellung automatisch in der Seitenansicht geöffnet, andernfalls wählen Sie die SEITENANSICHT über die Schaltfläche ANSICHT. In dieser Ansicht stehen Ihnen die Befehlsschaltflächen des Registers SEITENANSICHT zur Verfügung. Mit der Schaltfläche SEITENANSICHT SCHLIEßEN oder der ESC-Taste beenden Sie die

Druckvorschau und kehren zurück zur vorherigen Ansicht. In manchen Fällen zeigt Access auch anschließend den Bericht in der Entwurfsansicht an.

Zoomeinstellungen

Die Größe der Anzeige steuern Sie über die Schaltflächen der Gruppe ZOOM. Bei umfangreichen Berichten können Sie auch zwei oder mehrere Seiten auf dem Bildschirm anzeigen lassen.

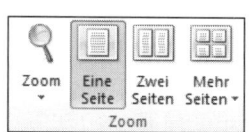

Alternativ können Sie zum Ändern der Anzeigegröße auch den kleinen Schieberegler in der rechten unteren Ecke verwenden.

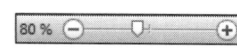

Papierformat, Seitenränder und Ausrichtung

Mit den Schaltflächen GRÖSSE, HOCHFORMAT, QUERFORMAT legen Sie Papierformat und -ausrichtung fest. Alle diese Einstellungen, sowie die Seitenränder können Sie auch im Dialogfenster SEITE EINRICHTEN vornehmen, das Sie über eine weitere Schaltfläche öffnen.

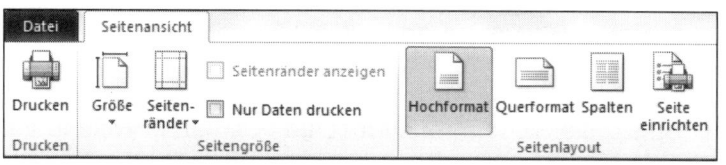

Drucken

Zum Drucken des Berichts verwenden Sie die Schaltfläche DRUCKEN. Access öffnet ein Fenster, in dem Sie den gewünschten Drucker auswählen und, falls erforderlich unter DRUCKBEREICH angeben, welche Seiten gedruckt werden sollen.

Als PDF-Datei speichern

Neu ist die Möglichkeit, einen Bericht im PDF-Dateiformat auszugeben. Klicken Sie dazu in der Seitenansicht auf die Schaltfläche PDF ODER XPS und wählen Sie Speicherort und Dateiname.

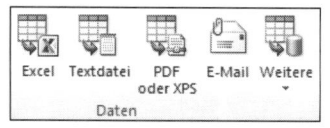

Mit der Schaltfläche E-MAIL können Sie das Ausgabeformat wählen und gleichzeitig eine E-Mail mit dem Bericht als Anlage erstellen. Weitere Ausgabemöglichkeiten sind Excel-Arbeitsmappen oder Word Dokumente (Schaltfläche WEITERE).

9.3.   Bericht in der Layoutansicht bearbeiten

Steuerelemente formatieren

Auch für Berichte steht Ihnen die Layoutansicht zur Verfügung, in der Sie das Layout und die Steuerelemente nach Ihren Vorstellungen bearbeiten und formatieren können. Die Vorgehensweise unterscheidet sich nicht von der in Formularen und wurde bereits in Lektion 8.2 beschrieben.

Siehe Lektion 8.2

Spaltenbreite

Da die meisten Berichte in Tabellenform erstellt werden, lassen sich die Spaltenbreiten in dieser Ansicht schnell anpassen. Beim Ändern der Spaltenbreite hängt das Verhalten der Steuerelemente auch in Berichten davon ab, ob Sie den Bericht mit Hilfe des Berichts-Assistenten oder als Standardbericht erstellt haben. In Standardberichten sind die Steuerelemente in ein festes Layout eingebunden: wenn Sie die Breite einer Spalte verändern, dann rücken die übrigen Spalten rechts davon automatisch nach. Haben Sie dagegen einen Bericht mit dem Berichts-Assistent erstellt, so müssen Sie die Breite jeder einzelnen Spalte entsprechend

Festes Layout

angleichen. Achten Sie darauf, dass keine Feldinhalte abgeschnitten werden, in Feldern vom Typ Zahl werden die Inhalte nicht abgeschnitten, sondern durch # Zeichen ersetzt.

Siehe Lektion 4.2

Alternative Zeilenfarbe

Zur besseren Lesbarkeit können Sie jede zweite Zeile in einer anderen Hintergrundfarbe darstellen. Dazu müssen Sie zuerst den entsprechenden Bereich markieren. Wählen Sie in der Layoutansicht im Register FORMAT, Gruppe AUSWAHL über den Dropdown-Pfeil den Detailbereich des Berichts aus.

Anschließend klicken Sie in der Gruppe HINTERGRUND (Register FORMAT) auf die Schaltfläche ALTERNATIVE ZEILENFARBE und wählen Sie die gewünschte Farbe aus. Um Tinte, bzw. Toner zu sparen, können Sie hier auch KEINE FARBE auswählen.

Sortieren, gruppieren und auswerten

Zusammenfassende Auswertungen

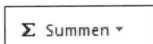

Zusammenfassende Auswertungen über den gesamten Bericht, beispielsweise die gesamte Umsatzsumme oder die Anzahl der Kunden lassen sich in der Layoutansicht schnell am Ende des Berichts über die Schaltfläche SUMMEN (Register ENTWURF, Gruppe GRUPPIERUNG UND SUMMEN) hinzufügen. Klicken Sie zuerst an eine beliebige Stelle der Spalte die Sie auswerten möchten und anschließend auf die Schaltfläche SUMMEN. Wählen Sie nun die gewünschte Funktion, in diesem Beispiel SUMME. Die Anzahl der Kunden ermitteln Sie mit DATENSÄTZE ZÄHLEN. WERTE ZÄHLEN berücksichtigt dagegen ausschließlich die Anzahl der Datensätze, die im markierten Feld einen Wert enthalten, also nicht leer sind.

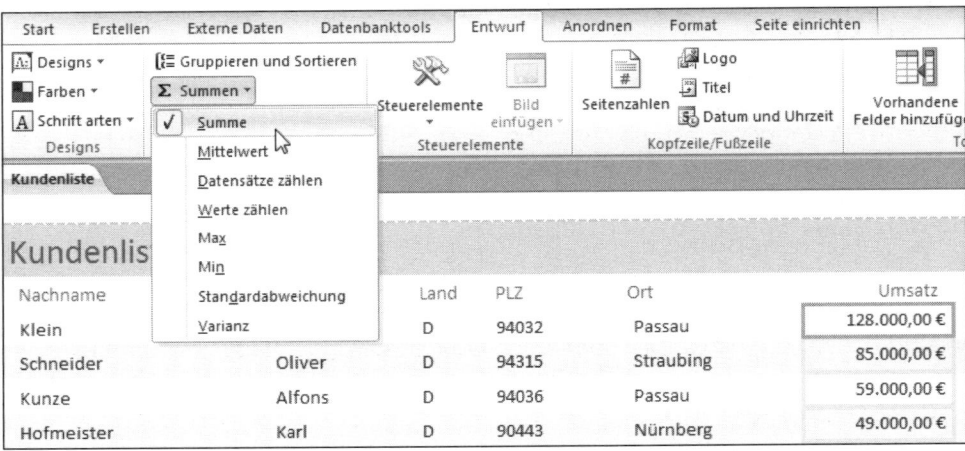

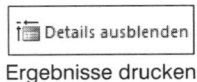

Ergebnisse drucken

Tipp: Die Schaltfläche DETAILS AUSBLENDEN blendet die Detaildatensätze aus und erlaubt es, ausschließlich die Ergebnisse zu drucken. Mit der gleichen Schaltfläche blenden Sie die Detaildatensätze auch wieder ein.

Sortieren

Zum Sortieren der Datensätze klicken Sie in der Layoutansicht auf die Schaltfläche GRUPPIEREN UND SORTIEREN (Register FORMAT, GRUPPIERUNG UND SUMMEN).

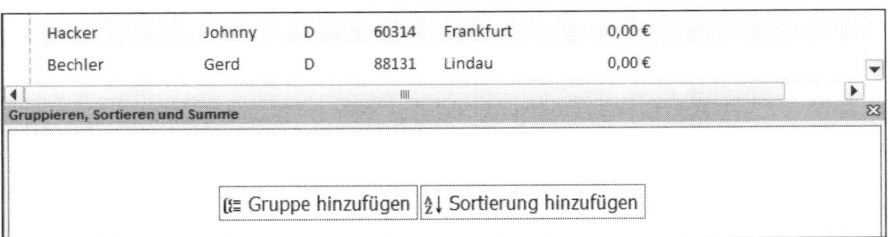

Access blendet unterhalb der Datensätze den Bereich GRUPPIEREN, SORTIEREN UND SUMME ein. Klicken Sie auf die Schaltfläche SORTIERUNG HINZUFÜGEN. und wählen Sie das Feld, nach dem Sie sortieren möchten, in diesem Beispiel UMSATZ. Standardmäßig erfolgt die Sortierung aufsteigend, zum Ändern der Reihenfolge klicken Sie auf das kleine Dreieck der Sortierreihenfolge. Wenn Sie die Sortierung und Gruppierung wieder entfernen möchten, dann markieren Sie den Sortierschlüssel und klicken auf das Symbol LÖSCHEN dieser Zeile.

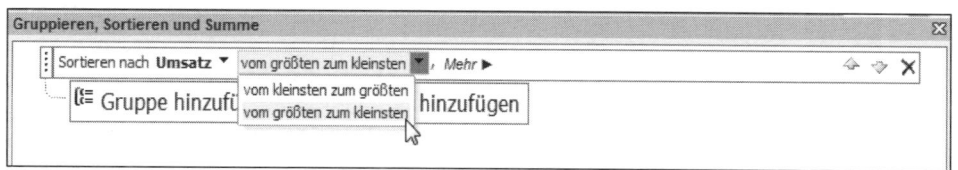

Sortierung löschen

Mit der Schaltfläche SORTIERUNG HINZUFÜGEN können noch weitere Sortierungen hinzugefügt werden. Das Hauptsortierkriterium befindet sich immer ganz oben, verwenden Sie daher bei Bedarf die Pfeile rechts, um die Rangfolge zu ändern.

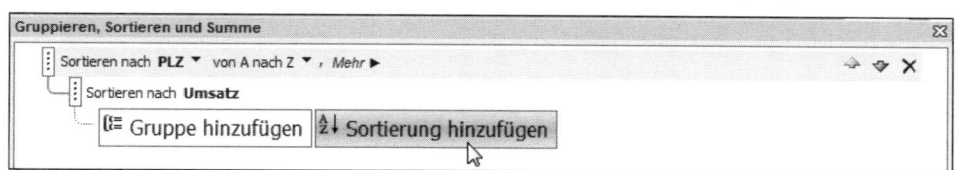

Mit der SCHLIEßEN-Schaltfläche ganz rechts blenden Sie den Bereich wieder aus, die Sortierung bleibt erhalten.

Gruppieren

Wenn Sie die Datensätze eines Berichts nachträglich in Gruppen zusammenfassen möchten, dann verwenden Sie die Schaltfläche GRUPPE HINZUFÜGEN und wählen das Feld, nach dem Sie gruppieren möchten. Mit einem Mausklick auf das Dreieck MEHR blendet Access eine erweiterte Zeile ein, über die Sie zusammenfassende Funktionen, sowohl für den gesamten Bericht, als auch für jede Gruppe einfügen können.

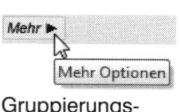

Gruppierungs-funktionen

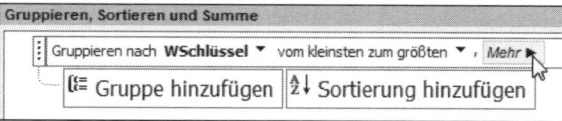

Klicken Sie auf das Dreieck MIT SUMMEN und wählen Sie ein Feld, in diesem Beispiel LAGERBESTAND aus, unter TYP können Sie nun die gewünschte Funktion SUMME angeben. Aktivieren Sie nun noch die entsprechenden Kontrollkästchen, je nachdem, ob Sie die Gesamtsumme und/ oder auch noch Zwischensummen für die Gruppen oberhalb der Gruppe (GRUPPENKPFZEILE) oder unterhalb in der GRUPPENFUßZEILE anzeigen möchten. Sie können nacheinander auch mehrere Funktionen auswählen.

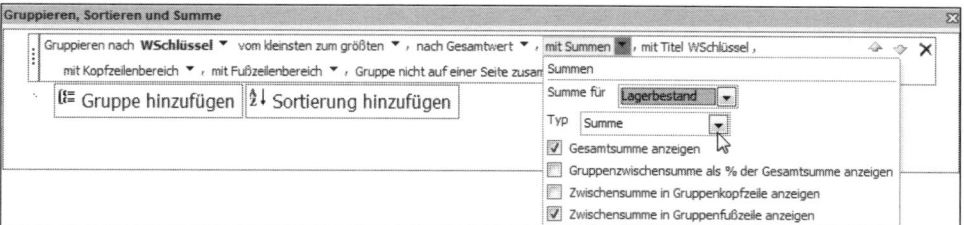

Datensätze in Berichten filtern

In einer weiteren Ansicht, der Berichtsansicht sehen Sie den Bericht mit allen Daten und Formatierungen, wie er später gedruckt wird, Seitenumbrüche allerdings werden nicht berücksichtigt. In dieser können Sie die Datensätze wie in der Datenblattansicht einer Tabelle filtern. Die Filter sind, genau wie in Tabellen nur tem-

Siehe auch Lektion 4.2

porär gültig und werden nicht zusammen mit dem Bericht gespeichert. Für komplexe Kriterien sollten Sie daher besser zunächst eine Abfrage erstellen und diese als Basis für den Bericht verwenden.

Sie haben beispielsweise einen Bericht mit allen Datensätzen der Tabelle TBLARTIKEL erstellt und möchten in diesem Bericht nun ausschließlich Artikel einer bestimmten Warengruppe drucken. Wechseln Sie in die Berichtsansicht, klicken in der Spalte WSCHLÜSSEL auf den gewünschten Wert und rufen im Register START, Gruppe SORTIEREN UND FILTERN den auswahlbasierten Filter auf. Eine andere Alternative bietet die Schaltfläche ERWEITERT .... Hier können Sie über den Befehl SPEZIALFILTER/-SORTIERUNG einen Filter als Abfrage erstellen und anschließend mit dem Symbol FILTER ANWENDEN den Bericht filtern. Die gleichen Befehle finden Sie auch im Kontextmenü der rechten Maustaste.

Bericht filtern

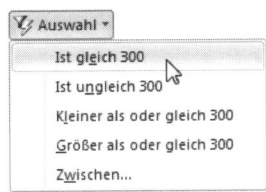

9.4.   Zusammenfassung

- Berichte bereiten die Daten aus Tabellen oder Abfragen für den Ausdruck auf, speichern aber keine Datensätze, sondern werden beim Öffnen aktualisiert. Sie können entweder als einfacher Standardbericht oder mit Hilfe eines Assistenten erstellt werden. Als Datensatzquelle können Sie Tabellen, Abfragen und Felder aus verknüpften Tabellen verwenden.

- Access bietet verschiedene Berichtsformen an, dazu zählen Etiketten und gruppierte Berichte. Insbesondere bei der Erstellung von gruppierten Berichten bietet der Berichts-Assistent eine gute Unterstützung.

- Berichte lassen sich in vier verschiedenen Ansichten darstellen. In der Seitenansicht sehen Sie den Bericht so, wie er gedruckt wird, hier nehmen Sie auch die nötigen Seiten- und Druckeinstellungen vor. Die Berichtsansicht erlaubt das Sortieren und Filtern der Datensätze. In der Layoutansicht bearbeiten und formatieren Sie die Steuerelemente und fügen Sortierungen, zusammenfassende Summen oder andere Funktionen zur Auswertung hinzu.

9.5.   Übungsaufgabe

- Erstellen Sie für die Tabelle TBLKUNDEN einen Bericht in Tabellenform mit den Feldern NACHNAME, VORNAME, PLZ, ORT und UMSATZ. Passen Sie die Spaltenbreiten so an, dass keine Feldinhalte abgeschnitten werden und sortieren Sie den Bericht absteigend nach UMSATZ (Achtung: die Sortierung erst nachträglich vornehmen, da sonst der Assistent den Umsatz in die erste Spalte setzt).

- Fügen Sie unterhalb des Berichts die Anzahl der Datensätze und die gesamte Umsatzsumme ein.

- Erstellen Sie eine tabellarische Preisliste mit allen Artikeln aus der Tabelle TBLARTIKEL. Der Bericht soll nach der Warengruppenbezeichnung (aus der Tabelle TBLWARENGRUPPEN) gruppiert sein und die Felder Artikelnummer, Artikelbezeichung und PreisNetto enthalten. Formatieren und gestalten Sie die Preisliste nach Ihren Vorstellungen.

- Für Inventurzwecke wird eine Liste mit allen Artikeln, Nettopreis, Lagerbestand und dem Warenwert benötigt.
  Achtung: erstellen Sie zuerst eine Abfrage, in der Sie den Warenwert (PreisNetto * Lagerbestand) berechnen und verwenden Sie diese Abfrage als Grundlage für den Bericht. Speichern Sie den Bericht unter dem Namen Inventur.

Bemerkungen:

_____

_____

_____

_____

_____

_____

_____

10. Formulare und Berichte optimieren

In dieser Lektion lernen Sie...

- Die Bearbeitung von Formularen und Berichten in der Entwurfsansicht
- Zusätzliche Steuerelemente einfügen
- Eigenschaften von Steuerelementen

Was Sie für diese Lektion wissen sollten:

- Formulare und Berichte erstellen und formatieren
- Abfragen und Beziehungen

Weitergehende Bearbeitungen von Formularen und Berichten können in der Entwurfsansicht vorgenommen werden. Sie können mit einem neuen Formular oder Bericht in der Entwurfsansicht beginnen oder nachträglich in dieser Ansicht bearbeiten. Die Daten sind in dieser Ansicht nicht sichtbar, dafür lassen sich die Steuerelemente beliebig anordnen. Darüber hinaus lassen sich Formulare mit Befehlsschaltflächen und weiteren Steuerelementen noch benutzerfreundlicher gestalten.

10.1. Formulare

Ein Formular in der Entwurfsansicht erstellen

Um ein neues Formular in der Entwurfsansicht zu erstellen, klicken Sie im Register ERSTELLEN, Gruppe FORMULARE auf die Schaltfläche FORMULARENTWURF. Access erstellt ein leeres Formular und öffnet es in der Entwurfsansicht. Der Formularbereich ist in der Entwurfsansicht mit einem Raster versehen.

Dieses Raster dient zusammen mit dem horizontalen und dem vertikalen Lineal als Hilfe zur Ausrichtung von Steuerelementen und ist in der Formularansicht nicht sichtbar.

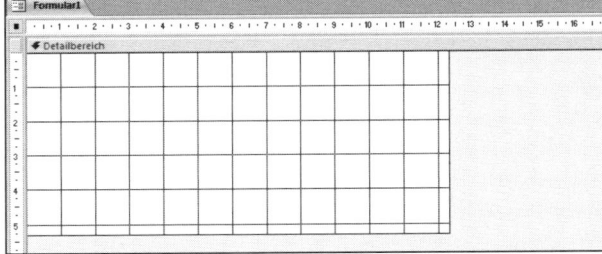

Formulargröße

Größe festlegen

Bevor Sie beginnen sollten Sie die Größe des Formularbereichs festlegen. Zeigen Sie mit der Maus auf die rechte Begrenzung des Formularbereichs und ziehen Sie das Formular in die gewünschte Breite. Genauso verfahren Sie auch, um die Höhe des Formulars zu ändern.

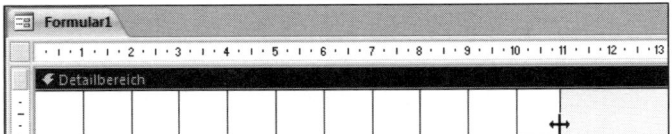

Felder hinzufügen

Im nächsten Schritt fügen Sie die Felder aus der Feldliste hinzu. Dazu benötigen Sie die Feldliste, sollte diese nicht sichtbar sein, so klicken Sie im Register ENT-

WURF, Gruppe TOOLS auf die Schaltfläche VORHANDENE FELDER HINZUFÜGEN. Blenden Sie die Felder der Tabelle ein und ziehen Sie diese dann nacheinander mit gedrückter linker Maustaste an die gewünschte Position. Felder aus verknüpften Tabellen können Sie natürlich ebenfalls hinzufügen.

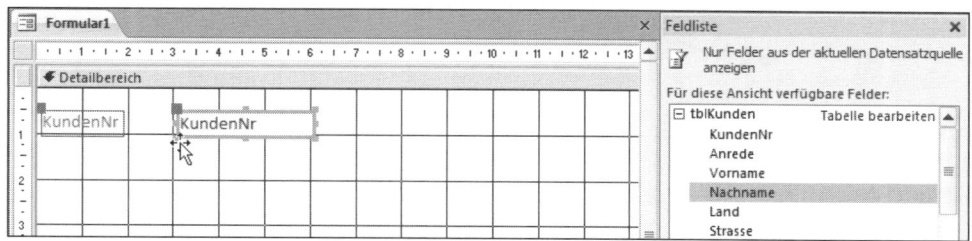

Vorhandene
Felder hinzufügen

Steuerelemente in der Entwurfsansicht bearbeiten

Textfelder und Bezeichnungsfelder

Wie Sie beim Einfügen der Felder vielleicht bemerkt haben, gehört zu jedem Feld auch noch ein weiteres Steuerelement, das sich links davon befindet und die Beschriftung enthält. Access unterscheidet zwischen Textfeldern zur Anzeige und Eingabe der eigentlichen Daten und Bezeichnungsfeldern. Diese können beliebige Beschriftungen enthalten.

Textfelder und Bezeichnungsfelder

Steuerelement	Beschreibung
Textfeld	Textfelder dienen zur Anzeige, Eingabe oder Bearbeitung von Daten (Zeichenfolgen oder Zahlen) aus einer Tabelle oder Abfrage. Im Gegensatz zur Layoutansicht sehen Sie in der Entwurfsansicht in einem Textfeld anstelle der Daten den Feldnamen aus der Tabelle.
Bezeichnungsfeld	Bezeichnungsfelder werden für beliebige Beschriftungen verwendet, der Inhalt kann jederzeit geändert werden. Standardmäßig verwendet Access als Inhalt von Bezeichnungsfeldern den Feldnamen des dazugehörigen Textfeldes.

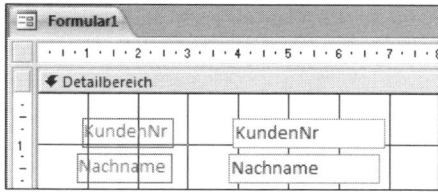

Entwurfsansicht

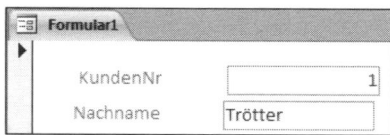

Formularansicht

Steuerelemente markieren und verschieben

Ein einzelnes Steuerelement markieren Sie mit einem Mausklick. Sie erkennen markierte Steuerelemente an der orangefarbenen Umrandung mit Ziehpunkten. Gleichzeitig wird auch das dazugehörige Bezeichnungsfeld gekennzeichnet.

Zur Größenänderung verwenden Sie die Ziehpunkte. Der Mauszeiger erscheint als Doppelpfeil sobald Sie darauf zeigen.

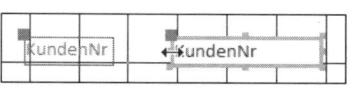

Größenänderung

Zum Verschieben zeigen Sie mit der Maus auf eine beliebige Stelle der Umrandung, am Mauszeiger werden vier Richtungspfeile sichtbar. Standardmäßig verschieben Sie damit immer zwei Elemente, nämlich das Textfeld zusammen mit dem dazugehörigen Bezeichnungsfeld. Benutzen Sie dagegen den etwas größeren linken oberen Eckpunkt, dann können Sie ein Element unabhängig vom anderen verschieben.

Steuerelemente verschieben

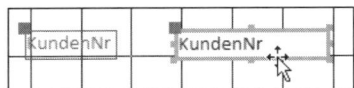 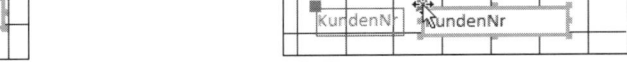

Textfeld und Bezeichnungsfeld verschieben   Nur Textfeld verschieben

Mehrere Elemente markieren

Zum Formatieren und Ausrichten ist es nützlich, wenn Sie gleich mehrere Steuerelemente markieren. Verwenden Sie dazu eine der folgenden Möglichkeiten:

- Klicken Sie die Steuerelemente nacheinander mit gedrückter Strg-Taste an.

- Oder ziehen Sie mit gedrückter Maustaste einen Rahmen um die markierenden Elemente. Beginnen Sie dazu an einer freien Stelle des Formulars. Die Steuerelemente müssen sich dabei nicht vollständig innerhalb des Rahmens befinden.

- Um mehrere Steuerelemente zu markieren, die sich in einer Zeile nebeneinander befinden, klicken Sie einfach an der entsprechenden Position mit der Maus in das vertikale Lineal. Gleiches gilt auch für das horizontale Lineal.

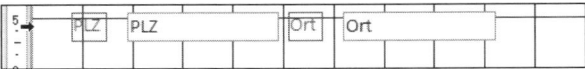

- Mit der Tastenkombination Strg+A markieren Sie alle Steuerelemente

Layout entfernen

In Formularen, die als einfaches Standardformular erstellt wurden, sind die Steuerelemente in ein festes Layout eingebunden und können nicht einzeln verschoben werden. Wenn Sie diese Elemente nach Ihren Vorstellungen positionieren möchten, dann müssen Sie zuerst das Layout entfernen. Markieren Sie die betreffenden Steuerelemente und klicken Sie anschließend im Register ANORDNEN, Gruppe TABELLE auf die Schaltfläche LAYOUT ENTFERNEN.

Steuerelemente ausrichten

Markierte Steuerelemente lassen sich in der Entwurfsansicht schnell bündig untereinander oder in einer Zeile ausrichten. Markieren Sie die Steuerelemente, klicken Sie im Register ANORDNEN, Gruppe ANPASSUNG UND ANORDNUNG auf die Schaltfläche AUSRICHTEN und wählen Sie die gewünschte Ausrichtung. Wenn Sie mehrere Steuerelemente untereinander ausrichten, dann orientiert sich die Ausrichtung an demjenigen Element, das sich am weitesten links, bzw. rechts befindet. Zur Ausrichtung in einer Zeile wählen Sie zwischen den Ausrichtungen OBEN oder UNTEN.

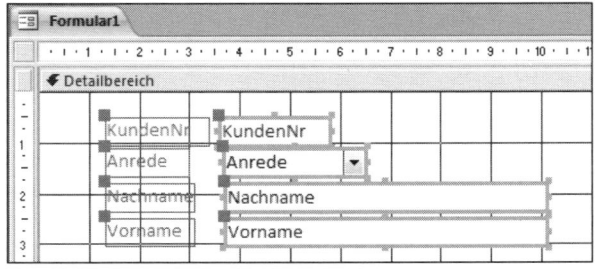 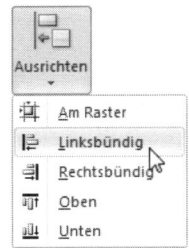

Größe und Abstände angleichen

Im Register ENTWURF, Gruppe ANPASSUNG UND ANORDNUNG finden Sie auch die Schaltfläche GRÖßE/ ABSTAND. Damit können Sie über weitere Befehle die Größe der markierten Steuerelemente angleichen, und exakte horizontale und/ oder vertikale Abstände herstellen. Über diese Schaltfläche lassen sich auch Raster und Lineale bei Bedarf aus-, bzw. einblenden.

Aktivierreihenfolge

Bei der Dateneingabe im Formular wandert nach Drücken der Eingabe-Taste oder der Tab-Taste der Cursor zum nächsten Feld. Die Reihenfolge, in der die Felder während der Eingabe aktiviert werden, hängt ab von der Reihenfolge in der sie in das Formular eingefügt wurden und nicht von der Anordnung im Formular. Beim Verschieben oder nachträglichen Einfügen von Steuerelementen kann es daher vorkommen, dass die angezeigte Reihenfolge nicht mit der Aktivierreihenfolge übereinstimmt.

Achten Sie auf die richtige Reihenfolge!

Zum Ändern der Reihenfolge klicken Sie im Register ENTWURF, Gruppe TOOLS auf die Schaltfläche AKTIVIERREIHENFOLGE. und öffnen. Klicken Sie im Fenster REIHEN-FOLGE auf ein Feld um es zu markieren und ziehen Sie es anschließend mit gedrückter Maustaste an die gewünschte Position. Mit der Schaltfläche OK übernehmen Sie die Änderungen.

Größe und Abstände angleichen

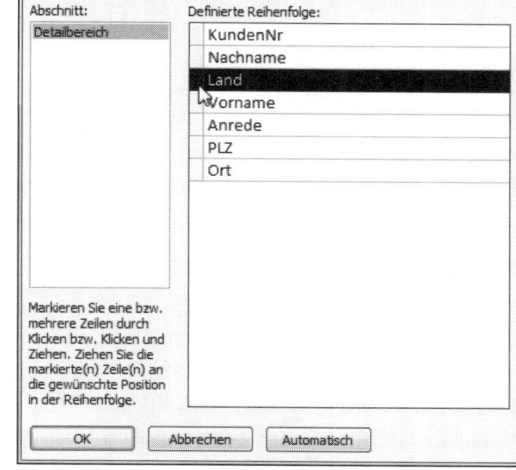

Aktivierreihenfolge festlegen

Formularkopf und Formularfuß

Den wichtigsten Bereich eines Formulars bildet der so genannte Detailbereich. Er zeigt die Steuerelemente eines Datensatzes an und wird für jeden Datensatz wiederholt. Oberhalb und unterhalb können Sie als zusätzliche Bereiche einen Formularkopf, bzw. Formularfuß einfügen. Diese Bereiche dienen dazu, einen Formulartitel, ein Firmenlogo oder das aktuelle Datum anzuzeigen. Klicken Sie dazu im Register ENTWURF in der Gruppe KOPFZEILE/ FUßZEILE auf die entsprechende Schaltfläche. Access fügt damit zwei weitere Bereiche ein, die Sie nun in der Entwurfsansicht oder der Layoutansicht weiter bearbeiten können.

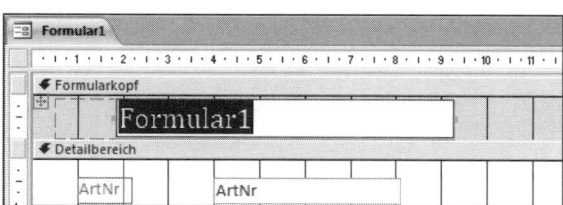

10.2. Weitere Steuerelemente in Formularen

In der Layoutansicht und in der Entwurfsansicht stehen Ihnen im Register ENT-WURF in der Gruppe STEUERELEMENTE weitere Elemente zur Verfügung, die Sie in Ihr Formular einfügen können. Sollte das gewünschte Steuerelement nicht sichtbar sein, dann klicken Sie auf den kleinen Pfeil WEITERE.

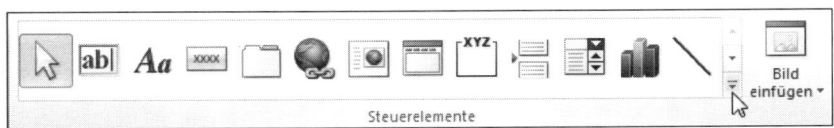

Bezeichnungsfeld

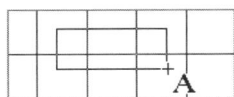

Steuerelement Bezeichnungsfeld

Möchten Sie zusätzliche Texte, Beschriftungen oder Hinweise in ein Formular oder einen Bericht einfügen, so benötigen Sie dafür ein Steuerelement vom Typ BE-ZEICHNUNGSFELD. Zum Einfügen klicken Sie auf die Schaltfläche BEZEICHNUNG und zeichnen dann mit gedrückter linker Maustaste an der gewünschten Stelle des Entwurfs ein Rechteck in der gewünschten Größe. Anschließend geben Sie den Text über die Tastatur ein.

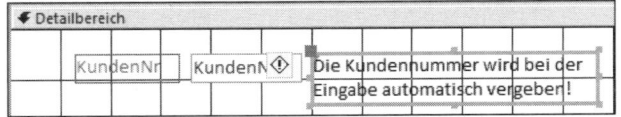

Den Hinweis von Access, dass dieses Bezeichnungsfeld zu keinem anderen Steuerelement, bzw. Textfeld gehört, können Sie bei zusätzlichen Beschriftungen ignorieren.

Berechnete Werte in Textfeldern

Textfeld einfügen

Möchten Sie dagegen berechnete Werte oder Funktionen, beispielsweise zur Anzeige des aktuellen Datums in einem Formular oder einem Bericht anzeigen lassen, dann benötigen Sie dazu ein Textfeld. Klicken Sie in der Gruppe STEUERELEMENTE auf die Schaltfläche TEXTFELD und zeichnen Sie mit gedrückter linker Maustaste an der gewünschten Stelle des Entwurfs ein Rechteck. Gleichzeitig wird links vom Textfeld das dazugehörige Bezeichnungsfeld eingefügt.

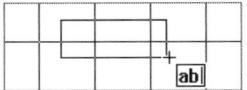

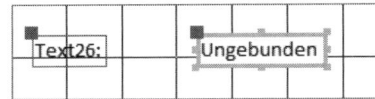

Nach dem Einfügen enthält das Textfeld den Hinweis "UNGEBUNDEN", das bedeutet dass es an kein Feld der Tabelle gebunden ist. Klicken Sie in das ungebundene Textfeld und geben Sie die Formel oder Funktion ein, in diesem Beispiel zur Berechnung des Verkaufspreises.

Gleichheitszeichen erforderlich!

Formeln und Ausdrücken in ungebundenen Textfeldern muss das Gleichheitszeichen = vorangestellt werden!

Nun ändern Sie noch im dazugehörigen Bezeichnungsfeld die Beschriftung. Das Ergebnis können Sie anschließend in der Formularansicht kontrollieren.

Ausdrucksgenerator verwenden

Zur Eingabe von Formeln oder Funktionen in ein Textfeld können Sie auch den Ausdrucksgenerator benutzen.

1. Klicken Sie dazu zuerst im Register ENTWURF, Gruppe TOOLS auf die Schaltfläche EIGENSCHAFTENBLATT. Das Eigenschaftenblatt erscheint am rechten Rand des Arbeitsbereichs und erlaubt die genaue Kontrolle und Änderung aller Eigenschaften des jeweils markierten Steuerelements.

Eigenschaftenblatt

2. Markieren Sie das ungebundene Textfeld und klicken Sie im Eigenschaftenblatt auf das Register DATEN. Sie können auch hier in der Zeile STEUERELEMENTINHALT die Formel eingeben oder auf die nebenstehende Schaltfläche klicken, um den Ausdrucksgenerator zu öffnen.

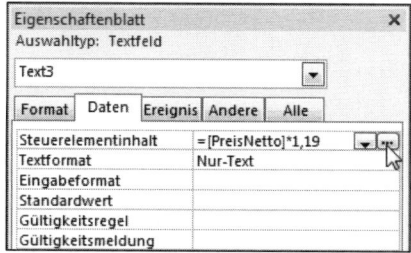

Steuerelementinhalt

Format ändern

Ausdrucksgenerator, siehe Lektion 6.4

Im Eigenschaftenblatt können Sie bei Bedarf auch gleich das Zahlenformat ändern. Klicken Sie auf das Register FORMAT und wählen Sie über den Dropdown-Pfeil das gewünschte Format.

Zahlenformat ändern!

Grafik einfügen

Zum Einfügen eines Bildes oder einer Grafik, beispielsweise eines Firmenlogos klicken Sie in der Gruppe STEUERELEMENTE auf die Schaltfläche BILD EINFÜGEN. Klicken Sie auf DURCHSUCHEN und Wählen Sie das gewünschte Bild aus. Anschließend zeichnen Sie wieder mit gedrückter Maustaste einen Rahmen in der gewünschten Größe.

Bild einfügen

Bilder werden standardmäßig mit der Größenanpassung Zoomen eingefügt, sollte dies nicht der Fall sein, so klicken Sie im Eigenschaftenblatt auf das Register FORMAT und wählen in der Zeile GRÖßENANPASSUNG die gewünschte aus.

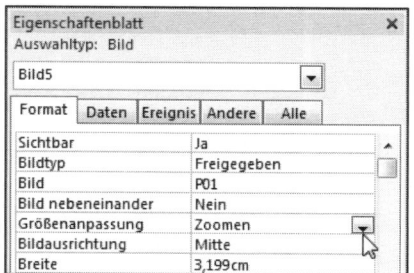

Achten Sie auf die Größenanpassung!

Befehlsschaltflächen

Weitere nützliche Steuerelemente in Formularen sind Befehlsschaltflächen, mit denen sich bei der Arbeit im Formular bestimmte Aktionen schnell per Mausklick ausführen lassen. Sie erleichtern insbesondere Anwendern mit geringen Kenntnissen den Umgang mit Formularen. So können Sie beispielsweise eine Schaltfläche einfügen, über die das Formular geschlossen werden kann. Klicken Sie dazu im Register ENTWURF auf das Steuerelement BEFEHLSSCHALTFLÄCHE und anschließend im Formular an die Stelle, an der Sie die Schaltfläche einfügen möchten. Access startet automatisch einen Befehlsschaltflächen-Assistent, der Sie bei der weiteren Erstellung unterstützt.

Befehlsschaltfläche

Befehlsschaltflächen-
Assistent

1. Wählen Sie eine Kategorie, in diesem Beispiel FORMULAROPERATIONEN und aus dieser Kategorie die gewünschte Aktion, hier FORMULAR SCHLIEßEN. Klicken Sie dann auf WEITER.

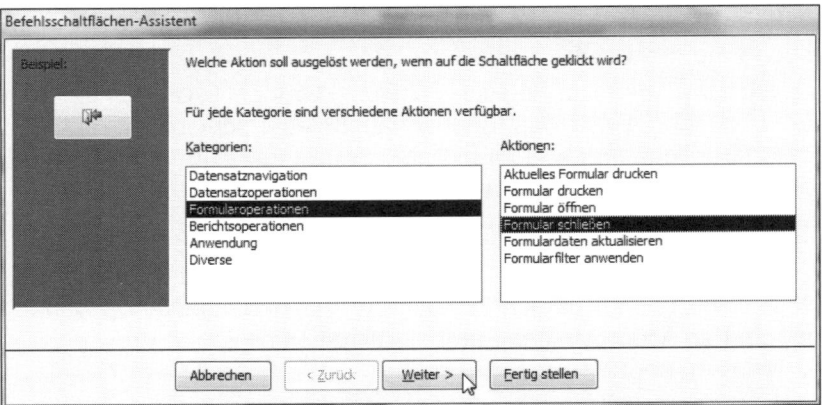

2. Wählen Sie aus, ob die Schaltfläche mit einem Bild oder mit Text versehen werden soll und klicken Sie auf WEITER.

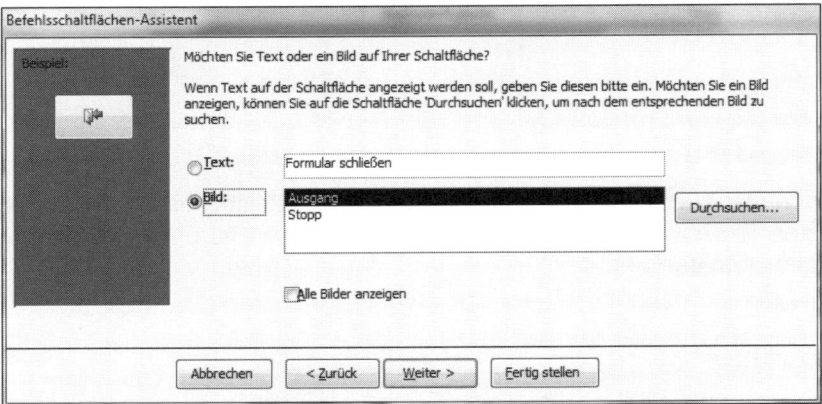

3. Im letzten Schritt können für die Schaltfläche einen Namen eingeben. Achtung: Namen für Steuerelemente müssen mit einem Buchstaben beginnen und dürfen mit Ausnahme des Unterstrichs keine Sonderzeichen oder Leerzeichen enthalten. Klicken Sie dann auf FERTIG STELLEN. Das Ergebnis in der Formularansicht:

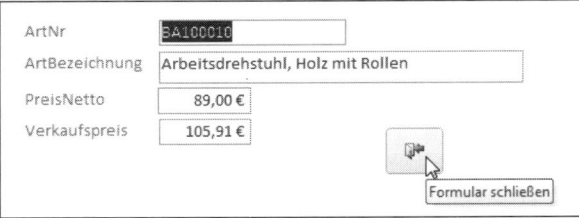

Datensatz mit einem Kombinationsfeld suchen

Siehe auch Lektion 3.3
Nachschlage-Assistent

Nachschlagefelder zur Auswahl aus einer vorgegeben Liste haben Sie bereits in Zusammenhang mit dem Tabellenentwurf kennengelernt. Sie können auch in Formulare eingefügt werden und werden im Formularentwurf als Kombinationsfelder bezeichnet. Bei der Erstellung unterstützt Sie der Kombinationsfeld-Assistent, den Sie bereits als Nachschlage-Assistent kennen gelernt haben.

Kombinationsfeld zur
Suche verwenden

In einem Formular kann ein Kombinationsfeld auch noch verwendet werden, um einen bestimmten Datensatz zu suchen. So können Sie beispielsweise in einem Formular mit Kundendaten schnell anhand des Nachnamens nach einen bestimmten Kunden suchen.

So gehen Sie vor:

1. Klicken Sie in der Gruppe STEUERELEMENTE auf die Schaltfläche KOMBINA-
    TIONSFELD und klicken Sie im Formular an die Stelle, an der Sie das Steue-
    relement einfügen möchten, beispielsweise im Formularkopf. Wählen Sie die
    dritte Option EINEN DATENSATZ IM FORMULAR ANHAND DES WERTS SUCHEN...

Layout- oder Ent-
wurfsansicht

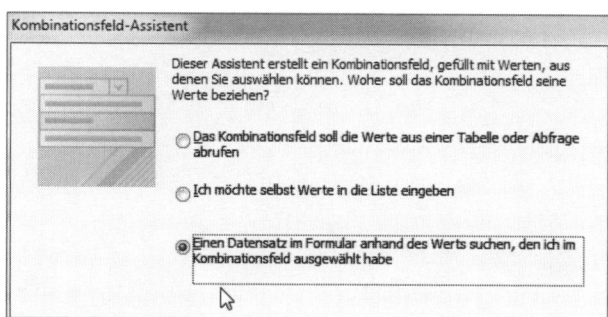

2. Wählen Sie im nächsten Schritt die benötigten Felder aus: Die Kundennum-
    mer ist als eindeutiges Merkmal (Primärschlüssel) unbedingt erforderlich, der
    Nachname wird für die Suche benötigt, zur besseren Unterscheidung können
    Sie auch noch den Vornamen hinzuziehen.

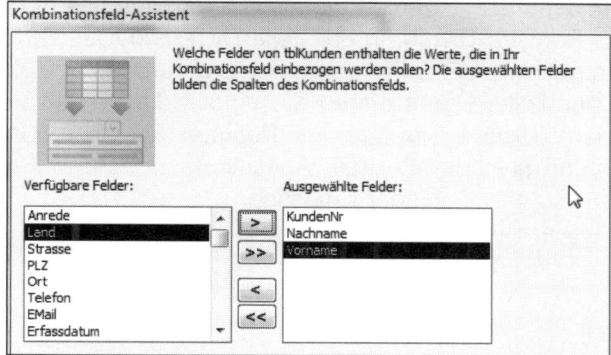

3. Im nächsten Schritt stellen Sie die Breite der beiden Spalten NACHNAME und
    VORNAME ein, die KUNDENNUMMER als Schlüsselspalte wird vom Assistenten
    standardmäßig ausgeblendet und erhält die Spaltenbreite 0.

Schlüsselspalte mit der
Kundennummer aus-
blenden

> Wenn Sie die Kundennummer nicht ausblenden, dann erfolgt die Suche an-
> hand der Kundennummer!

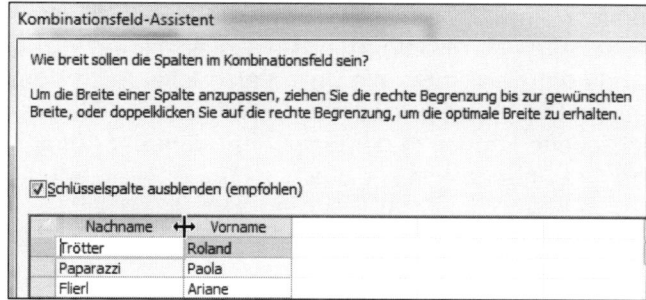

4. Zuletzt geben Sie eine Beschriftung für das Kombinationsfeld an und klicken
    auf FERTIG STELLEN. Damit haben Sie ein ungebundenes Kombinationsfeld er-
    stellt. Testen Sie nun das Kombinationsfeld in der Formularansicht. Klicken
    Sie entweder auf den Dropdown-Pfeil des Kombinationsfeldes oder geben Sie
    die ersten Buchstaben des Nachnamens über die Tastatur ein, der Name wird
    automatisch vervollständigt. Nach dem Drücken der Eingabetaste wird der
    dazugehörige Datensatz im Formular angezeigt. In der Abbildung unten se-
    hen Sie das fertige Kombinationsfeld in der Entwurfsansicht und in der For-
    mularansicht.

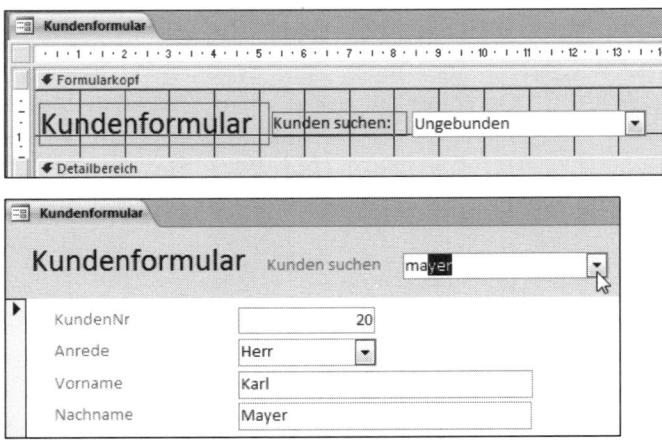

Abfrage speichern

Hinweis: Die dritte Option des Assistenten steht nur Verfügung, wenn das Formular auf einer Tabelle oder einer gespeicherten Abfrage basiert. Ist dies nicht der Fall, beispielsweise wenn Sie Felder aus mehreren verknüpften Tabellen im Formular verwenden, dann müssen Sie zuvor die Abfrage speichern.

SQL, siehe Lektion 7.4

Öffnen Sie dazu das Eigenschaftsblatt, wählen Sie als AUSWAHLTYP das Formular aus und klicken Sie auf das Register DATEN. In der Zeile DATENSATZQUELLE finden den SQL-Ausdruck, er beginnt mit SELECT..., klicken Sie nun auf die kleine Schaltfläche rechts neben der Zeile. Damit öffnen Sie eine Abfrage, die Sie anschließend speichern können. Klicken Sie dazu im Register ENTWURF, Gruppe SCHLIEßEN auf die Schaltfläche SPEICHERN UNTER. Anschließend können Sie die Abfrage über die Schaltfläche SCHLIEßEN wieder verlassen.

Speichern Schließen
unter
Schließen

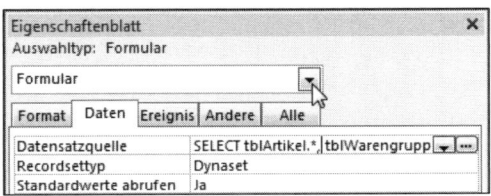
Formular auswählen

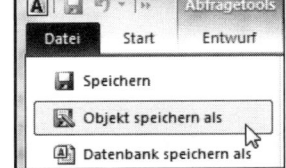
SQL als Abfrage speichern

Datensätze im Kombinationsfeld sortieren

Kombinationsfeld sortieren
Die Datensätze sind im Kombinationsfeld standardmäßig nach dem Primärschlüssel der Tabelle, also nach Kundennummern sortiert. Zur Suche nach Namen bräuchten Sie aber eigentlich eine alphabetische Sortierung nach Nachnamen. Lassen Sie sich die Eigenschaften des Kombinationsfeldes anzeigen, klicken Sie auf das Register DATEN und kontrollieren Sie die Datensatzquelle. Auch Kombinationsfelder basieren auf einem SQL-Ausdruck oder einer Abfrage, die Sie wie oben beschrieben öffnen. Anschließend können in der Entwurfsansicht der Abfrage eine Sortierung hinzufügen und Ihre Änderungen speichern.

10.3. Ein Navigationsformular erstellen

Navigation ▾

Inzwischen werden Sie auch bemerkt haben, dass der Navigationsbereich immer umfangreicher und damit unübersichtlicher wird. Access bietet Ihnen nicht nur die Möglichkeit, Befehlsschaltflächen in Formulare einzufügen, Sie können auch ein spezielles Navigationsformular mit mehreren Registerkarten erstellen, um den Zugriff auf häufig benötigte Formulare und Berichte zu beschleunigen.

Klicken Sie dazu im Register ERSTELLEN, Gruppe FORMULARE auf die Schaltfläche NAVIGATION und wählen Sie die gewünschte Position der Registerkarten.

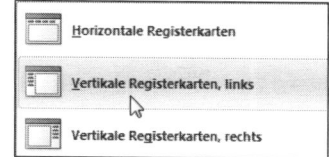

Access öffnet ein neues Navigationsformular. Ziehen Sie nun ein Formular oder einen Bericht aus der Navigationsleiste auf den Platzhalter [NEUES HINZUFÜGEN]. Fügen Sie der Reihe nach weitere Objekte hinzu.

Ziehen Sie Formulare und Berichte in die Register

Unten sehen Sie das Ergebnis in der Formularansicht. Wenn Sie im Navigationsformular auf ein Register klicken, so wird das Formular oder der Bericht geöffnet und wieder geschlossen sobald Sie auf ein anderes Formular klicken.

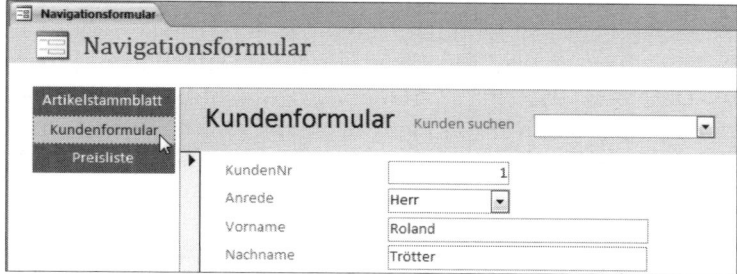

10.4. Berichte in der Entwurfsansicht bearbeiten

Einen Bericht in der Entwurfsansicht erstellen

Um einen leeren Bericht in der Entwurfsansicht zu erstellen, klicken Sie im Register ERSTELLEN, Gruppe BERICHTE auf die Schaltfläche BERICHTSENTWURF. Access öffnet einen neuen Bericht in der Entwurfsansicht.

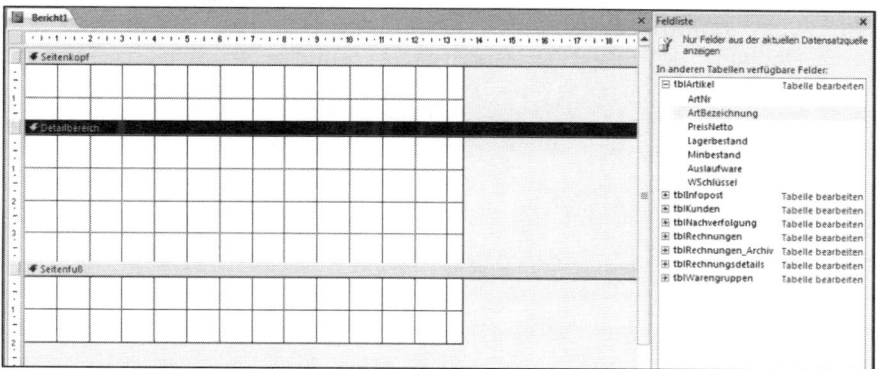

Berichtsgröße
Im ersten Schritt sollten Sie wieder die Größe festlegen, in Berichten sind folgende Punkte zu beachten:

- Die Berichtsbreite richtet sich nach der Papiergröße und -ausrichtung, außerdem müssen Sie noch die Seitenränder berücksichtigen. Nehmen Sie daher zuerst im Register SEITE EINRICHTEN die entsprechenden Einstellungen vor.

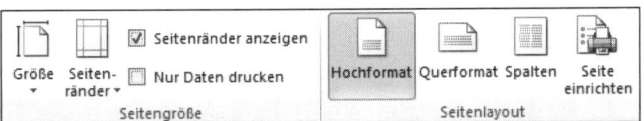

- Haben Sie beispielsweise im Hochformat links und rechts je 10 mm als Seitenränder festgelegt, dann darf die eigentliche Berichtsbreite bei einer Druckseite im A4 Format (21 x 29,7 cm) maximal 19 cm betragen.

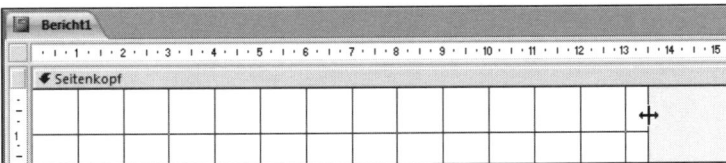

Leere Druckseiten

Ein häufiges Problem in Berichten stellen leere Druckseiten dar. In diesem Fall ist jede zweite Seite leer, was eigentlich bedeutet, dass die Berichtsbreite zu groß eingestellt wurde. Sie brauchen also nur die Berichtsbreite verringern, manchmal nur um 1 bis 2 mm.

Felder hinzufügen

Ein Bericht zeigt in der Entwurfsansicht standardmäßig mehrere Bereiche an. Der wichtigste Bereich, der Detailbereich wird für die Anzeige der Datensätze verwendet und dabei für jeden Datensatz wiederholt, Steuerelemente im Seitenkopf oder Seitenfuß werden am Beginn oder Ende jeder Druckseite gedruckt. Wie beim Formularentwurf ziehen Sie die Felder aus der Feldliste in den Detailbereich. Standardmäßig werden die Felder, wie im Beispiel unten in gestapelter Form angeordnet.

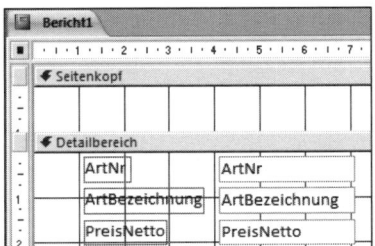

Gestapelte Anordnung in der Entwurfsansicht

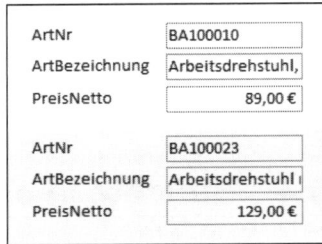

… und in der Berichtsansicht

Layout ändern

Gestapelt Tabelle

Wünschen Sie im Bericht eine tabellarische Anordnung der Felder, dann brauchen Sie nur das Layout ändern. Markieren Sie die betreffenden Steuerelemente und klicken Sie im Register ANORDNEN, Gruppe TABELLE auf die Schaltfläche TABELLE. Da der Detailbereich jetzt nur noch einer einzigen Zeile besteht, müssen Sie diesen Bereich noch verkleinern. Unten sehen Sie das Ergebnis in der Entwurfsansicht und in der Berichtsansicht.

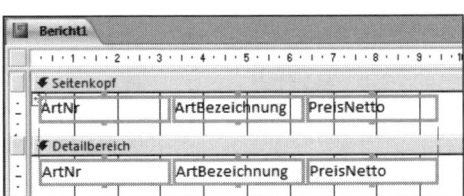

Titel und Logo einfügen

Seitenzahlen

Kopfzeile/Fußzeile

Zwei weitere Bereiche, nämlich Berichtskopf und Berichtsfuß erscheinen nur am Beginn, bzw. am Ende des Berichts. Sie werden automatisch eingefügt, wenn Sie im Register ENTWURF, Gruppe KOPFZEILE/ FUẞZEILE auf eine der Schaltflächen TITEL, LOGO, DATUM UND UHRZEIT oder SEITENZAHLEN klicken. Mit der Schaltfläche TITEL wird in diesem Bereich ein Bezeichnungsfeld eingefügt, in das Sie nun beliebigen Text eingeben können.

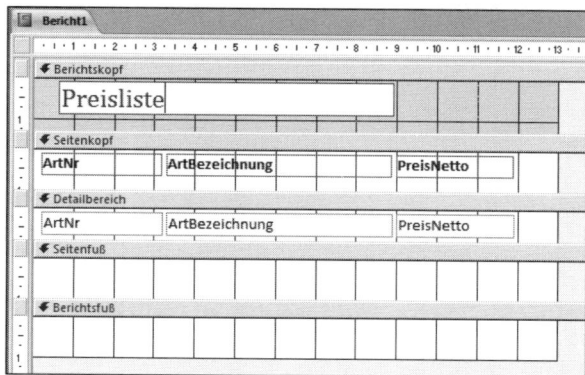

Berechnete Felder

Wenn Sie in der Entwurfsansicht zusammenfassende Auswertungen, beispielsweise Summen einfügen möchten, dann ist dies nur im Berichtsfuß oder Berichtskopf möglich. Sie benötigen dazu wieder ein ungebundenes Textfeld, das Sie über das Register ENTWURF, Gruppe STEUERELEMENTE einfügen.

Siehe 10.2 Berechnete Werte in Formularen

Textfeld einfügen

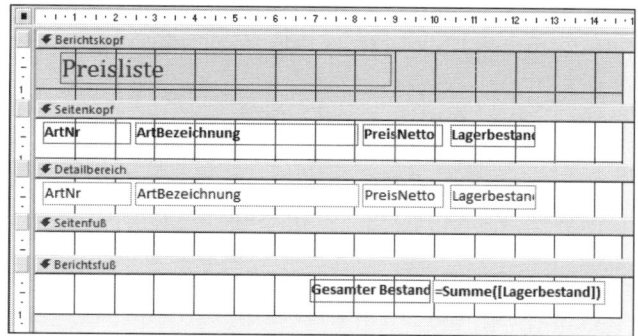

Geben Sie entweder direkt im Steuerelement oder im Eigenschaftenblatt in der Zeile STEUERELEMENTINHALT die Formel ein: =Summe([Lagerbestand]) oder verwenden Sie dazu wieder den Ausdrucksgenerator.

Beachten Sie: Wenn Sie im Detailbereich des Berichts einen Wert mit einer Formel berechnet haben, beispielsweise für jeden Artikel den Warenwert mit der Formel =[PreisNettto]*[Lagerbest] und dazu auch noch die Summe benötigen, dann müssen Sie die folgende Formel eingeben: =Summe([PreisNettto]*[Lagerbest])

In diesem Fall sollten Sie besser den Warenwert in einer Abfrage berechnen und die Abfrage als Grundlage für den Bericht verwenden. Die Formel würde dann lauten: = Summe([Warenwert]). In umfangreichen Datenbanken ist dies auch gleichzeitig die schnellere Variante.

Erstellen Sie für berechnete Felder besser eine Abfrage

Steuerelemente automatisch vergrößern

Abgeschnittene Feldinhalte sind ein häufiges Problem in Berichten. Die Breite einer Druckseite reicht nicht immer aus, um jede Spalte so zu verbreitern, dass der gesamte Inhalt sichtbar ist. Dann sollten Sie dafür sorgen, dass die Höhe des Steuerelements automatisch an den Inhalt angepasst wird und gleichzeitig innerhalb des Steuerelements ein automatischer Zeilenumbruch erfolgt. Dazu markieren Sie das betreffende Steuerelement und ändern im Eigenschaftenblatt die Eigenschaft VERGRÖßERBAR auf JA. Sie finden diese Eigenschaft am Ende des Re-

Anpassung der Höhe und automatischer Zeilenumbruch

gisters FORMAT. In vielen Fällen, beispielsweise Memofeldern ist diese Eigenschaft bereits standardmäßig entsprechend eingestellt.

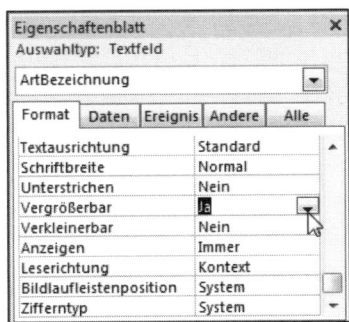

Eigenschaft VERGRÖßERBAR ändern

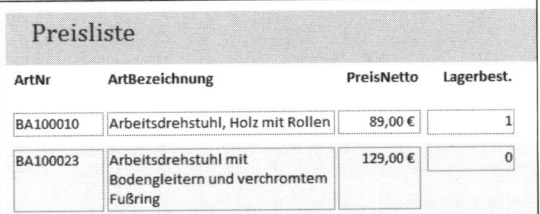

Das Ergebnis

10.5. Zusammenfassung

- Die Entwurfsansicht von Formularen und Berichten unterscheidet sich von der Layoutansicht in erster Linie dadurch, dass in den Steuerelementen anstelle der Daten die Feldnamen angezeigt werden. Änderungen der Formatierung oder des Layouts erfolgen in der Entwurfsansicht auf die gleiche Weise wie in der Layoutansicht.

- In der Entwurfsansicht stehen Ihnen verschiedene Möglichkeiten zur Verfügung, mit deren Hilfe Sie Steuerelemente nicht nur verschieben, sondern auch exakt ausrichten können. Bei Standardberichten und –formularen müssen Sie unter Umständen erst das Layout entfernen, um die Steuerelemente zu verschieben.

- Zusätzlich stellt Ihnen Access in der Entwurfsansicht und der Layoutansicht weitere Steuerelemente zur Verfügung, die Sie in ein Formular oder einen Bericht einfügen können. Die wichtigsten Steuerelementtypen sind Bezeichnungsfelder und Textfelder. Während Bezeichnungsfelder Beschriftungen enthalten, die Sie beliebig ändern können, dienen Textfelder zur Anzeige und Eingabe von Daten. Für die Berechnung von Formeln müssen Sie daher ein Textfeld einfügen.

- Weitere nützliche Steuerelemente in Formularen sind Befehlsschaltflächen über die sich per Mausklick Befehle ausführen lassen, sowie Kombinations- oder Nachschlagefelder die Sie auch zur Suche nach Datensätzen verwenden können.

10.6. Übungsaufgabe

Öffnen Sie die Datenbank Bestellungen-Übung.

- Erstellen Sie mit dem Formular-Assistent ein Formular zur Erfassung von Rechnungen. Sie benötigen die folgenden Felder:
  TBLRECHNUNGEN: alle Felder
  TBLKUNDEN: Name und Anschrift
  TBLRECHNUNGSDETAILS: ARTNR, MENGE
  TEBLARTKEL: ARTBEZEICHNUNG, PREISNETTO

- Ändern Sie das Formular so ab, dass es etwa der Abbildung unten entspricht und speichern Sie das Formular unter dem Namen RECHNUNGEN.

- Testen Sie das Formular, indem Sie einige beliebige neue Rechnungen erfassen. Beachten Sie, dass Rechnungsnummer und –datum erst dann vergeben werden, wenn Sie eine Kundennummer eingeben.

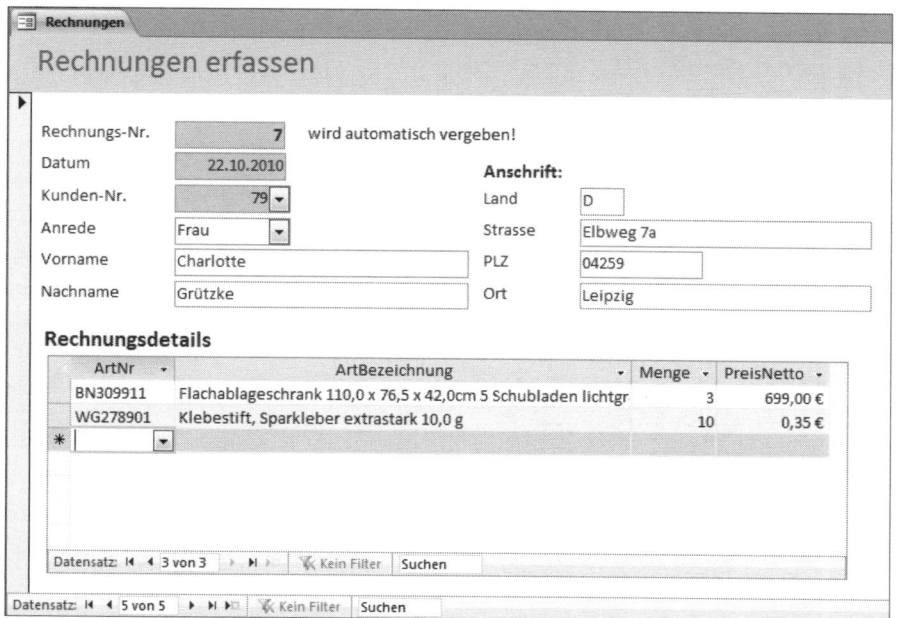

- Fügen Sie ein Kombinationsfeld hinzu, das es erlaubt, bei der Erfassung einer neuen Rechnung anstelle der Kundennummer nach dem Nachnamen zu suchen und das die dazugehörige Kundennummer im Feld KundenNr speichert.

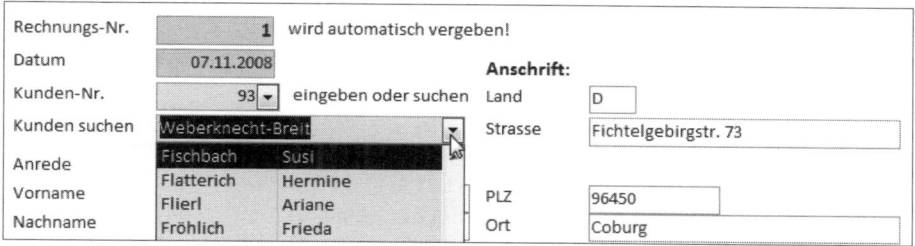

- Fügen Sie eine Befehlsschaltfläche hinzu, über die Sie das Formular schließen können.

Bemerkungen:

11. Datenaustausch und Datenbanktools

In dieser Lektion lernen Sie...

- Daten aus Access in andere Dateiformate exportieren
- Daten in eine Access-Datenbank importieren, Tabellen verknüpfen
- Datenbank dokumentieren
- Datenbank komprimieren

Häufig werden Daten aus einer Access-Datenbank auch in anderen Anwendungen benötigt, beispielsweise für Serienbriefe mit Microsoft Word oder weitere Auswertungen mit Microsoft Excel. Die wichtigsten Möglichkeiten des Datenaustauschs finden Sie im Register EXTERNE DATEN.

Register
EXTERNE DATEN

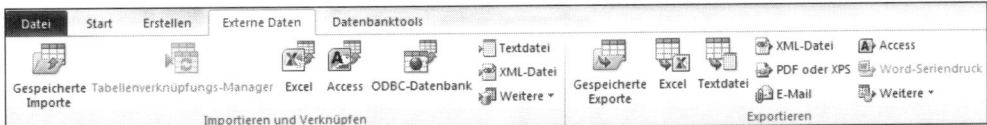

11.1. Daten exportieren

Zwischenablage

Zwischenablage: Ko-
pieren und Einfügen

Die Möglichkeit des Datenaustauschs über die Zwischenablage ist in nahezu allen Windows-Anwendungen möglich. Markieren Sie einfach im Navigationsbereich die Tabelle oder Abfrage und drücken entweder die Tastenkombination Strg+C oder verwenden den Befehl KOPIEREN aus dem Kontextmenü der rechten Maustaste, bzw. die Schaltfläche der Gruppe ZWISCHENABLAGE im Register START.

Markierte Datensätze
kopieren

Möchten Sie nur einige Datensätze einer Tabelle oder Abfrage kopieren, so öffnen Sie die Tabelle oder Abfrage, markieren die Datensätze im Markierungsbereich und kopieren die markierten Datensätze in die Zwischenablage. Anschließend wechseln Sie in die Zielanwendung, beispielsweise Microsoft Excel, markieren die Position, an der Sie die Daten einfügen wollen und drücken entweder die Tastenkombination Strg+V, verwenden den Befehl EINFÜGEN des Kontextmenüs oder die Schaltfläche EINFÜGEN der Gruppe ZWISCHENABLAGE.

Nicht für große Daten-
mengen

Beachten Sie: Die Zwischenablage eignet sich nicht für große Datenmengen. In diesen Fällen sollten Sie besser die Daten direkt exportieren.

Tabelle ohne Daten
kopieren

Tabellenstruktur kopieren

Mit Hilfe der Zwischenablage können Sie auch die Struktur einer Tabelle ohne Daten kopieren und in die aktuelle oder eine andere Datenbank einfügen. Beim Einfügen blendet Access ein kleines Dialogfenster ein, geben Sie einen Namen für die Tabelle ein und wählen Sie die Option NUR STRUKTUR.

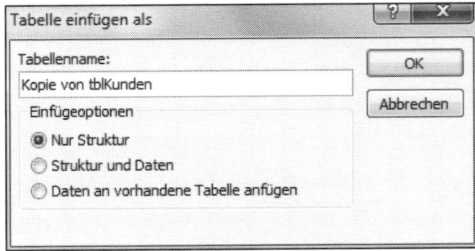

In Microsoft Office-Anwendungen exportieren

Microsoft Excel

Der Export in die Office-Anwendungen Word und Excel gestaltet sich einfach: Zum Export in eine Excel-Arbeitsmappe markieren Sie im Navigationsbereich die Tabelle oder Abfrage und klicken im Register EXTERNE DATEN, Gruppe EXPORTIEREN auf die Schaltfläche EXCEL. Damit wird eine neue Excel-Arbeitsmappe erstellt, Sie müssen daher auch Dateiname und Speicherort der Zieldatei angeben. Zur Auswahl des Zielordners klicken Sie auf die Schaltfläche DURCHSUCHEN. Als Dateiformat schlägt Access standardmäßig das Excel 2007/2010-Dateiformat mit der Dateinamenserweiterung .xlsx vor. Wenn Sie die Excel-Arbeitsmappe mit einer früheren Version von Excel, etwa Excel 2003 öffnen möchten, dann müssen Sie ein anderes Dateiformat festlegen. Wählen Sie unter EXPORTOPTIONEN, ob die Daten mit Formatierung und Layout exportiert werden sollen und ob die Zieldatei anschließend geöffnet werden soll.

In eine Excel-Tabelle exportieren

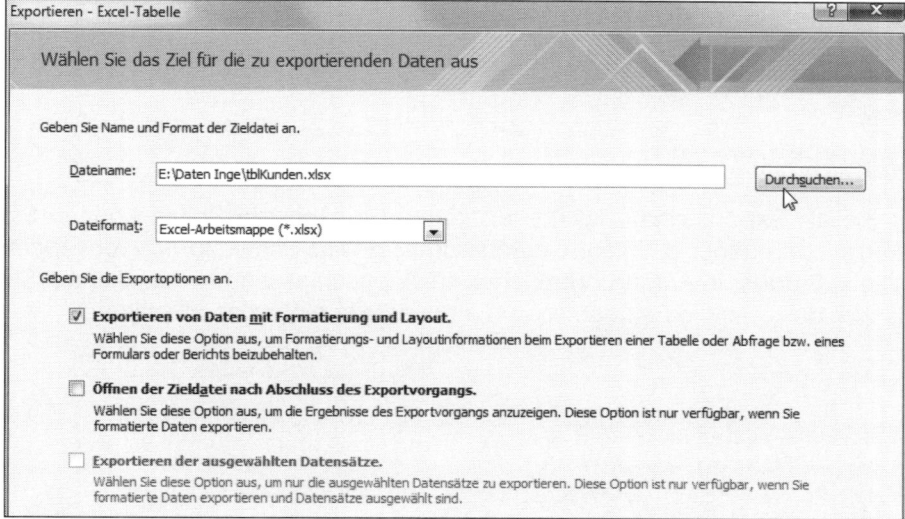

Achten Sie auf das entsprechende Dateiformat

Exportschritte speichern

Nach dem Export können Sie angeben, ob die Exportschritte gespeichert werden sollen. Dies ist sinnvoll, wenn Sie eine Tabelle oder Abfrage regelmäßig in eine Excel-Arbeitsmappe mit dem gleichen Dateinamen exportieren möchten, dann können Sie später den Datenexport schneller durchführen. In diesem Fall müssen Sie angeben, unter welchem Namen der Export gespeichert werden soll.

Datenexport speichern

Gespeicherte Exportschritte aufrufen

Um einen gespeicherten Export wieder aufzurufen, klicken Sie in der Gruppe EXPORTIEREN auf die Schaltfläche GESPEICHERTE EXPORTE, markieren den gewünschten Export und klicken auf AUSFÜHREN.

Gespeicherte Exporte

Microsoft Word

Mit der Schaltfläche WEITERE können Sie ein Datenbankobjekt auch in ein Microsoft Word-Dokument im Rich-Text-Format exportieren. Dies eignet sich in erster Linie für Berichte, die Sie mit Word anschließend bearbeiten können. Beachten Sie aber, dass Steuerelemente wie Linien und Rechtecke, sowie Füllfarben nicht exportiert werden!

Rich-Text Datei .rtf

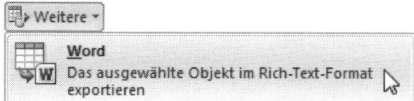

Benötigen Sie die Datensätze aus einer Tabelle oder Abfrage für Serienbriefe, so können Sie den Seriendruck auch aus Access heraus starten. Markieren Sie dazu die Tabelle oder Abfrage und klicken Sie in der Gruppe EXPORTIEREN auf die Schaltfläche WORD-SERIENDRUCK. Damit startet der Seriendruck-Assistent von

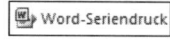

Word, ein neues Dokument, bzw. das angegebene Dokument wird geöffnet und Sie können mit der Seriendruckerstellung fortfahren.

Export in eine Textdatei

Datenaustausch über eine Textdatei

Zum Datenaustausch kann es manchmal erforderlich sein, die Daten in eine Textdatei zu exportieren, da nahezu jede Anwendung den Export und Import über eine Textdatei unterstützt. Textdateien erhalten die Dateinamenserweiterung .txt, sind nicht formatiert und können mit jedem Textverarbeitungsprogramm, im einfachsten Fall mit dem Windows Editor geöffnet werden. Mit der Schaltfläche TEXTDATEI starten Sie den TEXTEXPORT-ASSISTENT.

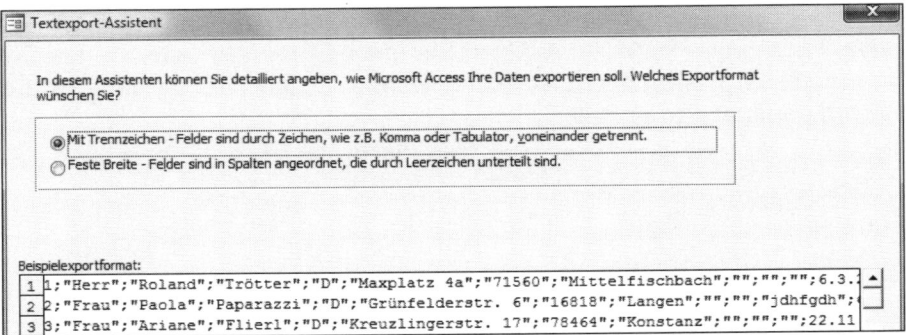

Wählen Sie als Exportformat MIT TRENNZEICHEN. Im nächsten Schritt können Sie das Trennzeichen näher definieren, standardmäßig wird Semikolon (;) verwendet, Text sollte außerdem in Anführungszeichen " " eingeschlossen werden. Achten Sie noch darauf, dass Sie die Feldnamen in die erste Zeile einbeziehen sollten.

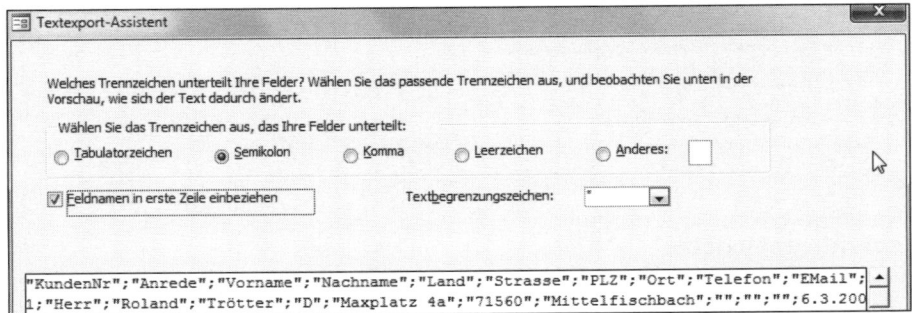

Zuletzt geben Sie noch Namen und Speicherort der Zieldatei an und klicken auf FERTIGSTELLEN.

11.2. Datenimport

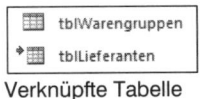

Verknüpfte Tabelle

Auch beim Datenimport unterstützt Access verschiedene Dateiformate. Die wichtigsten Formate finden Sie im Register EXTERNE DATEN, Gruppe IMPORTIEREN UND VERKNÜPFEN. Beim Import können Sie in den meisten Fällen wählen, ob Sie eine Kopie der Datensätze importieren, oder eine Verknüpfung zur Tabelle erstellen möchten. Über Verknüpfungen können Sie direkt auf Tabellen in anderen Datenbanken zugreifen, Dateneingabe und Änderungen an Datensätzen sind in verknüpften Tabellen jederzeit möglich. Änderungen am Tabellenentwurf können Sie dagegen nur in der ursprünglichen Datenbank vornehmen. Verknüpfte Tabellen sind im Navigationsbereich mit einem Pfeil gekennzeichnet.

Hinweis: Bei verknüpften Tabellen speichert Access den genauen Suchpfad zur verknüpften Tabelle. Wird die Tabelle, bzw. die Datenbank verschoben oder umbenannt, dann müssen Sie auch die Tabelle neu verknüpfen. Dabei unterstützt Sie der TABELLENVERKNÜPFUNGS-MANAGER, den Sie über eine Schaltfläche der Gruppe IMPORTIEREN UND VERKNÜPFEN aufrufen.

Access-Tabellen importieren oder verknüpfen

Datenbankobjekte aus Access Datenbank

Zum Import von Tabellen, Abfragen, Formularen oder Berichten aus einer anderen Access-Datenbank klicken Sie in der Gruppe IMPORTIEREN UND VERKNÜPFEN auf die Schaltfläche ACCESS.

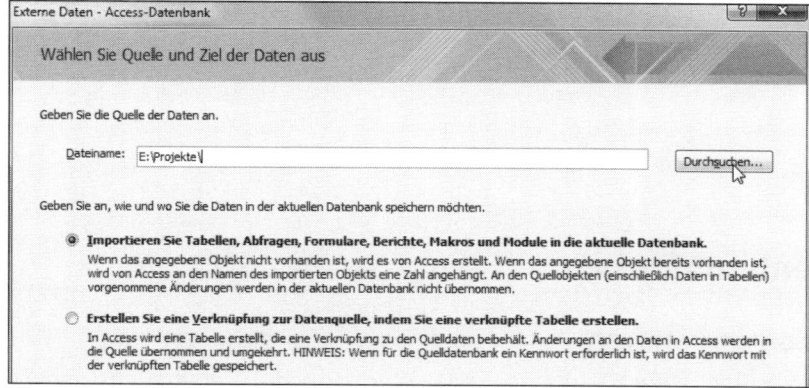

Wählen Sie, ob die Datenbankobjekte als Kopie importiert werden sollen oder ob Sie eine Verknüpfung zu Tabellen dieser Datenbank erstellen möchten. Im nächsten Schritt wählen Sie die benötigten Tabellen, bzw. weiteren Datenbankobjekte und klicken auf OK.

Welche Datenbankobjekte sollen importiert werden?

Import aus anderen Dateiformaten

Siehe Lektion 7.3

Ähnlich unproblematisch ist auch der Import aus einer Excel-Arbeitsmappe. Klicken Sie in der Gruppe IMPORTIEREN auf die Schaltfläche EXCEL. Klicken Sie anschließend auf DURCHSUCHEN, um die Excel-Arbeitsmappe auszuwählen. Auch hier können Sie wieder zwischen Import und Verknüpfung wählen. Zusätzlich steht als dritte Option die Möglichkeit zur Verfügung, die Kopie an eine bestehende Tabelle anzufügen. Diese Option sollten Sie nur bei übereinstimmenden Feldnamen und Felddatentypen verwenden. Um Importfehler zu vermeiden, ist es besser, wenn Sie die Daten zuerst in eine neue Tabelle importieren und anschließend mit Hilfe einer Anfügeabfrage hinzufügen.

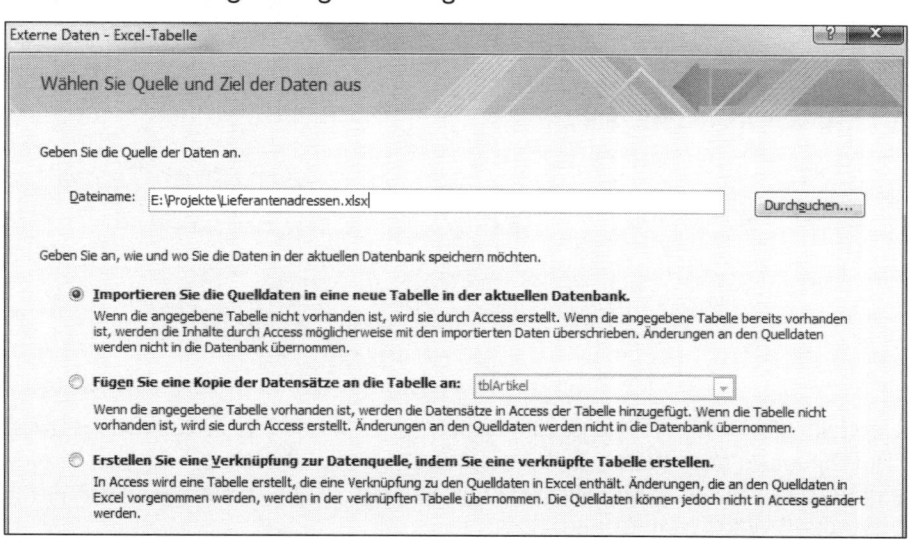

Ein Import-Assistent führt Sie durch die weiteren Schritte. Geben Sie an, in welchem Tabellenblatt sich die Daten befinden und ob die erste Zeile die Spaltenüberschriften enthält.

Auf die gleiche Weise können Sie auch Daten aus anderen Datenbankformaten, beispielsweise einer Textdatei oder einer XML-Datei importieren. Klicken Sie dazu im Register IMPORTIEREN UND VERKNÜPFEN auf die Schaltfläche TEXTDATEI, bzw. WEITERE.

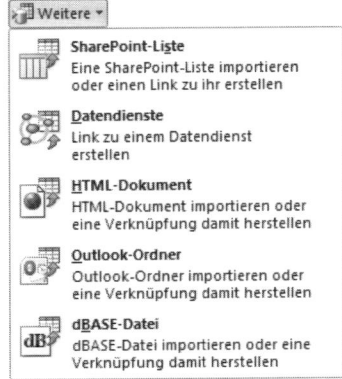

11.3. Datenbanktools

Datenbank dokumentieren

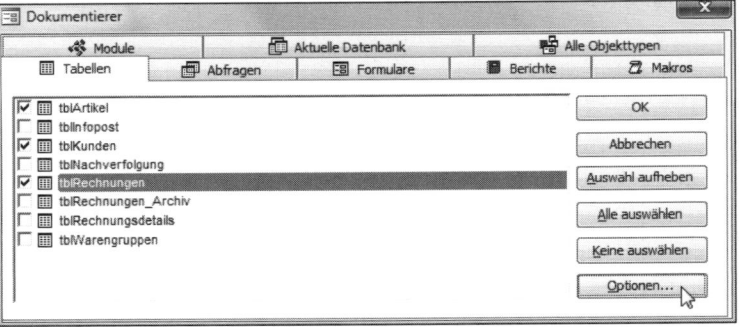

Dokumentieren Sie Ihre Datenbank für spätere Änderungen

Mit der Dokumentation einer Datenbank erleichtern Sie die Fehlersuche, sowie spätere Änderungen. Im Register DATENBANKTOOLS stellt Access dazu den DATENBANKDOKUMENTIERER zur Verfügung. Klicken Sie auf die Schaltfläche und wählen Sie anschließend die gewünschten Datenbankobjekte aus.

Wählen Sie die benötigten Eigenschaften

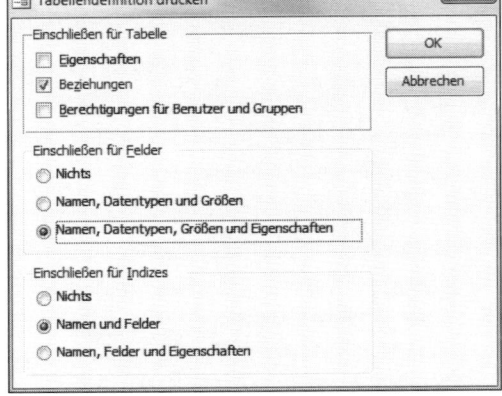

Tipp: Da die Dokumentation sehr umfangreich werden kann, sollten Sie über die Schaltfläche OPTIONEN den Umfang kontrollieren und ggf. auf wichtige Eigenschaften beschränken.

Exportieren Sie den Bericht in eine Word-Datei

Access erstellt die Dokumentation als Bericht und öffnet ihn in der Berichtsvorschau. Bei einer umfangreichen Dokumentation empfiehlt sich ein Export in eine RTF-Datei über die Schaltfläche WORD. Anschließend können Sie die Dokumentation mit Microsoft Word weiter bearbeiten.

Objektabhängigkeiten überprüfen

Für spätere Änderungen am Tabellenentwurf ist es auch wichtig zu wissen, welche weiteren Datenbankobjekte, Abfragen, Formulare und Berichte sich auf die Tabelle beziehen. Dies können Sie über die Objektabhängigkeiten überprüfen. Die Tabelle oder Abfrage muss dazu nicht geöffnet sein, es genügt, wenn sie im Navigationsbereich markiert ist. Mit der Schaltfläche OBJEKTABHÄNGIGKEITEN öffnen Sie am rechten Bildschirmrand eine Liste mit allen Datenbankobjekten die Felder des markierten Objekts enthalten, also vom markierten Objekt abhängig sind.

Welche Objekte beziehen sich auf die markierte Tabelle?

Datenbank komprimieren und reparieren

Access-Datenbanken benötigen bei häufiger Nutzung zunehmend mehr Speicherplatz. Dies ist nicht nur durch Hinzufügen und Änderung bedingt. Access erstellt während der Arbeit auch temporäre, nicht sichtbare Objekte, diese werden nicht immer automatisch aus der Datenbank entfernt, wenn Sie nicht mehr benötigt werden. Auch beim Löschen von Datensätzen oder Datenbankobjekten wird nicht mehr benötigter Speicherplatz nicht freigegeben. Mit höherem Speicherplatzbedarf wird eine Datenbank, insbesondere die Ausführung von Abfragen langsamer und das Öffnen von Objekten dauert länger. Durch Komprimieren wird nicht genutzter Speicherplatz wieder freigegeben.

Eine Reparatur ist erforderlich, wenn die Datenbankdatei beschädigt ist. Dies kann vor allem dann vorkommen, wenn mehrere Benutzer über ein Netzwerk gleichzeitig mit der Datei arbeiten. Wenn Sie versuchen, eine beschädigte Datenbank zu öffnen, werden Sie von Access dazu aufgefordert, die Datei reparieren zu lassen.

Nicht benötigten Speicherplatz freigeben

Zum Komprimieren und Reparieren klicken Sie im Register DATENBANKTOOLS, Gruppe TOOLS auf die Schaltfläche DATENBANK KOMPRIMIEREN UND REPARIEREN.

Da beim Komprimieren und Reparieren Datenverlust nicht auszuschließen ist, sollten Sie auf jeden Fall vorher eine Sicherungskopie der gesamten Datenbankdatei erstellen.

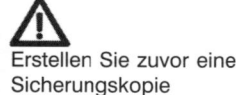

Erstellen Sie zuvor eine Sicherungskopie

Den Befehl zum Komprimieren und Reparieren finden Sie auch im Register DATEI unter INFORMATIONEN.

Datenbankkennwort

Um Ihre Datenbank vor unbefugtem Zugriff zu schützen, können Sie ein Kennwort vergeben. Allerdings muss dazu die Datenbank im so genannten Exklusiv-Modus geöffnet sein. Der Exklusiv-Modus stellt sicher, dass die Datenbank gegenwärtig nur von einem einzigen Benutzer geöffnet ist. Standardmäßig wird dagegen eine Access-Datenbank im Freigabe-Modus geöffnet, das bedeutet, dass in einem Netzwerk auch mehrere Benutzer gleichzeitig mit einer Datenbank arbeiten können. So öffnen Sie eine Datenbank im Exklusiv-Modus:

Öffnen Sie die Datenbank im Exklusiv-Modus

- Klicken Sie im Register DATEI auf DATENBANK SCHLIEßEN.

- Klicken Sie nun im Register DATEI auf ÖFFNEN, markieren im Dialogfenster ÖFFNEN die Datenbank und klicken auf den Dropdown-Pfeil der Schaltfläche ÖFFNEN.

- Klicken Sie auf EXKLUSIV ÖFFNEN.

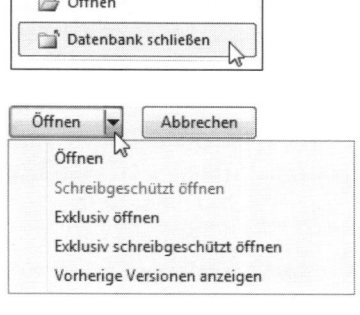

Nun klicken Sie im Register DATEI auf INFORMATIONEN und auf die Schaltfläche MIT KENNWORT VERSCHLÜSSELN.

Geben Sie Ihr Kennwort ein, aus Sicherheitsgründen müssen Sie das Kennwort ein zweites Mal bestätigen.

Ab sofort fordert Access vor jedem Öffnen der Datenbank das Kennwort an.

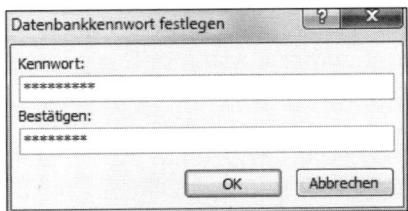

Wenn Sie ein Kennwort wieder entfernen möchten, dann öffnen Sie die Datenbank im Exklusiv-Modus wie oben beschrieben. Klicken Sie im Register DATEI, INFORMATIONEN auf die Schaltfläche DATENBANK ENTSCHLÜSSELN. Bevor das Kennwort gelöscht wird, werden Sie nochmals zur Eingabe des Kennworts aufgefordert.

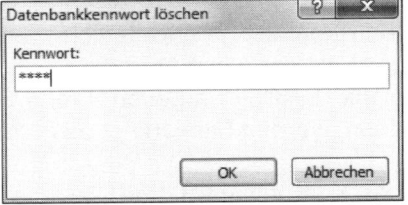

Kennwörter unterscheiden zwischen Groß- und Kleinschreibung!

11.4. Zusammenfassung

- Das Register EXTERNE DATEN stellt umfangreiche Möglichkeiten des Datenaustauschs mit anderen Anwendungen zur Verfügung. Markierte oder geöffnete Tabellen oder Abfragen können über Schaltflächen schnell nach Excel oder Word exportiert werden. Gleiches gilt auch für den Import von Daten aus diesen Anwendungen. Daneben unterstützt Access auch den Datenaustausch mit den wichtigsten Datenbankformaten. Sollte das benötigte Dateiformat nicht in der Liste enthalten sein, so greifen Sie zum Export und Import über eine Textdatei.

- Für kleinere Datenmengen können Sie auch die Windows-Zwischenablage benutzen. Mit Hilfe der Zwischenablage ist es auch möglich, schnell eine Kopie der Struktur einer Tabelle zu erstellen.

- Anstelle des Imports einer Kopie können Sie eine Verknüpfung zu externen Tabellen erstellen. In verknüpften Tabellen können jederzeit Daten eingegeben und geändert werden, eine Änderung am Tabellenentwurf ist dagegen nur in der Originaldatenbank möglich.

- Eine Datenbank sollte regelmäßig komprimiert und repariert werden, um nicht benötigten Speicherplatz freizugeben. Achten Sie darauf, vorher eine Sicherungskopie zu erstellen.

Glossar

1:1 Beziehung	In einer 1:1 Beziehung entspricht jedem Datensatz der einen Tabelle genau ein Datensatz der zweiten Tabelle.
1:n Beziehung	Eine 1:n Beziehung ist der häufigste Beziehungstyp in relationalen Datenbanken und bedeutet, jedem Datensatz der übergeordneten Tabelle können mehrere Datensätze der zweiten Tabelle zugeordnet sein.
Befehlsschaltflächen	Über Befehlsschaltflächen können in Formularen schnell Befehle ausgeführt werden. Sie können als Steuerelemente in ein Formular eingefügt werden.
Berichte	Berichte bereiten Daten aus Tabellen und Abfragen für optisch ansprechende Ausdrucke auf. Sie werden beim Öffnen mit den Daten der zugrundeliegenden Tabelle aktualisiert.
Bezeichnungsfeld	Bezeichnungsfelder sind Steuerelemente eines Berichts oder Formulars, die beliebigen Text enthalten können.
Datenbankobjekte	In einer Access-Datenbank werden Tabellen, Abfrage, Berichte und Formulare, sowie Makros und Module auch als Datenbankobjekte bezeichnet.
Datenfeld	Als Datenfeld oder Feld bezeichnet man eine Spalte einer Tabelle.
Datensatz	Jede Zeile einer Tabelle wird in einer Datenbank als Datensatz bezeichnet.
Duplikate	Als Duplikate bezeichnet man mehrfach vorkommende Werte oder Datensätze in einer Tabelle.
Dynaset	Als Dynaset bezeichnet man das Ergebnis einer Abfrage, es wird bei jedem Öffnen der Abfrage aktualisiert.
Eigenschaftenblatt	Das Eigenschaftenblatt enthält eine vollständige Liste der Eigenschaften von Formularen, Berichten und Steuerelementen und erlaubt deren Bearbeitung und Änderung.
Exklusiv-Modus	Eine Datenbank, die im Exklusiv-Modus geöffnet ist, kann nur von einem einzigen Benutzer bearbeitet werden.
Felddatentyp	Der Felddatentyp legt fest, von welcher Art die Informationen sind, die in der jeweiligen Spalte der Tabelle gespeichert werden. Berechnungen sind beispielsweise nur mit Zahlen möglich.
Feldliste	Die Feldliste listet in Formularen und Berichten alle Tabellen und deren Felder auf und ermöglicht das Hinzufügen von Feldern durch Ziehen mit der Maus.
Fokus	Als Fokus bezeichnet man bei der Dateneingabe das momentan aktive Feld, bzw. die aktuelle Position des Cursors
Formulare	Formulare werden verwendet, um Daten aus Tabellen oder Abfragen benutzerfreundlich und übersichtlich darzustellen. Alle Eingaben oder Änderungen über Formulare erfolgen in der zugrundeliegenden Tabelle.
Fremdschlüssel	Eine Beziehung zwischen zwei Tabellen wird über Schlüsselfelder erstellt. Als Fremdschlüssel bezeichnet man dasjenige Feld in einer Beziehung, das sich auf den Primärschlüssel der anderen Tabelle bezieht.
Index	Indizes beschleunigen in umfangreichen Tabellen die Suche und Sortierung. Access legt für jedes Indexfeld im Hintergrund eine Indextabelle mit entsprechender Sortierung und Verweis auf die jeweiligen Datensätze an.

Inkonsistenz	Datensätze einer Tabelle, die mit keinen Datensätzen der übergeordneten Tabelle in Beziehung stehen
Kombinationsfeld	Ein Kombinationsfeld oder Nachschlagefeld erlaubt bei der Dateneingabe eine Auswahl aus einer Liste von Werten. Die Werte können entweder aus einer Tabelle/Abfrage stammen oder manuell eingegeben werden.
Komprimieren	Durch Komprimieren einer Datenbankdatei wird nicht mehr benötigter Speicherplatz wieder freigegeben, die Arbeit mit der Datenbank wird dadurch wieder schneller. Komprimieren ist erforderlich, da durch Löschen entstandener freier Speicherplatz von Access nicht automatisch freigegeben wird.
Makros	Makros sind Datenbankobjekte, die komplette Befehlsabfolgen speichern und per Mausklick oder automatisch unter bestimmten Bedingungen ausgeführt werden.
Normalisierung	Die Normalisierung gibt Regeln für die Erstellung von Tabellen vor. Mit diesen Regeln vermeiden Sie Fehler in Datenbanken wie Datenredundanz und Dateninkonsistenz.
Parameter	Als Parameter bezeichnet Access Abfragekriterien, die erst beim Ausführen oder Öffnen der Abfrage eingegeben werden und damit variabel gehalten werden können.
PDF	Portable Document File. Eine PDF-Datei kann, unabhängig vom Betriebssystem auf allen Computern geöffnet werden. Voraussetzung ist ein (kostenloses) Leseprogramm. Nachträgliche Veränderungen am Inhalt sind nur mit spezieller Software möglich.
Primärschlüssel	Der Primärschlüssel dient dazu, in einer Tabelle jeden Datensatz eindeutig zu identifizieren. Daher darf in einem Primärschlüsselfeld jeder Wert nur ein einziges Mal enthalten sein.
Redundanz	Die Mehrfachspeicherung von Daten wird in Datenbanken auch als Datenredundanz bezeichnet und kann zu Datenfehlern führen.
Referentielle Integrität	Eine Beziehung mit referentieller Integrität stellt sicher, dass zu jedem Datensatz einer Tabelle auch der entsprechende Datensatz in der übergeordneten Tabelle existiert (Datenintegrität). Zusammen mit referentieller Integrität kann auch Aktualisierungsweitergabe und Löschweitergabe vereinbart werden.
Relationale Datenbank	Relationale Datenbanken speichern die Daten in verteilten Tabellen, die über Beziehungen miteinander verknüpft werden.
SQL	SQL – Structured Query Language ist eine Sprache zur Abfrage und Verwaltung von relationalen Datenbanken und wird auch von Access unterstützt.
Steuerelement	Alle Informationen eines Formulars oder Berichts werden als Steuerelemente bezeichnet.
Textfeld	Textfelder sind Steuerelemente eines Formulars oder Berichts, die entweder an ein Feld aus einer Tabelle oder Abfrage gebunden sind, oder eine Formel enthalten. Formeln in Textfeldern beginnen mit dem Gleichheitszeichen =.
XPS	XML Paper Specification, ein von Microsoft entwickeltes Dateiformat als Konkurrenz zum PDF-Format.
Zwischenablage	Die Zwischenablage dient zum schnellen Datenaustausch zwischen Anwendungen und wird von fast allen Windows-Anwendungen unterstützt.

Stichwortverzeichnis